시적 감수성과 정신변형

채 수 영

국학자료원

머리말—컴퓨터를 비우면서

　내 컴퓨터는 항상 가득했다. 날마다 자판과 마주앉아 나의 세계를 펼쳐 보는 일은 아마도 고독이라는 그림자에 밟히운 결과라는 말이 타당할 것이다. 어차피 예술은 고독의 함정에서 빠져 나오기 위한 방편으로 길을 찾아가는 일이라면 나의 글쓰기는 일차적으로 이런 도피 심리의 일단이라는 편이 옳을 것이다. 인간의 얼굴을 대면하면서 순응하기보다 차라리 글이라는 함정에서 의식의 공백을 메꾸는 일—내 삶의 위안을 삭여 줄 수 있다는 변명에 이골이 난 셈이다.
　이제 가득했던 컴퓨터를 비운다. 그 사이 많은 시인론을 써 오면서 부담스러웠던 앙금을 털어 내는 개운함을 갖고 싶었다. 그렇더라도 다시 기다림을 심는 것은 비단 푸른 나무 그늘을 연상하는 것만은 아니다. 스스로를 확인하는 일환으로 다시 컴퓨터를 채우는 일을 계속할 수밖에 다른 길이 없을 것이기 때문이다. 정찬용사장과 수고해 준 국학자료원의 식구들께도 고마움을 적는다. 더불어 새로운 길을 시작하는 내 가족들에게도 변함없는 눈짓을 보낸다.

4331년 섣달에
文井 寓居의 虛靜堂에서
채수영 삼가

차 례

머리말-컴퓨터를 비우면서

1부 : 인간학과 시적 에스프리

1. 무공해 시와 소박미 —왕금찬 ———— 9
2. 내면 정서와 자유의지 —윤종석 ———— 15
3. 봄날의 감수성과 이미지변형 —이희목 ———— 30
4. 비트겐슈타인의 항아리와 허무 —이영준 ———— 45
5. 미래의 창과 현실관리 —박곤걸 ———— 52
6. 脫俗의 정서와 길찾기 —김명배 ———— 66
7. 자기찾기와 의식의 유동성 —김송배 ———— 78
8. 일상의 정서와 시적 감각 —김선배 ———— 94
9. 역사와 현실 체험 —손해일 ———— 107
10. 상상력과 변용의 정서 —김용언 ———— 113

2부 : 의식의 美感들

1. 의지와 의식의 미감 —최정자 ——— 121
2. 쓸쓸한 소망 그리고 손짓 —곽상희 ——— 135
3. 시인의 심성과 의식의 풍경 —김태호 ——— 146
4. 성실지표와 시의 메타퍼 —몽사안 ——— 159
5. 사랑의 신기루 잡기 —박영식 ——— 171
6. 과거 지향의 정서와 은유 —백규연 ——— 179
7. 시적 진실과 표현의 신선미 —김진광 ——— 194
8. 식물성 정서와 정적이미지의 시 —강문숙 ——— 208
9. 사랑과 의식의 전개 —김경연 ——— 221
10. 사랑의 정서와 인간미 —민우림 ——— 232

3부 : 어우러짐에 대한 단상

1. 겨울 의식과 고독 그리고 사랑추구 —채인주 ———— 251
2. 이동의 심상과 전원정서 그리고 추억 여행 —오오영 ——— 262
3. 앤트로피 법칙과 존재의 양상 —김지원 ———— 280
4. 삶의 흔적들과 시심 —유병우 ———— 286
5. 환경과 정서의 통합 —신익선 ———— 290
6. 그리움으로 만나는 사랑의 이미지 —김미정 ———— 310
7. 사랑을 위한 변주곡 —김순덕 ———— 329
8. 사랑의 원형과 세 개의 표정 —윤지영 ———— 343
9. 인간을 위한 시적 패러다임 —김수일 ———— 358
10. 시의 어우러짐에 관한 단상 —문혜관·박수완·로담 ———— 372

1부. 인간학과 시적 에스프리

1. 무공해의 시와 소박미
―황금찬의 시―

1. 정신문법

산문의 특성이 팽창적인 언어운용이라면 시는 수축적인 언어로 시인의 정신을 표현한다. 물론 한 편의 시에서 만날 수 있는 제반 요소들은 시인의 **精神圖學**을 만나는 미감의 행위로 귀속되기 때문에 그 표정은 진지하고 순수한 아름다움을 상징적인 여백으로 전달하게 된다.

황금찬의 시적 이력은 1948년으로부터 56년 4월『현대문학』에 <여운>이 완료 추천됨으로써 출발의 단초를 마련한 이후 65년 첫 시집을 발간, 지금까지 왕성한 시의 城을 구축하고 있다. 그의 정신문법은 어둡고 시련 많은 시대 속에서도 밝고 환한 공간으로의 지향점을 설정, 그 토운은 따스하고 안온한 파스텔톤의 정신풍경화를 연출하고 있다. 이런 단서는 그의 시적 변모가 몇 가지의 축을 형성하는데서 특성을 만들고 있다.

그 최초의 조짐은 **情感**의 시인일 것이다. 이는 토착정서를 기반으로 그의 인간미를 발휘하는데서 시종 변함이 없는 특징을 형성하고 있다.

인간미에 대한 평가는 박목월의 다음 시로 대신할 수 있다.

> 세상에서 나는\사람을 만났네.\처음 그는\오뉴월 보리밭처럼 有情하고\뽕나무처럼\구수했네.\ 사귈수록\그의 情은 훈훈하고\욕심없는 마음이\깊으기만 했네.\그는 평생\가난했지만\항상 그의 눈동자는\어질게 어리석고…\마음이 외로울 때는\구석자리에 앉아\서로 말없이\차를 나누었네.
>
> ――박목월〈무제〉에서

'사람'이라는 시어엔 다의적인 함축성을 갖고 있을 것이다. 정감깊은 도덕성의 가치를 수반하면서 '보리밭처럼 유정'한 친근미 그리고 욕심없이 담담한 삶의 자세 등, 황금찬의 인간적인 면모를 단적으로 요약하고 있는 박목월의 표현이다.

황금찬의 시에 또 다른 특성은 기교의 현란함을 구사하지 않는 점에서 일정한 자리를 갖고 있다. 이는 언어 감각에 유별스러움이 없고 이미지 천착에서 친근한 일상사를 소재로 독자와의 대화에서 난해한 거리를 갖고 있지 않다.

황금찬의 시는 현란한 웅변이기보다는 속삭이는 정적인 美感을 앞세우기 때문에 사색의 강물을 따라가거나 조용한 호수를 스쳐가는 바람이거나, 미풍보다 가벼운 나비의 날개에 실리는 몸짓을 계속한다. 또한 남성적인 토운이기보다는 여성적이면서 꿈꾸는 세계를 찾아나서는 때로 동화적인 특징도 내장되어 있다. 이상은 황금찬 시의 기둥을 형성하는 중심요소들이다.

2.

　황금찬 시에 특성은 사랑과 휴머니즘과 신에 대한 경외 등으로 정신 영역을 커버하고 있으며, 그리움과 사랑을 실현하는데 초점이 있다. 그리운 공간을 마련하기 위해 눈을 두리번거리고 사랑이라는데 본질적인 시의 중심을 마련하기 위해 그의 의지는 집중된다.
　다시 말해서 사랑은 그의 시에 별이나 구름, 나비 혹은 새와 꽃으로 변형의 얼굴을 보이고 있다. '밤에 눈을 뜬다\그리고 호수 위에\내려 앉는다' <별과 고기>는 별로서의 변형은 황금찬의 정신에 至高性을 고취하기 위한 의도를 내장한다.
　사랑에는 距離가 없어야 한다. 다시 말해서 하나와 하나를 통합하려는 데서 사랑의 아름다움이 헌신을 전제로 안온한 공간을 확보하게 된다는 뜻이다. 황금찬의 사랑은 궁극적으로 거리감이 없는 인간미의 사랑을 위해 그의 시는 표정을 관리한다. 특히 별은 시대적인 어둠이나 정신적인 막힘을 극복하기 위한 자유의지의 일단으로 빛을 발한다.
　나비는 황금찬 시의 상표로 작용—강력한 힘도 그렇다고 치장을 위해 어떤 몸짓도 축적할 수 없이 다만 봄을 알리는 역할로 인식된다. 그의 시집 『나비제』에서 언급한 것과 같이 '나비는 내게 있어서 상징의 대상으로 존재한다. 마치 십자가가 기독교의 상징이듯이, 나비의 이미지는 내게 계속 시로 형상화될 것이다. 그것은 어쩌면 하나의 숙명과도 같은 작업이 될 것만 같다. 나비는 죽지 않는다. 나와 같이 생존할 것이다.'를 발성한 황금찬의 나비는 곧 황금찬 시의 문을 열게되는 작용점의 기능을 수행한다. '고속버스 안에\나비 한 마리가\날고 있다…… 버스의 창이 열리면\꽃밭이 있겠지만\나의 종점에는 무엇이 있을까\나비와 같이 가고 있다' <고속버스 안의 나비>와 같이 나비는 마치 비트겐슈타인의 「파리잡는 항아리」와 같이 벗어나지 못하는 인간의 필연적인 운명의 경우를 이미지화하고 있다. 즉 인간은 이 세상(항아리)에 태어났지만 결국 그 한계를 벗어나지 못하고 먼 미지의 세계를 그리워하면서 생을 마감해야 하는 限界內의 존재라는 인식을 가지면서도 평화와 꿈을 전달하고 실현하려는 강렬한 메시지로 작용할 때 감동을 잉태한다.

인간은 누구나 비상을 꿈꾼다. 이는 우월한 것을 의미하는 바, 하늘의 무한은 때로 꿈을 실현해 주는 목표가 되었고 이를 달성하기 위해 하늘의 새는 고귀한 의미로 변형한다. 이는 자유라는 용어를 만족하기 위해서가 아니라 변화를 위한 몸짓을 인간에게 이식하면서 신과 인간의 사이를 연결해주는 메신저의 역할을 수행했다.

그리스 신화에 독수리는 제우스의 심부름을 하는 새로서 제우스신을 지키면서 매일 저승의 소식을 전해 주었고 올림프스에서 아버지 크로노스를 쫓아낼 때도 화살을 날라준 새는 검은 독수리였다.

'새야!\아직도 이름 모를 새야\아직도 이름 모를 새야\지금 어느 하늘 밑에 날고 있느냐\그리고 언제쯤이면\그 호사스러운 날개를 펴고\또 이 꽃 피는 언덕으로 찾아오려나' <새야.1>에서와 같이 새는 인정과 의리와 정의와 사랑을 동반해오는 전령사의 임무로 기다림을 심고있는 이미지가 된다.

나무와 꽃도 황금찬의 시에서 주요한 이미지로 축조된다. 꽃은 바라보는 대상으로의 화려함과 미래를 예비하는 따스한 마음이 깃들어 있다. '가을 꽃씨를 받아\종이에 접는다.\종이 속에 봄을 싸서\서랍 속에 간직한다' <꽃씨>는 것은 시인의 정신에 깃들어 있는 화려함을 예비하는 또다른 정신의 공간을 뜻한다.

3.

휴머니즘은 문학이 실현하고자 하는 궁극의 종점일 것이다. 어떤 형태로의 표현이 되든 마지막에는 인간을 어떻게 사랑할 수 있는가의 방도를 모색하는 일로 귀결된다. '편지 속에 담아 보낸\은행잎 한 장 산 냄새가 나네\친구의 우정이 향기로 오네' <편지>의 감각성에서 인간미를 만날 수 있다는 것은 도시메카니즘의 삭막한 벌판에서 시가 지녀야 할 임무의 모두가 될 수 있을 것이다. 황금찬의 시에는 우정의 깊이를 만날 때 다감한 속삭임의 전갈이 밀려온다. 이런 예들은 황금찬 시의 감수성을 자극하는 아름다움이자 따스한 체온을 교감할 수 있는 – 황시인의 정신과 조우하는 즐거움의 관건일 것이다.

M.아놀드는 '종교를 대신하는 것은 시다'라는 말로 시와 종교의 일치를 말하고 있다. '시인이 도달해야 할 세계는 신앙의 세계가 아닌가 한다. 그 신앙의 세계에 도달해서 비로소 인생을 말할 수 있게 되기 때문이다' <기도의 마음자리>로 종교와 시의 경우는 구도 즉 닦음이라는 점에서 하나로 합치되는 과정을 취한다. '밤 예배가 끝나고 다 돌아간\빈 교회에 소녀가 앉아서\기도를 드린다' <소녀의 기도>의 정숙한 태도로 기도를 드리는 소녀의 심상은 곧 시인 자신의 마음을 뜻하기에 '가난과 불안과 불목과 시기와 \불신과\이렇듯이 탁류의 흐름 속에서\우리들을 건져 주십시오'를 간구하는 기도는 하늘로의 길을 만드는 것이 아니라 인간의 땅에서 평화와 기쁨을 생성하려는 의도로 황시인의 기도는 일관성을 갖는다.

시는 시인자신의 영혼을 투척하는 데서 하나의 의미를 건져 올린다면 이는 민족 구성원의 전통이라는 지점에 도달한다. 소월이나 만해의 시가 1920년대에 유다른 현상은 민족의 전통에서 시심을 일구었다는데서 가치를 갖는다. 황금찬의 시집 『한강』이나 『한복을 입을 때』에서 민족의 전통을 그의 시와 접목하려는 구체적인 조짐을 보이게 된다. 이는 노년에 이르러서 민족의 의미와 개인의 의미가 다름이 아니라는 자각을 뜻하게 된다. '한복 한 벌 했다\내 평생 두루마기를\입어 본 기억이 없었으니\이것이 처음인 것 같다…약…이 나이에 비로소\한 겨레 안에 서는\그런 느낌이 든다' <한복>를 발성하는 시인의 마음은 미쳐 깨닫지 못했던 과거의 의미와 현재의 자각이 노년에 이르러 깨달음의 공간으로 시의 행로를 넓히게 된다.

4.

황금찬의 시는 부드럽고 담백하면서도 정적인 미감을 잃지 않는 무기교의 맛을 느끼는데 시에 입지가 있다. 그의 시는 질축한 언어의 헝클어짐이나 현란한 기교의 몸부림을 외면하면서도 속삭이듯 친근한 음성이 소박하게 다가온다. 이는 탈색하지 않는 일상의 언어를 시어로 구사하는데서 의미의 영역을 넓히는 일면 자연스러운 시의 성을 구축하는 요인이 무공해의 시를 추구하는 황금찬의 정신문법이다.*

2. 내면 정서와 자유의지
―윤종석의 시―

1. 프롤로그를 위해

　시를 만나는 일은 우주를 접하는 일로 입구를 삼는다면 우선 이 일은 시인의 개성을 조우하는 일로 시작의 단초를 마련하게 된다. 그렇다면 시란 단순한 언어로 조립되는 단편적인 세계가 아니라 상징과 비유로 비롯되는 종합의 세계를 만나는 일로 진행된다. 결국 종합이라는 복잡한 세계에 접근한다는 것은 예지와 통찰의 냉혹한 지성을 갖추는 시인의 개성과 감수성의 섬세함이 결합되었을 때라야 시의 표정은 다감성과 인간을 위한 감동의 영역을 획득하게 될 때, 시는 곧 인간을 위한 헌신과 근엄함을 동시에 갖춘 친근미의 대상으로 존재를 형성하게 된다. 여기서 시인은 범상한 사람이 아니라 예언의 소리를 노래로 빚어내는 神性을 중개하는 자로 남게 된다는 뜻이다. 이리하여 시인은 때로 영매자의 지위를 누리는 특이한 세계를 확보해야 되고 또 속인의 세계를 파헤치는―이중의 행보에 익숙했을 때 비로소 그가 빚어내는 시의 생명은 모두를 위한 몫으로 살아나게 된다. 결국 시인의 존재는 인간과 신성을 왕래하면서 인간을 위한 헌신에 신명을 걸고 살아야 한다는 뜻이다. 이런 논지의 결과로 시인은 여타 문학의 앞자리에 존재하는 이유가 남게 된다.

신의 발언은 항상 짧고 간명하다. 역시 시인의 언어도 간명하고 상징적이라는 비유는 시인의 언어가 도달해야 하는 궁극의 지점을 암시하는 예증이 될 것이다.

1938년생, 윤종석은 1958년 「평화신문」과 이듬해 「국도신문」 다시 1960년 「조선일보」 등에 시가 천거됨으로 詩業의 길에 들어선 이래 왕성한 시작을 일구어 낸 정력의 시인이다.

첫시집 『환상 무도』(1974)를 위시해서 1994년에 출간한 제7시집 『그대를 사랑한 만큼 내 마음은』 상재했고, 시선집으로 『검척기』(1992)와 산문집 등 많은 작업이 윤종석의 정신적인 작업의 높이를 표상하고 있다. 그는 오로지 시의 줄을 잡고 삶의 의미를 투척하는 보기 드문 이 땅의 시인의 한사람이다.

이제 윤종석의 두 번째 선집인 『풀들은 잠을 깨면서』의 78편에 담겨진 의식의 총체성을 검증하면서 지나온 시인의 정신적인 흔적을 검토하게 된다.

2. 삶의 편린과 손짓들

1) 자화상 그리기

시를 쓰는 시인은 자기 고백의 성을 결코 버리지 않는다. 이런 가설은 시를 쓰는 행위가 설혹 독자에게 낯설게 하기라는 언어의 유희를 감행한다 하더라도 시인의 중심을 벗어나지 못하는 한계를 가지고 있기 때문이다. 다시 말해서 시는 곧 시인 자신의 얼굴을 그리면서 또 다른 세계로의 여행을 꿈꾸지만 결국 자기라는 중심에서 크게 벗어나지 못하는 한계를 갖고 있기 때문이다.
　여기서 시는 곧 시인의 개성 연출이지만―이 또한 자기를 위장하거나 감추는 일로 독자의 구미를 자극하려 한다. 시가 신선해야 한다는 것은 곧 상징이나 비유라는 무궁한 옷을 입어야 한다는 조건을 위해―언어의 새로움을 추구하는 방랑을 계속하게 된다.
　절망은 살아 있는 인간이 만나는 험한 함정이면서 벗어나기 어려운 때로 명제로 남는다. 절망을 벗어나서 산다는 것은 소망일 뿐 실제로는 절망과 정면으로 승부하면서 살아야 하는 것이 삶의 전부이기 때문이다. '무심한 세월의 야속함인가\문풍지 우는 겨울밤의\애타는 마음,\세월이 밀고 가는 아픔을 부둥켜안고\서 있는 갈대여' <갈대 곁에서>는 곧 오늘의 윤종석시인의 서글픈 표정을 보는 것 같다.
　그러나 절망에 침몰되는 것이 아니라 다시 일어나려는 어떤 과정을 볼 수 있는 것이 윤시인의 정신을 지배하는 확연한 의지가 된다. 다음 시로 출발의 근거를 마련한다.

　　　　누구를 기다리는가.
　　　　허허로운 대숲밭을 넘나보며
　　　　온종일 찬 바람에
　　　　미소 잃은 국화(菊花)야,

　　　　흔들리는 세상의 일들이랑
　　　　아름다운 자연의 소리랑
　　　　모두 잊고,
　　　　황량한 벌판 한가운데서
　　　　누구를 기다리는가
　　　　　　　　　　　――〈들국화〉에서

시에 내포된 정서의 특징은 결코 시인의 의식을 벗어나는 것이 아닐 때, 결국 비유로 자기의 모습을 그리는 절차를 수행한다면 <들국화>는 오늘의 모습을 눈여기는 암시를 발견하게 된다. 우선 들국화의 향기라는 비유에서 윤종석의 인간 품성의 암시와 '허허로운 대숲밭'의 뉘앙스와 '찬바람'의 냉혹한 세상사의 아픔에서 들국화의 존재는 고귀한 이미지로 다가온다. 결국 험난하고 참혹한 세상이지만 자기의 향기를 지니는 들풀의 의미가 윤종석의 자화상으로 비유될 때 '흔들리는 세상'이나 '황량한 벌판'의 역경이 '누구를 기다리는' 윤종석의 신념으로 극복되는 절차를 수행하게 된다.

기다림이 있는 인간은 쉽게 쓰러지지 않는다. 그리고 설혹 넘어졌다 하더라도 다시 일어나는 에너지의 충전을 지속하게 된다면 윤종석의 심지는 결코 간과할 수 없는 내면의 에너지를 발견하는 것이다. 윤종석의 의지는 정지태가 아니라 움직이면서 이동하려는 데서 좌절의 장면을 발견하지 못한다. 이는 파도나 바람, 새 등의 자연현상을 대입하면서 장면전환을 수행한다.

　　　　날이 어두워 오는데
　　　　너, 어디로 날아가려는 몸짓인가
　　　　지상의 피울음
　　　　한 방울 떨어뜨리고
　　　　황망히 날개를 펴 부상하는
　　　　갈매기여,

　　　　이 세상 갈매기의 몸짓은 온통
　　　　물을 차고 솟구쳐 오르려는
　　　　몸부림이게 하소서.
　　　　　　　　　　　　　——〈갈매기〉

인간은 절망에서 빛을 찾아 나설 때 위대한 가능의 문을 열어 젖히게 된다. 윤종석은 '날이 어두워 오는데'라는 슬픔의 시간을 넘어가는 일이 '몸짓'으로 최초의 조짐을 보이면서 '황망히 날개를 펴 부상하는 \갈매기여'에 이르러 삶의 진행을 계속하려는 의지가 표출된다. 이런 간명한 대답은 곧 윤시인의 정신에 깊게 밝혀있는 삶의 의미이자 스스로의 운명에 어떤 길을 유추하게 된다는 암시를 갖는다. 아울러 이 세상의 갈매기는 곧 윤시인 스스로를 뜻하는 상징이면서 모든 인간에게 적용될 수 있는 보편성의 교훈으로 換置된다. 인간의 힘은 절망을 벗어나려는 구체적인 힘을 가졌을 때 위대한 값으로 남게 된다면 윤종석의 시적 정서는 '몸부림이게 하소서'라는 소망으로 인간의 의지-결국 자화상을 나타내는 시적 안도감으로 남고 있다.

2) 나무 혹은 산

인간은 자기를 존재하기 위한 방도가 하나의 공식으로만 남는 것이 아니다. 윤종석은 슬픔의 세파에서 자기를 확립하려는 발상을 산이나 나무라는 이미지로 대상을 육화하는 절차를 갖는다. 이는 고독 속에서 희망의 땅으로 옮겨가려는 의지의 중추로 작용한다는 뜻이다.

나무는 땅에 뿌리를 내리고 하늘로 향하는 의지를 표출할 때 인간의 의미에 접근되고 산은 인간이 태어났고 또 다시 돌아가려는 최종의 종착지이기 때문에 인간사의 심중한 의미를 남기게 된다. 윤종석의 시에 나무는 고독과 의지를 복합적으로 나타내는 뜻을 함축한다.

> 이 겨울의 들녘에 비가 내리는데
> 빗방울에 젖어 떨고 있는 나무여
> 이 황량한 벌판에서 너는 무엇을 바래 떨고 있는가,
> ——〈비가 오는데, 나무여〉에서

고독은 엄숙하고 때로 처량한 의상을 걸치고 다가올 때 두려움과 전율을 동시에 대동하고 온다. 그러나 고독의 심연에서 벗어나기보다는 오히려 고독에서 자기를 돌아보는 자각의 문이 열릴 때 변화의 길을 나오게 된다.

'이 겨울의 들녘'이라는 현재의 공간은 슬픔과 두려움 그리고 초조가 뒤섞인 암담함에서 '비가 내리는데'라는 절대절명에서 '떨고 있는 나무여'라는 자화상을 객관화시킨다. 더불어 황량한 벌판의 비극적인 인식에서 '너는 무엇을 바래 떨고'라는 현실 인식을 전면에 포진함으로써 미래로 가는 길을 모색하는 작업을 버리지 않는다. 결국 겨울의 禿木으로 비극적인 현실에 추위가 엄습하는 느낌이다. 결국 독목은 윤종석이 살고 있는 오늘의 표정이라면 의지로 나타나는 나무를 접하게 된다. 그 나무는 항상 정정하고 푸른 소나무로 표징 된다.

  나, 이 세상 다할 때까지 한 그루 소나무에게 정(情)을 주며 살까부다. 이 헝클어진 세상, 제 이익만 추구하는 세상에 낳아 가난만을 견디며 살아온 나의 삶.

  햇볕이 쨍쨍한 한낮에도 푸르게 제 빛을 띨 수 있는 한 그루 소나무, 소나무가 되리라. 내 아침을 열기 전에 너를 바라보며 송두리째 호흡한다. 네 몸에 무수히 돋아난 솔잎들.
           ――〈한 그루 소나무에게〉중

소나무의 의미가 굳이 절개라거나 지조라는 말을 거론할 필요 없이 정정하고 푸름으로 모든 나무의 의미를 압도하는데서 윤시인이 굳이 마음을 의탁하는 뜻을 헤아릴 수 있다. 아마도 한국 사람에게 소나무의 의미는 각별하고 心思한 깊이를 간직하고 있을 것이다. 추위와 겨울을 이기는 강인함과 의지는 윤종석의 삶에 지표와 동일한 의미를 전달하려는 의도에서 삶의 목표로 접근하는 대상이 되었기 때문이다. 이는 '이 세상 다할 때까지'라는 무한의 시간을 대입함으로써 情으로 통하는 암시와 헝클어진 세상을 올곧게 살 수 있다는 의지를 강화하는 절차로 소나무는 곧 윤시인의 표상이 되었고 또 삶의 어려움을 지탱할 수 있는 구체적인 상징물로 남게 된다. 이리하여 '소나무가 되리라'의 신념을 일체화하고 있다. 이외에도 <소나무>와 <항시 네 곁에서>, <아, 나무> 등에서 윤시인의 소나무는 곧 시인 자신의 의미로 전환하는 점을 목표로 하여 삶의 의미를 새기고 있다.

산은 태어나는 공간이라면 또한 죽음으로 가는 마지막 안주처로 이미지를 남긴다. 아울러 인간은 항상 산을 바라보면서 경외의 의미로 바라보고 찾아가는 절차를 수행하면서 동일화를 꿈꾸게 된다.

> 나는 이제 비로소 山을 본다
> 열려 있는 산의
> 그 가파름을 헐고
> 역사 속의 웅대한 자태를 뽐내며
> 의연히 서 있는
> 山을 본다
>
> 산은 아무리 슬픈 얼굴이
> 가까이 와도
> 찌든 표정없이 맞으며
> 오늘도 다순 향취를 풍긴다
> 하루의 피곤을 정상(頂上)에 묻으며
> 다시 산을 바라보는 인간의 더운 가슴.
> ──〈다시 산을 보며〉

'비로소'라는 발성에서 새로운 자각의 순간에서 맞게 되는 깨달음이 있다. 이는 과거에 느꼈던 산과 오늘에서 바라보는 산의 인식이 새삼 달라졌다는 것을 의미하기 때문에 산의 의미가 과거와는 다른 것－열려 있는 산과 역사라는 시간 속에서 산의 의연한 증언과 슬픔과 즐거움을 모두 용해하는 점에서 항상 변함없는 깨달음과 인간을 위해 헌신하는 듯한 산의 위용에서 시인은 인간을 위한 새로운 산의 자태를 확인하고 있다.

> 사람들은 마지막 산으로 간다네
> 산을 싫어했던 사람도
> 산의 험준한 골짝을 내리지 못한 사람도
> 산의 다순 체온에 묻혀
> 산에서 산다네
> ──〈산행가〉에서

산이 인간의 마지막을 받아들이는 안주로 생각할 때, 고향의 감수성을 발동하게 되는 것 같다. 윤시인은 산을 단순한 높이로 바라보는 것이 아니라 산에서 비롯된 역사의 숨결과 인간의 마지막을 장식하는 공간으로의 역할을 순리로 체득함으로써 산과 인간의 동화를 궁극의 목표로 설정하면서 자연사상의 일단을 만나게 된다.

3) 자유의 새와 불

새는 천상과 인간을 연결하는데서 메신저로의 기능을 했기 때문에 숭배의 상징으로 인식되었다. 이는 인간이 땅에서 하늘로의 높이에 동경을 보냈던 데서 새는 정신의 승화를 나타냈고, 칼 융에 의하면 새는 정신 혹은 천사, 초자연적인 도움, 사고, 환상적인 비상을 나타냈다. 이로 보면 새는 다양한 상징의 의복을 걸치고 시의 전체를 이루는 요소로 작용한다.

> 내 목청을 대신하여 그날
> 치렁치렁 울던
> 그 새의 소식을 알 수가 없네
>
> ──〈正義 새〉에서

  윤종석의 새는 앞에서 인용한 새들과는 다른 자리를 의미한다. 사회의식을 투영하는 새가 되는가 하면 불의를 위해 울부짖는 새로 환치되기도 하면서, 사회가치의 실현을 위해 울음을 우는 새로 상징된다. '내 목청을 대신하여'라는 새의 울음은 곧 새를 의탁해서 자신의 의사를 투영하는 동일화의 기능을 나타낸다. 그러나 '그 생의 소식을 알 수가 없네'에서 실종된 정의에 대해 아쉬움을 나타내는 윤시인의 의도는 시와 시인이 육화된 이미지로 不在한 새의 행방이 아직도 정의를 실현하는 길이 멀다는 생각 때문에 시인의 마음은 여전히 우울한 결과를 토로하고 있다.

> 새여, 내일의 자유를 위하여
> 사랑보다 더 뜨겁게
> 넓은 창공을 날아라
>
> ──〈자유의 새〉에서

  윤종석은 자유와 정의라는 실현의 목표를 달성하기 위해 새는 시의 중추적인 맥을 형성하고 있다. <그날의 새의 통곡>이나 <그 새> 그리고 <오늘의 새>, <날지 못한 새>, <겨울새> 등에 들어 있는 새는 사회의 불합리와 모순에 대한 비판 의식을 투영하면서 시인의 생각을 나타내고 있다.
  윤종석 시인의 불은 내면 의식의 분출과 어둠을 밝히는 시적 암시를 나타내면서 변화를 모색하는 이미지로 역할을 감당한다.

촛불은
뉘 영혼의 힘으로
불을 밝히는가,

침묵으로 가슴 태우는
밤마다 아픔을 견뎌
내일을 불 밝힌다

———〈촛불 송〉에서

 촛불은 자기를 태움으로 어둠을 내쫓는 역할을 한다. 이런 희생은 곧 삶의 합당성을 부여하는 길이면서 삶의 의미를 찬란하게 부각시키는 상징으로 연결되기 때문에 고귀한 이름을 부여하게 된다. 자기를 태우면서 타인을 위해 목숨을 바칠 때, 윤종석의 시적 진행은 자신과 오버랩 되는 이미지로 변하면서 '침묵'과 '밤마다 아픔을 견뎌'라는 암시가 '내일을 불 밝힌다'로 이어지면서 궁극적인 종착점을 형성한다.

불은 제 육신을 태워
남루를 털어버린다

썩어있는
이 세상의 풀들을
헐어내며 솎아내며
바람과 입맞춤을 한다

———〈불의 노래 1〉에서

 불은 태움으로써 새로운 생명의 창조를 깨닫게 해준다. 불탄 자리에는 항상 새롭고 신비스런 생명이 다시 자리잡기 때문이다. 결국 불의 분노는 옳음을 위한 일이고, 새로운 생명의 탄생을 위해 불꽃의 함성은 정의라는 지향점으로 남게 된다. '세상이 가장 추울 때\불꽃의 흔들림을 듣는다\세상이 가장 가난할 때\불의 뜨거움을 느낀다' <불의 노래 2>는 것처럼 불은 인간을 위해 자기를 태우면서 새로운 세계를 위한 창구 역할을 이행하게 된다. 원시인들이 불을 숭상했던 것도 태양으로부터 발산되는 조물주를 뜻했고, 헤라클리투스처럼 모든 사물은 불로 나와 불로 돌아간다는 만물 근원론을 설파하기도 했다. 결국 불은 파괴와 생성의 두 가지 구분이 있지만 결국 인간을 위함에서 천상에 불을 훔쳐 인간에게 건네 준 프로메테우스의 공로는 밝고 요긴한 인간의 숙명적인 의미로 남는다.

4) 바다와 존재 그리고 5월의 소리

바다의 넓이는 인간에게 마음의 크기를 교훈적으로 상징하고, 물의 이미지는 유형과 무형의 매개적인 역할을 수행함으로 동일화를 뜻하게 된다. 물론 바다로 돌아간다는 것은 죽음을 맞게 되고 때로는 어머니를 상징하게 된다. 아울러 침몰의 이미지로 돌아갈 때, 물은 죽음과 손을 잡는다. 물론 윤종석의 바다는 고향 목포의 내음과 밀접한 연상을 부추긴다.

　　　　파도 속에 노래가 있네
　　　　파도 속에 고향이 있네
　　　　　　　　　　——〈파도 10〉에서

노래와 고향의 뜻은 시인의 개인적인 정서이면서 떠날 수 없는 因子로 밀착되어 있기 때문에 변용의 암시를 내포하고 있다. 이런 정서는 시적인 무드를 더욱 나이브하게 채색하면서 다음 장면으로의 전환을 재촉한다.

> 파도여, 네가 울고 간 바다 끝은
> 안개에 젖어 있고,
> 바람이 세차게 몰아치는
> 목포 앞바다 선창은
> 목메인 배들의 슬픈 가락으로
> 아침이 열리네
>
> ──〈파도.9〉에서

윤시인의 바다는 용해의 상징이 드센 느낌을 남긴다. 바람과 안개 등으로 점철된 바다에서 인간의 삶의 애환을 용해하면서 아울러 슬픔을 부추기는 역할을 이행한다. 다시 말해서 바다를 통해서 고향으로 떠났던 사람이 돌아오는 기다림의 공간이 되기도 하고 또 떠나가는 길의 기능을 이행할 때 희와 비가 교직되는 시의 소재로 등장한다.

인간에게 편리를 제공하는 의자는 단순한 편리의 기능이 아니라 생존의 의미를 나타낼 때 처연한 뜻으로 돌아간다. 윤종석은 인생의 노년기에 접어들어 삶의 길을 돌아보는 시들이 페이셔스를 자극하는 방편으로, 낡은 의자를 명상적으로 바라보는 시선이 있다.

> 누가 앉았었을까, 이 빈 의자에
> 젊은 날, 화려한 꿈을 불태우며 사색하던,
> 그러나 이젠 허허로운 벌판 한가운데서
> 지난 주인을 생각하며
> 닳고 있는 의자(椅子) 하나,
>
> ──〈빈 의자〉에서

낡은 의자를 인간의 체취로 바꾸면, 그 대상은 누군지 모르지만 앉았다 떠난다는 상념이 자신의 경우와 일치될 때 삶의 아픔과 처연한 슬픔이 일렁이게 된다. 빈 의자는 언젠가 맞게 되는 존재의 허무를 뜻하고 또 삶의 허망을 깨닫게 해주는 슬픈 삶의 해답이 된다. <노을>에서 잃어버린 시간을 추적하려는 일단의 집념이 없는 바도 아니지만 윤종석의 존재관은 다소 정적이고 수동적인 느낌을 벗어날 수가 없다.

한국 현대사에서 80년 5월은 인간의 논리로 해결할 수 없는 이상한 나라의 문제였다. 많은 사람이 비명에 죽었지만 죽인 사람이 없는 미궁의 역사적인 기록이 남아있기 때문이다. 이를 슬퍼하는 윤종석의 마음은 시의 형상화에 역사의 의미를 재촉하고 있다.

>광주천에
>아침 해가 떠오른다
>흐린 물을 맑게 태우며
>잃어버린 기억의 끝으로부터
>요염스런 웃음을 갈기갈기 찢으며
>광주천에
>크낙한 물보라의 해가 떠오른다
>――〈광주천의 아침〉에서

시적인 포장으로 하여 의미의 속살을 쉽게 만나기는 상징의 껍데기를 벗겨야만 가능하다. 광주천에 역사의 흐린 물살을 돌려보내고 붉게 타오르는 해를 바라보면서―지난 오욕의 흔적들을 돌려보내자는―기억의 중심을 정의라는 기준에 맞춤으로써 '크낙한 물보라의 해가 떠오른다'라는 희망의 미래를 예견하고 있다. 이런 논지는 <분수대 곁에 서 있으면>이나 <5월의 꽃나무>에서 시인의 정서는 새로운 의미로 포장되려는 '죽은 나뭇잎에서 새로운 움이 돋아나고'라는 뜻으로 역사적인 의미를 찾아 나서는 윤종석이다. 아울러 역사는 항상 바른 길로 나가는 운명이어야 한다는 의식을 강화하는 마음을 시의 형상으로 부르짖는 셈이다.

5) 시를 위한 정열

시인은 시를 위해서 신명을 바친다. 누군들 그렇지 않을까 마는 시인이 시를 생각하는 것은 곧 시에 전 우주를 담고 있기 때문에 목숨과 교환하려는 뜻으로 시의 창조에 헌신하게 된다. 설혹 취미와 호사가-딜레탕트적인 태도로 시와 대화를 하려는 시인이 있다면 그는 이미 뮤우즈로부터 시인의 자격을 박탈당한 불행한 사람일 것이다. 윤시인은 시와의 대화를 위해 삶의 모두와 교환하려는 자세로 열성적이다.

> 나의 기다림은
> 오직 <詩>뿐,
> 하늘이 맑고 푸를 때
> 침잠된 넋으로
> 그대, 시의 영상(映像)을 찾아
> 방황하리.
>
> ──〈기다림2〉에서

시를 위해 온 삶의 가치를 두겠다는 고백이다. 오직 시뿐이라는 단호한 어사는 곧 시를 위해 일생을 고독과 함께 하면서 살아가겠다는 선언적인 의미를 나타내면서 기다림의 나무를 심겠다는 생각이다. 결국 시를 위해서는 '내 가슴에 와 닿는\슬픔이여, \너로 하여 나의 삶은 깊어 가고\너로 하여 나의 삶은 자멸(自滅)한다' <고독>의 뜻과 다름이 없는 것 같다. 이런 의지는 결국 시에 어떤 보상을 받기 때문일까? 이런 의문은 하등에 시를 위한 해답이 될 수 없게 된다. 사랑도 진실한 사랑이 대가를 요구하지 않고 순수한 사랑은 헌신의 애정에서 참된 가치를 부여하기 때문이다. 시인이 시를 쓰는 행위도 결국 순수한 사랑 찾기와 다름이 없다는 점에서 윤종석의 시를 위한 기다림이나 여기서 파생되는 고독은 곧 시인의 삶에 대한 투명한 자세를 나타내는 것과 같다. 결국 <불면>에 '다만 하나의 흔적을 이루고픈 외로움에\불면하는 \사랑은'에 압축되는 것 같다로 시를 향한 정열이 식을 줄 모르는 연소를 계속하고 있다는 생각이다.

3. 에필로그를 위해

윤종석의 시는 언제나 나긋하고 다감한 음성을 듣는 것 같다. 이는 그의 성품에서 느끼는 순수하고 투명한 삶의 자세이고 인간을 위한 따스한 감수성에서 비롯되는 시적 무드로 생각된다.

나무를 통해 삶의 의지를 연상하고, 산에서 귀향의 소리를 눈 여기지만 절망적으로 질축하거나 참담한 느낌을 갖지 않는 이유가 긍정적인 삶의 자세에서 비롯되는 것 같다.

자유의 표상을 새의 날개에서 찾으려하고, 새와 자신과를 자화상의 동일화에 묶어-지난 세월을 비극으로 인식하지 않으려 할 때 윤종석의 시는 일단의 자리를 마련하고 있다.

아울러 불에서 어둠으로 상징되는 불의를 배격하고 바다에서 고향의 소리를 용해하려 한다. 결국 윤종석의 시는 섬세하면서도 아련하고 순수하면서도 깊은 맛을 남기는 이유가 시인의 담백한 성품에서 비롯되는 것으로 해답을 마련해야 할 것 같다. 이는 그만큼 삶의 깊이를 터득한 사람에게서 나오는 순수 결정의 보석과 같다는 비유가 될 것이다.

3. 봄날의 감수성과 이미지변형
―李熙穆의 詩―

1. 시인과 시―프롤로그

　시를 말하면 이미 시는 시가 아니다. 이 말은 시는 단순한 논리로 포획할 수 있는 대상이 아니라 자족적인 존재로 살아가는 생명체라는 뜻이다. 물론 한 편의 시에 생명의 소리를 듣기 위해 문을 두들기는 사람은 없겠지만, 시는 유기체로 살아가는 일정한 존재라는 점에서 끝없이 대화를 나눌 수 있는 대상이다. 이를 알아차리는 사람과 그렇지 못하고 지나치는 사람과는 지혜의 발동에서 다를 뿐이다. 다시 말해서 시의 존재를 알 수 있는 사람에게만 문을 열어 주는 때로 폐쇄적인가 하면 항상 문을 열어 놓고 기다림을 심고 있는 두 가지의 현상을 왕래하는 존재가 시라는 뜻이다.
　시인은 항상 영매자의 눈빛으로 먼 미지를 응시하는가 하면 때로 엑스타시의 황홀경에 들어가 시의 얼굴을 만나고 돌아오는 사람이다. 여기서 시와 시인의 관계는 어떻게 출입구를 찾아가는가의 방법론에서 여느 사람들과 다를 뿐이다. 물론 열쇠를 확보한 사람과 그렇지 못한 사람과는 시를 인식하고 살아가는 방법을 가늠하는 면에서 다를 수밖에 없다.

시인은 자기의 운명을 싣고-경험이라는 부산물들을 대동하면서 방랑의 길을 왕래하면서 끝없이 무언가를 찾아 나서는 운명을 사랑한다. 물론 어둠이라는 미지의 땅에서 형체를 발굴하는 고달픈 일이 확실하게 소득을 주는 것도 아니지만 눈을 두리번거리면서 시의 얼굴 찾기에 헌신한다. 이런 전제는 불러서 응답하는 것이 시가 아닌데서 손으로 물을 움켜쥐는 형상과 같을 것이다. 그러나 시는 확실하게 인간의 곁에 있다는 점을 부인할 수는 없을 때, 시와 시인의 관계는 열망과 사랑을 교감할 수 있는 특성으로 연결된다.

시와 시인의 관계는 인간의 운명을 노래한다는 점에서 필연적이지만 결국 이 필연에서 독자에게로 눈을 돌리는 새로운 공간이 설정된다. 이 때 시는 객관적인 옷을 입고 영생의 길을 준비하는 절차에서 의미를 만들어 간다.

이희목은 1982년 『시문학』 4월호를 통해 <늦가을 동구밖>과 <보리밭>을 발표함으로 시인의 길을 확보했다. 첫 시집으로 『접시꽃 마을』(대일, 1992)과 『호박잎 빗소리』(1993, 뿌리)에 이어 제3시집을 상재한다. 그의 시는 토착적인 향토성과 서정성을 바탕으로 의식의 깊이에 간직된 한국적인 정서를 일구는데 일단의 자리를 확보했고, 전원적인 정서를 변형하는 식물 정서를 기본으로 시의 향기를 마련하여 자연과 인간사를 응축 혹은 육화하려는 發心을 보이는 시적 표현에서 그의 재능을 투척했다. 제3시집에서는 앞서의 시적 취향과는 달리 어둠과 빛 혹은 생명에 대한 본연의 깊이를 발굴하려는 관심을 다각도로 변형하려는 특징을 말할 수 있다.

이희목의 제3시집은 운명을 승화해서 변형의 빛을 지향한다. 아울러 일상을 육화하여 새로운 의미를 상징으로 포장하는 기교가 원숙한 느낌을 생성한다. 이제 그의 정신 속에 내포된 정신의 함량을 분석하면서 논지의 길을 확보한다.

2. 시적 모티브와 의식의 단편들

1) 의식의 표정

시는 의식의 표정을 시적인 특징으로 나타내는 기교적인 작업이다. 시인의 개성에 따라 각기 다른 형태의 그림을 그릴 수 있다는 것도 따지고 보면 그가 살아온 생애적인 것들과 다름이 없다. 이는 진솔한 정신의 흐름을 만들어 나아갈 때 독자의 심금을 울릴 수 있기 때문에 「벗겨진 의식」으로 대상을 육화하려는 발상을 필요로 한다. 이희목의 시적 특성은 그의 삶의 철학을 보여주는 것보다는 설득하려는 발상이 우세하다. 이런 현상은 독자에 다소 위압적 느낌을 배가할 수도 있지만 노숙한 정신의 일단을 만나는데서 은근한 맛으로 포장되는 이유가 되면서 때로 명상적이고 철학적인 깊이를 방문하는 즐거움과 상통된다. 이는 한국 현대시에서 가장 취약한 사상의 실종을 보완하는 이희목 시만의 표정으로 인식되는 부분이다.

   새벽 두 시의 바다
   말미잘도 뜨지 않는다
   정지된 바다의 수면은
   얼음보다 차다
   차가운 수면 위로
   내 의식의 낚싯대를 드리우건만
   걸리는 것은 부침물 뿐

         ——〈밤바다〉에서

새벽 두 시는 만물이 정지된 호흡으로 생명을 안으로 다독이는 시간이다. 이런 깊은 시간에 자연의 소리를 들으려는 시인의 마음은 곧 어둠에서 나오는 창조의 비법을 확인하려는 발상이다. 이런 행동의 특성이 이희목의 정신적인 현상으로 지배하면서 새로운 공간을 탐색하고 또 찾아가는 행보로 일관된다. 다시 말해서 세상이 잠든 시간에 낚싯대를 드리우고 무언가를 탐색하는 눈빛은 '허무의 심연을 찾아가는\깨어 있는 자의 밤'으로 시인의 의도를 정리하게 되면서 스스로에 대해 '굳게 닫힌 문 앞에서\떨고 있는 새벽별 하나'의 별로 고귀한 상징을 삼는다. 어둠과 문은 같은 이미지군으로 시의 의미를 중첩하는데서 시인의 정신적인 활로를 어떻게 열게 할 수 있을 것인가를 가늠하는 因子로 작용한다.

　이희목의 시적 발상은 대상을 먼 곳에 놓고 이를 찾아가는 방법이 새벽 걸음으로 출발하는 것과 어둠일지라도 빛으로 전환을 마련할 수 있다는 신념의 표정으로 시의 표현을 관리한다. 이런 정신문법 하에서 그의 시에 관류하는 의미는 독자를 설득하려는 기다림보다는 오히려 짧은 교훈으로 전달하려는 의도를 읽게 된다. 이는 시인의 정신적인 추이와 상관이 있고 또 나이와 무관한 것이 아닐 것이다.

　2) 별

　천상의 높이를 동경하는 것은 인간의 능력이 미치지 못하는 데서 오는 일종의 꿈이었다. 하늘을 날아가는 새들에 대한 흉내를 비행기라는 형태로 실현했다면 인간의 욕망은 항상 높이를 지향하는 관심을 버리지 않으면서 열망을 투척한다. 이런 인간의 꿈은 때로 실현에 대한 업적을 만들어 내면서 찬란한 인류의 진보에 공헌하게 된다. 몇 억광년 떨어진 별을 관찰하기도 하고, 또 달이니 화성의 별들을 다녀오려는

3. 봄날의 감수성과 이미지변형　33

시도를 감행하면서, 실제로 달을 밟고 오는 현실을 이룩하기도 했다. 높이를 설정하는 것은 인간이 문화에 상승의 의미를 가져왔고, 이런 현상은 인류의 문화에 특징을 이룩하면서 진전하게 될 수 있은 요인이 되었다.

어둠을 밝히는 별의 상징은 이희목의 시에 가장 큰 특징으로 이는 정신적인 현상을 암시하고 있다. 가장 많은 빈도로 의식을 채우고 있는 열쇠를 마련함으로써 그의 정신적인 추이를 점검하게 된다.

> 불면은 잔인한 밤의 형벌
> 흐르다 멎어버린 시간의 강물
> 밤은 쉬이 샐 것 같지 않다
> 새벽 창가에 어리는
> 은하의 먼 별빛
>
> ──〈불면의 강〉에서

잠을 이루지 못하는 불면은 곧 인생의 고민을 뜻하고 이런 징후는 깊은 나이에서 오는 어둠을 뜻하게 된다. 가령 어둠 속에서 빛을 추구하는 것은 인간의 심리적인 특징이기 때문에 새로운 활로를 모색하기 위한 탐구로 부터 이희목의 정신은 별빛을 찾아 나서는 길 찾기의 의지에 초점을 맞추게 된다. '잔인한 밤의 형벌'을 감내 하는 것 때문에 '시간의 강물'이 멎어진 것 같은 생각을 더하게되고 또 밤의 깊이가 쉽게 밝아질 것 같지 않다는 의식을 자각하기 때문에 '창가에 어리는\은하의 먼 별빛'을 끌어오는 의식을 발견하게 된다. '지나온 아득한 길 위에\걸어가야 할 길이 겹친다'의 행로를 확보하기 위해 시인의 촉수는 현실을 확인하게 되고 이런 자각 위에서 어떤 행동을 추구할 수 있는가의 여부─어둠은 사람의 시련을 뜻하고 이런 시련은 곧 새로운 전환을 가져오는 '별빛'의 위안으로 삶의 먼 道程을 찾아 갈 수 있는 動因

을 발견하는 것이 이희목의 정신 문법으로 자리잡게 된다.

> 새벽 일찍 일어나는 자만이
> 가장 빛나는 별을 볼 수 있다
> 저 아득한 나라에 떠 있는
> 안드로메다의 먼 별빛을.
> ……생략……
> 새벽 별을 찾아가는
> 아늑한 길이 남아 있기에
> 안개는 피어서 하늘로 오르고
> 새벽 하늘에 첫길을 여는
> 물새들의 힘찬 나래짓 위로
> 멀지 않아 새아침은 밝아오고
> 나의 새로운 출발을 알리듯
> 산모롱이를 돌아나와
> 안개 속으로 사라지는 먼 기적 소리
> ──〈새벽 하늘〉에서

시는 상징과 비유라는 이미지를 동원하여 의식의 그림을 그려 가는 행위에 다름이 아니다. 진술적인 개입은 시의 생명을 초라하게 만들 수 있다는 점에서 시의 호흡과는 멀리 있는 셈이다. 가령 시의 종결어미가 서술 종결어미로 끝날 때는 단호한 시인의 의지를 표백하는 결과를 가져온다면 '가장 빛나는 별을 볼 수 있다'의 확신은 이 시인의 정신적인 추이를 보여주는 육성일 것이다. 이는 그가 살아오는 과정에서 만나는 삶에의 의지와 신념이 공고화된 의미를 갖는다. 이런 발상의 기저 위에서 '일찍 일어나는 자만이'의 조건이 일치할 때 별은 시인의 소망을 달성 시켜 줄 수 있는 구체적인 조짐으로 남게 된다. 결국 '새벽 별을 찾아가는'의 자발성으로부터 새벽의 첫 길을 여는 행동의 전환을 맞게 되면서 또 '머지 않아 새아침은 찾아오고'와 '나의 새로운 출발을 알리듯'의 의미에 대구를 형성하여 가야 하는 목적지인 '먼 기적 소리'의 행방을 확인하게 된다.

이희목의 시적 특징은 어둠에서 빛을 추구함으로써 건강성을 확인하게 되고 또 삶의 상징에 의미를 부여한다. 이는 '어디쯤 가면\나의 창에도 별이 빛날까\한밤내 뒤척이다 까무러지는\바다의 속울음\…략.. 한 줄기 빛은 눈물 뒤에 찾아오는 것\아침 이슬을 털며 오르는 산길\마음의 푸른 깃발을 꽂는 손에 햇살은 빛난다\오랜 절망 끝에 열리는 새벽 하늘\나의 탐색의 길은 어둠 저편에 있다' <어둠 저편>와 같이 어둠에서 빠져 나오는 행위의 모색은 곧 평범한 삶의 진리를 채색하는 내면적인 세계의 창문을 인식하게 된다. 물론 시인의 의도를 지나치게 앞세우는 설교조의 '한 줄기 빛은 눈물 뒤에 찾아오는 것'의 딱딱한 진술도 결국은 달관으로 축적된 경험을 위한 확신의 소리로 들으면 차라리 아름다운 풍경화로 연상된다.

3) 정신 승화

Allen Tate는 「문학은 인간 경험의 완전한 지식」이라는 말로 경험의 용해를 문학의 중요한 요소로 생각한 바 있다. 경험을 어떻게 용해할 수 있는가는 곧 시인의 재능으로 돌릴 수 있는 부분이다. 가령 하나의 사물을 노래로 옮길 때 표시적인 기능과 암시적인 기능에서 내연(intention)과 외연(extention)작용이 어느 쪽도 아니고 제3의 속성으로 바뀌어질 때 역학적 긴장 상태를 그의 이론인 텐션론에 접근시켰다. 결국 시는 사물을 결합 이미지와 이미지의 합치에 의해 새로운 속성으로 변모되는 변형에 의해 새로운 의미를 창출할 수 있는 것이다.

가을이면

> 은하의 별들은
> 지상으로 내려와 구절초가 된다
>
> ──〈九節草〉에서

  구절초라는 꽃이 지상에 피어 있는 꽃이지만 하늘의 별들이 지상으로 내려와 꽃으로 변모될 때 새로운 의미를 향기로 전달하게 된다. 다시 말해서 하늘의 별이 지상으로 내려와 꽃이 되고 다시 향기로 인간의 곁으로 다가온다는 말이다. 테이트의 이론처럼 별이라는 외연과 꽃이라는 속성이 향기로 변모될 때, 향기라는 제3의 속성을 잉태하게 된다. 이런 승화는 이희목의 시에 흐벅한 이미지를 다양하게 변형 기교로 사용된다.

  이희목의 시는 停止態가 아니라 이동의 이미지를 구사한다는 점이다. 이는 현재의 공간에서 미래의 공간으로 수평 이동이 아니라 항상 수직이거나 하강의 방법을 교차하는 시가 <구절초>와 <鳥葬>을 들 수 있다.

> 누구나 한 번은 가야할 길이지만
> 사후조차 편히 갈 수 없는
> 처절한 죽음이 여기 있다
> 그대 오늘 하늘 나라로 가는 날
> 라마교 司祭의 선택에 의해
> 鳥葬으로 치르는 날
> ……략……
> 종국에 한갓 티끌도 사라지는 것
> 그러나, 그대 지순한 영혼만 살아남아
> 저 하늘 나라의 푸르름을 더하리니
> 때로는 단비가 되어
> 그대 살다간
> 이 지상의 풀밭 위로 내려오리니
>
> ──〈鳥葬〉에서

한 영혼이 허무로 사라진 뒤 결국 인간의 땅으로 돌아온다는 간략한 내용이다. 처절한 죽음은 인연으로 얽혀진 죽음을 맞으면 비극적 공허로 돌아 오면서, 어딘 가로 행선지를 결정한다는 것은 결국 운명적인 현상으로 치부되지만 다시 비로 하강의 수순을 밟아 인간의 땅-인간의 생명을 적셔 주는 아름다움으로 데포르마시용 된다. 즉 지상에서의 죽음이라는 슬픔과 허무의 참담함을 겪으면 하늘로의 길을 확보하고 다시 구름이 되어 단비로 자연과 인간을 이롭게 할 때 죽음이라는 슬픔의 관념이 비극이 아니라 지상의 생명들을 키우는 성스러움으로 변모되는 과정을 밟는다. 여기서 이희목의 죽음관은 불가적인 윤회의 사상이 스며 있는 느낌을 준다.

      오늘도 걸어가야 할
      나만의 먼 강물 너머
      한 마리 고뇌의 새가 되어
      저 푸른 강언덕을 향하여
      그리움의 흰나래를 펼칩니다.
                                 ――〈아직도〉에서

  〈아직도〉에서 새라는 이미지로 하늘을 점하는 존재를 자화상으로 그리고 있다. 즉 시인이 새가 되어 천상을 떠돌면서 낙원의 개념인 '저 푸른 강언덕을 향하여' 그리움의 나래를 펼치려는 의도를 표출할 때 다가오는 느낌은 고귀한 이미지로 전달된다. 하늘의 새가 높이에서 안락감과 행복함의 뜻을 내포한 「푸른 언덕」으로 내려올 때, 즐거움과 평화로움을 전달하게 된다. 이와 같은 느낌은 모두 動的인 다이내믹함이 아니라 고요하고 안온한 靜的인 느낌을 생성하기 때문에 이희목의 시는 스미는 듯 젖어 드는 대상 승화의 느낌을 은연듯 갖게 된다.

앞서의 <벼랑 위의 꽃>도 운명의 꽃씨가 되어 불을 밝히는 과정을 거쳐 '그 빛나는 최후를 위하여\오늘도 벼랑 위에 웃고 있는 풀꽃 한 송이'와 같이 꽃으로의 변형에 스스로의 얼굴을 그리고 있다.

4) 空과 彼岸 意識

시는 인식을 옮기는 작업으로 새로운 공간을 찾아 나선다. 없다는 것과 있다는 것의 구분은 하등에 불필요한 인간의 개념이라면 있고 없음을 굳이 가려야 할 속성이 아닐지 모른다.

불교에서 순야 즉 空이란, 일체 法은 인연을 따라서 생겨난 것이므로, 거기에 我體, 本體, 實體라할만 것이 없기 때문에 공이라 말한다. 그러므로 諸法皆空이라는 말로 풀이한다. 그러나 공이란 허무의 뜻이 아니라 공을 느끼는 것은 진실한 가치의 발견이기 때문에 眞空 그대로가 妙有라 말한다.

> 미국 우주 왕복선 언더버호의
> 광각 카메라가 찍은
> 지구로부터 오천만 광년이나 떨어진
> 은하의 핵은 성난 태풍과 같구나
> ……략……
> 그대 머리를 들어
> 그저 아득하고 신비스럽다고만 생각하며
> 별들을 쳐다볼 일이다
> 저 끝없는 空의 세계에 펼쳐진
> 밤하늘 은하의 세계를.
>
> ──〈空〉에서

인간이 통찰하는 실제 가시 범위의 현상계는 10%에 불과하다고 한다. 다시 말해서 90이라는 넓이는 인간의 눈으로 확인할 수 없는 무의식 혹은 어둠의 세계와 같다. 여기서 「있다」는 주장과 「없다」는 주장은 아무런 의미를 나타내지 못한다. 지구로부터 무려 오천만 광년이라는 거리에 은하의 핵은 '성난 태풍과 같구나'를 탄성하는 이희목의 눈은 현실의 눈이 아니라 마음의 눈을 뜬 사람에게 보이는 셈이다. 90%의 공간을 느낄 수 있다는 것은 마음의 눈을 통해서만 가능한 일이기에 心眼을 가진 사람에게는 오천만 광년의 거리가 마음속에 자재하기 때문에 거리감이 없이 실체를 파악할 수 있어, '저 끝없는 공의 세계에 펼쳐진\밤하늘 은하의 세계를' 바라보는 밝은 시선을 확보하고 있는 이희목의 밝고 환한 심안을 읽을 수 있게 된다.

결국 공은 없음의 허무가 아니라 공을 진실로 느낄 수 있을 때 「미묘한」 혹은 「기묘한 있음」의 경지를 뜻한다. 하여 텅빈 하늘에는 수없는 전파가 돌아다니지만 이를 알아차리는 사람은 묘유를 터득한 사람이고 아무것도 없다라고 강변하는 사람은 이런 경지를 알지 못하는 사람일 뿐이다.

이승을 떠난다는 것은 슬픈 일이리라. 인연이라는 줄에서 쉽게 벗어나는 방도가 묘연하기에 삶의 현장은 비극적인 인식이 앞선다. 이희목의 시에 이런 의식은 간결하게 출몰한다.

>어디에 가면
>너희들의 간절한 목소리를
>다시 들을 수 있으랴
>……랴……
>아,
>강 건너
>호밀밭으로 흐르던
>낮뻐꾸기의
>허전한 목소리를……..
>
>———〈목마름〉에서

'어디'라는 장소는 대상을 만나야 한다는 간절함의 뜻이라면—이런 대상은 변형의 소리로 나타난다. '종달새의 끝없는 지저귐'과 '뜸부기의 물 머금는 오딧빛 소리'와 '낮뻐꾸기의 허전한 목소리' 등이 모두 소리로 환생한다. 이는 피안에서 들려오는 소리라는 데서 이희목의 의식은 변형의 절차로 인간의 길을 떠나지 않는다. 그렇다면 목마름의 진원은 삶에의 고단한 갈증이기보다는 숙명적이고 절대적인 소리에 귀를 기울이는 시인의 피안 의식으로 여운을 가진 소리의 뜻으로 접근한다. 여기서 이희목의 정신 문법은 조용한 동양화를 접하게 된다.

5) 봄과 식물 정서 그리고 同化

봄은 만물을 생성하는 절차를 수행하기 때문에 생동감과 화려함을 예비한다. 생명의 창조는 때로 엄숙하고 근엄함을 전달하면서 신비감을 자아낸다. 이희목의 시에는 두 가지의 이미지가 번다하다. 하나는 별이나 빛의 이미지요 두 번째는 봄의 이미지가 출몰한다. 이는 그의 정신을 가늠하는 구체적인 흔적들로 그의 시적 특징과 맞물리고 있다.

> 봄 햇살은
> 보이지 않는
> 금빛 소나기
>
> 소나기 타고 내려오는
> 하얀 모래밭 위로 딩구는
> 저 어린 햇살들의 웃음소리
>
> 봄햇살은
> 뮤즈가 따르는
> 연두빛 毒酒.

강도 산도 나무도
온통 취해 버려
아지랑이 속으로 꿈틀거린다.

——〈봄빛〉

시를 일러 접신의 경지-possessed 즉 '미친, 홀린'의 경지에 들어야 시의 얼굴을 대면할 수 있다. 이런 경지는 논리가 아니거나 결코 합리로 설명되지 않은데서 시의 至難한 접근이 이루어질 수 있다. ecstasy라는 황홀경에 빠질 줄 모른 사람에게서는 결코 시의 화려한 모습과 아름다움의 소리를 만나기 어렵게 된다. 이희목의 시는 봄에 황홀한 순간을 만끽하는 모습을 준다. '금빛 소나기'의 화려한 햇살을 느끼는 충만감과 '웃음소리'와 환치하여 청각을 자극하는 즐거움이나 산천이 푸른 색감으로 '연두빛 독주'의 미친 듯한 모양을 연상하는 시선이 흠뻑 취한 사람의 모습으로 인식을 심는다. 결국 인간이 취한 모습-정확히는 시인 자신이지만-'강도 산도 나무도'라는 모든 대상들이 온통 취해 버린 찬란한 절망에 빠지면서 '꿈틀거린다'의 생동감으로 돌아간다. 여기서 봄은 능동적이고 액티브한 탄력감을 나타내면서 시의 흥취를 고조시킨다. 이런 현상은 시인의 마음 내부를 자극하는 어떤 힘에 의해 봄을 느끼고 흥분하는 행복에 도취되는 점이다.

창밖으로 바라보이는
앞산이 나날이 푸르러 간다

교실까지 스며드는
아카시아 향기

아이들의 표정이 한결 밝다

마음도 몸도 산 빛이다
　　　　　　——〈산간 학교〉에서

　사물과 동화된다는 것은 사물에 육화되려는 어떤 인자를 가져야 한다. 이는 대상이 비논리적이라면 이쪽의 대상도 그런 도취의 감정을 전달받을 수 있는 마음의 흥취가 있어야 한다. 이희목의 봄은 이런 도취에 쉽게 동화될 수 있는 마음의 여유가 있어 보인다. 즉 봄이라는 정서와 이시인과의 결합이 아무런 무리 없이 결합된다는 점—궁합이 잘 맞는다는 말과 같다. 이런 개성은 곧 봄의 개성이 화려하고 현란한 형태로 다음 장면을 제공하게 된다. 산간 학교의 교정에서 바라보는 봄날의 변화가 시인의 시선을 자극할 때, 아이들의 표정이나 마음과 몸들이 푸르게 산 빛으로 동화되었고, 이런 동화는 이내 종일 산을 바라보면서 대화를 나누는 시간에 뻐꾸기와 햇살이 하나의 경지로 결합된다. 이처럼 이시인의 봄은 흥분을 자아내지만 결코 흐트러지는 무질서의 봄날이 아니라 질서를 이루면서 변화하는 흥분의 기쁨을 자극할 때 세상은 하나의 흥취로 엮어진다.

3. 에필로그

　시를 바라보는 것은 곧 시인의 정서 속에서 밖으로 향하는 육성을 듣는 일이다. 여기엔 외연 즉 논리적인 싸늘함보다는 핏기가 도는 따스함에서 쉽게 감동의 누선을 자극하게 된다. 시는 이런 임무에 앞설 때 확실한 자리를 점하게 된다면 이희목의 정신 문법은 담담하면서도 깊은 전달의 묘미를 갖고 있다. 물론 그의 감수성이 외적인 화려함보다는 내면으로 젖어 드는 속삭임에 더욱 깊은 의미를 상징과 비유로 환치한다. 이런 기교는 어둠에서 빛으로 향하는 지향점을 마련하면서 평화스러움을 남기려 한다.

별은 이희목의 시에서 가장 명징한 좌표를 설정하는 이미지이면서 하강적인 느낌으로 인간의 땅을 수놓으려는 발심을 나타낸다. 이는 이 시인의 정신 공간에 자리잡은 구체적인 좌표이자 그의 시를 이 세상에 남기려는 또 다른 상징의 옷과 같다.

봄날의 이미지가 빈번하게 출몰하는 것도 푸른 색채의 세상으로 변모를 꿈꾸는 방향의 일단이면서 화려한 꽃들이 香으로 인간의 땅을 감싸려는 시인의 의도와 상통해진다.

노드럽 프라이의 분류에 따르면 이희목은 봄날의 시인이면서 동양적인 은일의 자세로 시의 밭을 일구는 조용한 풍경화 한 폭을 연상하는 시를 쓰고 있다.

4. 비트겐슈타인의 항아리와 허무
―이영춘시집『그대에게로 가는 편지』―

1. 시의 발상

　이영춘 시인의 6번째 시집「그대에게로 가는 편지』는 인생의 깊이에서 느끼는 감회가 변용의 여러 형태를 이루어 4부 85편으로 시의 숲을 이루고 있다.
　1976년『월간문학』으로 등단한 이후 첫 시집『종점에서』(1978)이후 3년여에 한 권씩의 시집을 상재한 바, 이는 인생의 모두를 시로 휘갑하려는 열정의 시인임을 느끼게 한다.
　시는 일차적으로 살아있는 인간의 감성을 바탕으로 정서의 숲을 일구어 간다는 것은 궁극적으로 자기를 찾아가는 주아주의－일상적이고 경험적인 자아에서 무언가 근원적인 생명과 연결 지으려는, 인간 자신의 내부에서 삶의 규범을 찾으려는 마음의 유동이 끊임없는 너울을 수반하면서, 美感의 정서를 잉태하는 이영춘의 정신은 깊이에 이른 사람이 도달할 수 있는 명상적인 감성을 느끼게 한다. 이는 그의 시에서 변화를 실험하는 정서적인 측면도 그렇지만, 繼起的으로 존재의 숙고를 묻는 치열한 가열성이 이영춘의 시에서 관심의 주된 영역으로써, 허무적인 색채와 존재의 본질과 숙명적인 관념이 작금에 와서는 허무의 헐렁한 옷을 걸치고 달관의 눈빛으로 두리번거리는 모습을 발견하게 된다.

2. 허무라는 의복

시인의 나이와 시의 표정과는 상관이 깊다. 이는 시인의 경험적인 측면이 용해되어 시의 정서로 들어올 때-그 과정은 필연적으로 시인의 경험에서 떠나는 상상력의 줄에 이끌리는 흔적(Trauma)을 발견하게 되기 때문에 시인의 내면은 곧 시어의 생동성으로 표출될 수밖에 없다. 이런 전제는 시어에 객관성 즉 소설에서 낯설게 하기와 같은 이치에 이르겠지만, 자기를 떠나는 위장의 표정에서 신선한 언어의 탄력을 수반하면서 독자의 뇌리를 자극하게 된다. 이런 충족을 위해 시인은 끊임없는 방랑의 고행을 외면할 수 없는 나그네의 운명을 감내해야 한다. 그렇지 못하면 나이 많은 사람들이 직면하는 수척한 감수성에만 매달리는 넋두리가 남게 된다.

이영춘 시인은 이런 첫째의 함정에서 빠져 나온 시인-인생의 맛을 익힌 농익은 시인이다. 이런 단서의 일차적인 증거는 명상의 깊이를 시의 위의(威儀)로 대답하는 점에서 찾게 된다.

『그대에게로 가는 편지』에서 '그대'라는 대상의 문제와 편지의 내용은 곧 시의 전체적인 토운을 형성하는 因子들로써 시의 의미군을 인상으로 채우는 본질의 열쇠가 되고 있다.

나에게 있어서 이제 「그대」라는 말은 아무 의미가 없다. 그대가 있으므로 글을 쓸 의미도 있었고 또 그대가 있으므로 삶의 생동감도 느낄 수 있었다. 그러나 이제 그는 없다. 다만 있는 듯이 생각하여 부재(不在)의 여운을 부각시켜 보았다.
──〈독자를 위하여〉에서

不在를 설정하고 쓰는 편지이기 때문에 그 호소는 항상 허무를 수반하게 되고 이런 시인의 마음은 설정된 애소를 띄우는 이유를 감지하게 된다. 없다는 것의 허망은 사랑의 아픔과 삶의 처연한 애감을 자아내는 현실과 조우할 때, 그 넓은 세계의 공허는 시인의 정신을 채우고 있는 작용점으로 남는다. 그 이유는 대답으로 돌아오는 〈마지막 편지〉가 된다.

> 토요일 오후 그대에게로 가는
> 마지막 편지를 부치러 간다.
> ……략……
> 못다 쓴 어휘 하나씩 골라
> 생각 밖으로 내 던지며
> 절망과 슬픔을 앞 세우고
> 나는 빈집으로 돌아온다.

'토요일 오후'에 화려한 외출의 기대가 무너진 공허와 만나고 그래도 위안을 삼기 위해 마지막으로 부친 편지-'텅빈 우체국'과 '우체통'을 만나는 시인의 절망은 이내 감당하기 어려운 '슬픔을 앞세우고\나는 빈 집으로 돌아온다'라는 허무의 슬픔을 추스르는 노래가 남게 된다. 이런 부재의 그대는 이영춘에게서 높은 벽(壁)으로 남는 것이 아니라 부재를 극복하기 위한 방편으로 끝없는 노래를 만드는데서 부재의 그대는 돌아오는 그대로 착각을 현실화시키는 역설적인 의미가 남기 때문에 독자에게는 오히려 애달픈 생성감을 남기면서, 이런 우회적인 표현이 이영춘의 시에 아름다움을 부추기는 요인으로 작용한다.

4. 비트겐슈타인의 항아리와 허무

3. 갇힌 세상의 존재

비트겐슈타인의 「파리 잡는 항아리」가 있다. 유리로 된 항아리의 중앙으로 파리를 유인하는 유인물이 있고, 파리는 이 유인물을 따라 항아리의 밑으로 들어오지만 위는 막혔고, 들어온 아래로는 나갈 수 없는 오로지 유리항아리 속에서 유리 밖을 향해 호소하고 절규하면서 일생을 마쳐야 한다. 물론 유리로 된 밖의 세계를 향한 열망은 꿈이자 소망이지만 운명은 결코 이를 허락하지 않는다는 극명한 예가 「파리 잡는 항아리」-우리가 흔히 냇가에서-항아리 속에 된장을 넣고 고기를 잡는 것과 같은 비유-살아있는 인간 또한 이런 이치를 벗어날 수 없는 존재일 뿐이다. 이영춘은 이런 삶의 숙명성을 지속적으로 천착하고 있다.

   멧새 한 마리가
   우연인지 필연인지
   유리창 안에 들어왔다.
   바람이 들어오는 곳
   햇살이 비치는 곳을 찾아
   끝없는 도전을 시도한다
   그러나 그는 눈이 없어
   볼 수가 없다
   여기저기 부딪치기만 하다가 쓰러진다
           ——〈갇힌 세상〉에서

'멧새'는 길을 모르는 인간의 운명이고 유리창으로 들어온 것은 '우연인지 필연인지'의 운명적인 바람에 의해 이 세상에 태어난 인간의 비유와 상통해진다. 그러나 '햇살'이라는 밝은 이미지의 숲을 쫓아 나가려는 시도를 계속하지만 결코 길을 안내해주는 水路는 없다. 인간의 운명은 여기서 허무(Vanity)를 되풀이할 수밖에 다른 도리가 없다. 그러나 이런·절망의 공식에서 오히려 인간의 철학은 고통으로 시작하고, 인간의 삶은 절망의 심연에서 용기를 배가하면서 역설의 城을 쌓아 올린다는 것은 인류문화의 본질이 대답해 준다.

시인의 노래는 절망의 변명이 아니라 오히려 절망의 뒤에 있는 희망을 말함으로써 인간에게 꿈과 사랑을 줄 수 있다는 것은 예술의 혜안이라야 한다.

> 길은 어디에도 없다
> ……략……
> 길은 어디에든 있다
> 다만 그 가는 방법을
> 알지 못할 뿐이다
> ──〈길은 어디에도 없다〉에서

인간의 삶에서, 길이란 사는 일의 정답이고 본질이겠지만 이는 누구도 알아차릴 수 없는, 오로지 자기 스스로가 터득하고 찾아갈 수밖에 없는 인간의 궁극적인 문제이자 해답이다. 이영춘 시인은 이런 발상으로 절망의 질펀한 좌판 뒤에 있는 해답을 독자에게 보여주지만 쉽게 해답을 건네주지는 않는다. 즉 노력하고 찾으려는 독자의 땀과 열성을 확인한 뒤에 발견하게 되는 보물찾기의 게임이라는 점에서 여느 시인들의 시와는 다르다.

4. 소멸의 뒷모습

　이영춘의 시에는 소멸을 꿈꾸는 재생의 문법이 있다. 이는 버려서 얻는 기교이면서 하나 더하기가 둘이 아닌 「하나」의 해답을 추구하는 철학적인 사고를 요하는 시의 특징이 있다. 이는 자칫 드라이할 수 있다는 위험도 있지만, 현란함을 꿈꾸는 공허와 수식어귀가 많은 마리니즘(Marinism)의 껍질을 벗고 나타나는 이미지의 생동감들이 이영춘의 정신에 들어있는 확고성을 느끼게 한다. "어떤 사람도 위대한 시인이기 위해서는 동시에 심오한 철학자가 되지 않으면 안된다"는 코울리지의 말처럼 철학은 곧 시의 의미를 확장하는 시인의 정신문법과 상통할 때 궁극적인 시의 깊이를 만들게 된다.

　'한 번 사용하면 떼어버리는' <그 여자를 보면 대일 밴드가 생각난다> 대일 밴드처럼 '저녁이면 노을처럼 색깔이 변하는 사람' 앞에 가장 '현명한 사람'이라는 獻辭를 바치는 이영춘의 의식은 소멸에서 다시 살아나는 찬란함을 꿈꾸는 의식이 두드러질 때, 삶의 무한과 생각의 숲을 소요하게 만든다. '싸-아-한 그 대 품속으로\한 여자가 함몰하고 있다' <가을>의 시처럼 서늘하게 산다는 것이나, 사랑이란 것도 버리고 난 뒤에 얻어지는 것이란 이치는 자명한 일일지라도 돌아보는 삶의 무상성과 어울리는 느낌을 배가할 때 이시인의 시에는 커다란 길을 만나게 된다. 그리고 자기를 소진함으로 더 큰 사랑을 획득할 수 있다는 것도 확실한 사리이겠지만 이를 알아차리는 인간의 기준은 항상 삶의 뒤편을 배회하게 된다는 점에서는 고통과 맞바꾸는 일이란 것도 깨달음을 준다.

　결국 이영춘은 불꺼진 현상의 뒤편에 환한 의식의 불을 볼 줄 알고, 막힌 강을 건너면 곤곤한 長江을 느낄 줄 알고, 벽을 넘으면 柳暗花明

又一村이 있으리라는 통찰의 눈으로 평원의 아름다움을 느낄 줄 아는 데서 그의 시는 노래하는 것과 의미의 숲을 동시에 거느린 지혜를 감득하고 있는 시집이 『그대에게로 가는 편지』의 모두로 보인다.

5. 미래의 창과 현실관리
―朴坤杰 제4 시집 『가을 산에 버리는 이야기』를 중심으로―

1. 들어가면서―상상력의 현재형

　인간의 상상력은 나이에 어울리는 의식을 갖기 마련이다. 이런 단서는 상상력이 전혀 엉뚱한 출발이 아니라 현재형으로부터 새로운 領地를 찾아 길을 떠나는 것과 같은 이치를 상징한다. 결국 상상력은 현재형의 중심을 벗어나지 않으면서 미지의 공간을 향하는 지향성을 갖기 때문에 의식의 현재 상황을 심리적으로 배치하는 몫에 다름이 아닐 것이다. 이런 상상력의 근거는 결국 시인의 생각을 중심 축으로 또 다른 변용의 길을 모색하는 것과 같기 때문에 시는 어디까지나 현재라는 함량을 벗어나서는 안된다는 조건―현재를 중심 축으로 하고 미래의 길을 상징으로 개척하는 道程을 찾아 나서는 역할을 다해야 한다. 물론 산문은 현실의 구조라는 조직을 필요로 하고 시에서는 현실을 감추면서 미래를 포장하는 역할이 중시되는 절차를 요건으로 해야 한다. 그럼에도 현실은 시의 땅이고 상상은 시의 아름다움을 부추기는 하늘의 임무를 수행하게 된다. 하늘과 땅의 배분은 시인의 에스프리나 시의

威儀를 치장하는 기능에 귀속될 수 있지만 일정한 비율로 정량화 되는 것은 오히려 얇은 속내를 드러내게 된다. 항상 시는 외면하는 것 같은 낯선 얼굴을 만드는 재치를 필요로 하기 때문에 시인의 길은 언어와의 치열한 싸움의 연속이고 의미를 만들기 위한 피나는 고행을 종합적으로 일구어야 한다. 이럴 때 시는 우주를 담는 소임을 맡을 수 있고, 인간의 현실과 미래를 가장 간명한 방도로 함축하는 임무를 처리하게 된다. 이런 이치에서 시는 인간의 것이고 인간의 정신을 쇄락하게 만드는 위치에 흔들림이 없게 된다.

1935년생의 海邑 박곤걸은 1964년「매일신문」신춘문예에 시 <광야>가 당선,「현대시학」에 <환절기>와 <숨결>로 등단한 이후 시집 『환절기』,『숨결』,『빛에게 어둠에게』를 상재했고, 대구를 거점으로 활동하고 있는 경주 출신의 시인이다.

박곤걸의 제4 시집『가을 산에 버리는 이야기』는 상상의 풍부한 根柢가 현실성-그가 살고 있는 인간적인 표정을 바탕으로 미래의 예언과 오늘의 표정을 관리하는 담담한 모습을 눈 여기게 한다. 이는 시라는 특징 속에서 逸脫하지 않고 시를 위한 헌신의 자세에서 박곤걸의 시는 확실한 표정을 연출한다는 뜻과 같다.

2. 무엇을 볼 것인가

1) 순수와 그리움

그리움은 인간이 神과 다르다는 구분의 암시일 것이다. 신은 그리움을 갖지 않고 인간을 내려다보는 임무라면, 인간은 신과 달리 인간을 사랑하고 그리워하고 슬퍼하는 감정의 소유자라는 점에서 신과는 다르다. 신은 감정을 갖지 않았기에 실수라거나 판단의 오류가 없다면 인간은 이와 달리 시행착오에 따른 고통과 아픔 그리고 서러움을 이끌고 삶의 언덕을 향해야 한다. 이런 숙명성은 지난 과거에 애착을 보낼 수 있고 지나온 사람들의 체취에 사랑과 그리움을 애달파할 수 있다는 것은 부족에 우는 인간의 속성일 것이다. 예술의 출발은 인간의 고통과 아픔에서 길이 있게 된다는 뜻이다.

그리움이란 소유하지 못하는 안타까움이고 사랑의 공간을 채우려는 마음의 갈증이라면 시는 여기서 발원하게 되고, 종착지를 찾지만 끝내 찾을 수 없는 서러움으로 노래를 이어갈 수 있는 動力을 갖게 된다. 시인의 노래는 결국 소유할 수 없는 안타까움이고 이런 거리감(distance)을 노래로 만드는 작업이 시의 속성이고 시의 길이라면 박시인의 정서는 이런 합당성에서 감정의 숲을 배열한다.

> 이름에게로 이끌려 드는
> 나의 그리움은
> 젖은 가슴 가장 밑바닥에
> 혼을 켜고
> 이름으로 풀어내어 주는
> 너의 설레임에게로
> 한 발짝 시간도 멈추어 두고, 몸조이며
> 귀 떨구어 놓고,
> ……략……
> 아 그 이름의
> 모습은 찾아볼 수 없었다.
>
> ──〈그 이름〉에서

不在에의 그리움이 갈증으로 남고, 이런 목마름은 시인의 노래를 재촉하는 형태로 이어지기 때문에 부재의 장소에 새로운 변용의 모습으로 다시 채워지는 그리움과 만난다. 이리하여 갈망은 더욱 애절해지고

'모습은 찾아볼 수 없었다'라는 공허를 남기면서 그리운 마음의 경직성을 이완하게 만든다. 그리움은 나이와 상관이 없다는 듯, 농도를 강화하는데서 '젖은 가슴 가장 밑바닥'을 찾아가는 영혼의 방황이 고조될 때, 시인의 정서는 가장 진솔한 시적 토운을 내면으로 저장하게 된다. 이런 방황의 원인은 '아픔과 슬픔으로\나는 너의 안에서\너는 나의 안에서'라는 상관을 연결하기 때문에 그리움의 진원이 나타나고, 여기서 마음과 마음의 交接이 서러움의 정서를 高揚하는 원인을 나타낸다. 이런 시인의 마음은 순수라는 표백으로 등장한다.

  너의 하얀 뜻 하나를
  사랑으로 건네어 주려 했을 때
  깊은 눈물 하나 내어 주고
  꽃을 꺾으러 오르려다
  너의 절벽에 내가 좌절하고 추락하고
  비우는 것은 채우는 것이라지만
  눈물은 도처에 있었다.
         ——〈안개꽃에게〉중

 순백한 마음은 인간의 정서를 색채로 상징하는 감각이다. 눈으로 볼 수 있다는 것은 오감 중에서 가장 많은 비중을 차지하는 바, 이는 인간의 삶을 색채로 바라보는 진실의 감수성이다. '너의 하얀 뜻'은 곧 시인이 대상을 형상화하는 감성으로 보이지만 진정을 의탁하는 사랑의 완곡한 표현일 수도 있다. 이런 증거는 '눈물'을 동원하는 데서 감정의 밑바닥을 보여주는 기법과 상통한다. 이리하여 '꽃'으로 상징된 사랑에의 대상을 차지하기 위해 '절벽' 혹은 '추락'의 위험을 동원하면서, 비우는 것과 채우는 되풀이를 반복하여 결국 눈물이라는 순수의「젖음」으로 돌아선다.

 박곤걸의 시에는 눈물의 비유어가 많은 편이다. 이런 요소는 그의 정신내면의 어떤 흔적들이 변용 되어 표출되는 상징일 수도 있고, 과거의 因子가 눈물이라는 형태로 나타나는 형상일 수도 있다. 이런 눈물은 하강적인 이미지로써 땅으로 향하는 것이 아니라 또 다른 데포르마시웅에서 시적 영역은 다양성을 나타낸다. '다 지우지 못하고 두고 간 것은\네가 내내 우러르는\별빛 아니겠는가'에 눈물이 별빛이라는 천상의 이미지로 돌아서기 때문에 고귀한 과거의 어떤 요소들과 떨어질 수 없는 형상이 그리움으로 드러난다.

계절의 순환은 인간 삶의 변화를 뜻하면서 생로병사의 이미지를 부추기면서 유아와 청년과 장년과 노년이 봄, 여름, 가을, 겨울의 순서와 합당하게 일치한다. 봄은 생명의 탄생이라면 여름은 생명의 뜻을 화려하게 펼치는 상징에 닿고, 가을에 이르면 삶의 과정을 정리하는 뜻으로 죽음의 겨울에 이어진다. 이는 종점을 생각나게 하고 인간의 목숨이 한계를 절감하는 생각에 이를 때, 순수를 고취하는 요소가 가을이라는 이미지들로 돌아온다. 박곤걸의 제 4 시집인 『가을 산에 버리는 이야기』의 뉴앙스가 주는 느낌이 자연의 섭리가 돌아가는 생각에 닿고, 이런 어감은 떠나야하는 종점을 연상하게 한다. 결국 슬픔의 강화는 순수를 찾아가는 과정이 이른다는 뜻으로 보면 슬픔을 순수의 그리움으로 보상받는 이치에 이른다.

> 가을 산이 잎을 버리는 산비알을 걸어가면서 우리도 가진 것을 가을 산에 버리는 이야기를 했다. 절명의 풀잎들이 씨앗을 떨구어 몇 개의 기적을 땅에다 묻고 흙으로 돌아가 지워지는 미완의 풀 이름들 사이에 우리의 이름도 지워지고 있었다.
> ──〈가을 산에〉서

박곤걸의 제4 시집에서 가장 명상적이고 의미의 폭을 극대화한 작품이다. 無心이라는 종교적인 경지가 펼쳐지고, 가진 것이 갖지 않는 의미에 이르면 사는 일이 더욱 고귀해지는 상승의 의미가 명상의 숲을 더욱 확장하는 상징을 남긴다. 문제는 가을 산의 뉴앙스가 주는 순수와 고독의 비유를 쉽게 풀어낼 수 없는 개인적이 상징이지만 너와 나라는 대상과 대상의 대화 속에서 '버리는 이야기'와 버림이 땅에 떨어져 다시 새로운 싹으로 봄을 느끼게 하는 연상에서 흙으로 돌아가는 나와 네가 단순하게 지워지는 것이 아니고 살아나는 소생과 만남의 형태로 돌아온다. 버려지는 것은 돌아오는 것이고 돌아오는 것은 다시 가버리는 무소유의 無心은 달관한 자의 가슴에 저장된 시적 요소로 보인다. <을숙도>나 <모닥불 앞에서>, <嶺너머 사람들>, <풍일 삽화>, <入山圖> 등에 들어있는 가을의 이미지들은 박곤걸의 精神圖를 나타내는 표시로 보인다. 이는 知天命을 넘어가는 나이에서 만나는 삶의 리듬이면서 또 그 어름에서 봉착하는 생을 숙고할 때, 조우하게 되는 숙명적인 의식일 것으로 생각된다.

2) 허무의 옷

높이를 바라보면, 거기에 이르는 길이 매우 높고 아득하지만 막상 그 높이를 지나쳐 돌아보면 순식간에 지나버린 삶의 도정에 감회를 일렁이게 한다. 이런 감정은 인간의 운명이 맞아야하는 운명적인 요소일 때, 허무를 운위하는 말에 도착한다. 더구나 열성으로 시간을 의식하지 못하면서 살아온 삶에서는 더욱 그 농도는 짙게 스미기 마련이고 허무의 양 또한 암담한 처지가 될 것이다.

허무가 절망으로 돌아가는 길은 넓다 그러나 허무를 화학적 반응으로 변화하여 신선한 영역으로 이끌 수 있다면 철학의 깊이에 닿게 되고 이런 일은 삶의 원숙성을 거론하는 광장을 만들게 된다. 박곤걸의 시는 이런 이치에 합당한 허무의 이름을 새로운 표정으로 바꾸고있다.

>어지러운 세상의 바람 앞에
>흔들리며 흔들리며 살아 와서
>가슴에 불이 일던 때도 있어
>기다림보다 바빼 나이를 먹고
>빈혈처럼 사랑할 나이도 놓치고
>―〈한 世代〉에서

'어지러운'은 박시인이 자의적으로 세월을 단정하는 말이지만, 이런 어지러움은 경험의 깊이를 왕래한 사람의 생에서 들리는 소리일 뿐, 지나버린 세월의 혼몽함을 암시하는 점에서 보편성으로 이해된다. 시간은 인간의 곁을 무한 속도로 지나가고 이를 알아차릴 때쯤에는 탄식의 소리만 들리게 된다. 결국 해야할 일들을 놓치고 망연한 자화상을 발견하는 순간 해야할 일 들은 저만큼의 거리를 남겨두고 있다고 느낄 때 비감의 허무는 찾아든다. 이런 징조는 살고 있는 자 혹은 살아있는 현실의 소유자에게만 찾아든다는 특징이 있다. 물론 현실을 가장 열성적으로 지나온 사람의 마음에서 나오는 탄식이지만 오히려 보상적인 의미를 갖기 때문에 허무의 탄식이 질축하지 않고 선명하고 밝은 이미지로 환치될 수 있다.

>꾸린 짐도 없는 빈손뿐으로
>짐차를 기다리는 동안
>발목 아픈 세월도 더는 멀지 않을지니
>하늘에 먼저 얹힌 별이 두셋 말씀 나누는 자리에
>심심할 때
>말 몇 마디 끼워 볼 거라네.
>―〈단풍지는 날〉에서

'온 통 두리번대도 세상 아무 할 일이 없어'를 절감하는 인식 때문에 '빈손 뿐'이라는 허망을 실감하고 '천산만엽 단풍 든 잎으로 지고 있다네'를 절감하는 현실의 햇살은 사뭇 밝고, 이런 처지에 가을 산의 노을을 바라보는 망연한 두 눈에 찾아드는 인간의 감회는 枯淡하고 아늑한 느낌을 밝은 햇살이 의미를 대신해 준다. 이런 기법은 동양화적인 혹은 파스텔화적인 아름다움과 어울리고, 다시 천상의 별과 어울리려는 發心때문에 박곤걸의 노년은 밝고 투명한 느낌을 남긴다. 물론 요란스럽고 아우성치는 그런 가을 이미지가 아니라 하늘의 푸름과 맞닿고, 정지된 순간의 旅情으로 자리하기 때문에 사는 일의 아쉬움이 '서로 일러주고 싶을 즈음에\그대와 더불어 가슴 아렸던\하늘같은 마음 하나' <지천명>를 깨닫는 이치가 자리한다.

   무서리에도 꽃이 피는 아침은
   햇살 좋은 나날이 많이도 남았다고
   걸음 머뭇대고, 구름 쉬어 가듯 사는 나이
   몰래 지는 햇살은
   발끝에 다가와서 눈발로 부서진다
             ──〈첫 눈〉에서

 현재를 알면 거긴 이미 절망의 소리가 신음으로 찾아들고 이런 무드에 빠지면 시의 行路는 처참한 고백을 뿌리는 결말이 이르지만 이런 암담한 형상을 달리 바라보면 오히려 현실의 아름다움이 드러날 수 있다. 박곤걸은 현실의 비탄을 숨기고 오히려 담담한 표정으로 담아내는 언어의 절제미에서 아름다움을 불러오는 표현미를 갖게 된다. '무서리'의 아침은 나이에서 오는 아픔이고 이런 암담함은 숙명의 넓이에 간직된, 어찌할 수 없는 형상이기에 이를 고즈넉이 받아들이는 자세는 오히려 처절한 투쟁의 태도보다 더욱 선명함을 부추길 수 있다. 이런 황혼의식이 채색된 박곤걸의 시는 자연스럽게 만들어지는 공간에 자리잡기 때문에 의미의 농도를 깊게 만든다. 결국 박곤걸의 시에 젖어진 허무는 지천명의 나이에서 오는 세월의 무상함이며, 나이에 자리잡은 현실의 고단한 암시가 시의 긴장을 불러오는 <歸家 演習>의 형상으로 변화한다.

'다 못 가진 큰 손의 야심 다 버리고\다 못했는 구름 잡는 행각 다 버리고\오대산 월정사쯤이라던가\몸을 머물은 흔적도 남김없이\바람이 듯 길떠나기 그것 아닌가' <길떠나기>에 들어있는 생각은 현실의 땅에서 먼 곳을 응시하는 일념이 시의 형상으로 돌아온다. 이런 심리적인 표출은 무의식의 자극이고 외부로부터 간섭받지 않는 생각이라는 점에서 자연스러운 표정이다. 나이에 어울리게 가야할 길을 생각하는 관념은 심리적인 무드가 조급스러움이 자리한데서 나오는 시어가 된다. 이런 발상은 <하늘맞이>에서도 '이 땅에 그저 살아갈 집 있으니\저 하늘도 흰 눈발로 내려와서\며칠 접구하고\유숙하고 가시라 하리다.'와 같이 피안의 공간을 바라보는 눈으로 젖어든다. 이런 시적 무드는 <입산도>나 <산중록>등에 오면 선명한 암시로 시인의 마음을 대신하고 있다.

3) 未來로의 窓열기

시는 오늘에서 내일이라는 未知의 공간으로 인도하는 임무를 갖기 때문에 현실의 고달픔과 통증을 치료하는 역할을 다한다. 만약 오늘의 문제만을 고집하는 시의 기능이 남는다면 시는 가장 낮은 자리에 안주하는 운명을 감수해야만 할 것이다. 이런 시의 행로는 흔히 어둠에서 빛을, 고난에서 행복을, 절망에서 희망을 부추기는 역할을 수행함으로써 시의 영역에 고귀함을 덧붙이는 노래가 된다.

시인에게 부과된 오늘은 항상 변화할 것을 꿈꾸는 양상으로 흐름을 유지하려하고, 이런 발상은 새로운 영지를 찾아 나서는 공간의 확보를 염원하게 된다. 결국 시의 특성도 변화를 모색하는 시인의 정신을 나타내는 것에 다름이 아닐 것이다. 이사란 의미도 이런 변화에서 새로움을 확보하려는 뜻을 내포하게 된다.

> 이 세상에
> 새롭게 우리가 태어날 수 없기에
> 새롭게 태어나고 싶을 때
> 허락 주신만큼씩 땅을 얻어 받아
> 새집 짓는다.
> 새집 속에 이사를 든다.
> ──〈새집에 이사 들어〉에서

새 집의 의미란 무엇인가? 새 것이란 것은 지금까지와는 다른 의미를 부여하는 것이라면, 시인에게 변화란 궁극적으로 시의 좌표를 이룩하는 염원의 모두일 것이다. 시는 곧 시인의 삶을 나타내는 것이고 시는 시인의 정신적인 유로를 포착하는 그림에 불과하다면 새 집은 오늘과 다른 장소를 찾아가려는 미지에의 꿈을 암시한다. 더불어 시는 오늘에서 내일로의 길을 인도하는데서 임무가 일차적으로 주어지고 여기서 시인은 안주하는 것이 아니라 영원한 방랑의 몸짓으로 또 다른 새 집을 짓기 위해 심혈을 기울이게 된다. 결국 새 집이란 새로운 의미를 찾아 나서는 일이고, 이런 일이 끝없이 반복되면서 시인의 운명은 영원을 노래하는 방랑자의 운명을 사랑하게 된다. 새 집으로 이사를 갔더라도 이내 또 새 집을 짓기 위해 떠남의 길을 생각하는 시인의 마음은 그만큼 미지의 낙원을 건설하려는 새 출발의 사람─독자에게 안락한 집을 마련해주려는 「집 짓는 사람」이 곧 시인이다. 박곤걸의 이사는 이런 유추에 합당한 암시를 갖는다.

> 스무 굽이 바람과 싸우며

숨차게 달려온
꿈이 큰 이들의 눈망울 안으로
막막히 먼 지평선이 열린다.
내일이 열린다.

——〈연을 띄운다〉에서

　막막한 하늘에서는 어디로 갈 것인가? 이런 물음은 인간의 삶에 따라붙는 원초적인 의문이자 삶의 문제를 해결하려는 인간의 **發問**이다. 그러나 어떤 대답도 만족을 채워주지 않는데서 다시 안간의 문제로 귀환하는 의문이지만, 이런 의문을 끝없이 보냄으로 인간의 땅은 더욱 비옥해지는 법이다. 이런 이치에 이른 박시인은 '고운 아침의 땅에 깃발을 세운다'를 작심하면서 새로운 공간을 바라보는 구체적인 행동을 예비한다.

　인간의 목표에 '어디'라는 장소는 미지의 공간이기 때문에 이를 확인하는 일은 타당성을 갖기 어렵다. 다만 어딘가 현재의 장소가 아닌 다른 곳으로의 변화를 위해 행동을 축적하는 것으로 대답을 대신하는 작업일 수밖에 없다. 다만 가야한다는 명백한 논리를 갖고 신념으로 행동을 예비하는 사람에게 신은 선물을 내려준다는 공고한 믿음이 필수적인가 아닌가를 판별하는 작업이 우선하는데서 미래의 창이 있을 뿐이다.

4) 도시적인 것의 풍자

　박곤걸의 시엔 가장 많은 빈도로 도시적인 것, 문명의 풍자를 담고 있다. 이런 일은 현대인의 심각한 문제를 예민한 촉수로 가늠하는 온도계를 가지고 오늘의 문제를 시의 전면으로 포진하는 앞선 감수성으로 보인다. 다시 말해서 현대의 심각한 문제를 시로 포착하고 용해함으로써 시대의 인도적 임무를 구현할 수 있는 시인에의 길과 같기 때문이다. 첫째는 자연파괴의 문제요 둘째는 사회 가치의 몰락에 따른 인간의 비정성과 셋째는 교육의 황폐화된 현실 다섯째는 외세지향의 문제, 여섯째는 도시화의 문제에 따른 비정성을 거론하고 있다.

현대를 일러 과학의 시대라 한다. 과학은 인간을 편리하게는 했지만 인간을 행복하게 하는데는 실패했다. 이런 단서는 시인의 예지에서 발원하는 촉수를 필요로 한다는 점에서 오늘의 과학만능의 문제는 인간 파괴의 문제로 귀속된다. <겨울 도시>가 되었고 <도시 저쪽>의 행복 찾기가 되었지만, 행복은 점점 멀리 달아나고 있다. 이를 위기의 시대라 고발하는 것은 시인의 당연한 임무일 것이다.

> 강이 떼죽음을 당하고
> 강이 강으로 있지 못하고
> 강을 두고 이쪽 저쪽 믿음하고 살았는데
> 이쪽도 저쪽도 믿음 없고
> 땅도 하늘도 믿음 없고
> 믿을 것이 없는
> 살맛 안 나는 세상, 돋아난 새풀도 시든다.
> 또 누가 도시 저쪽 연습으로 죽는가.
>   ──〈도시 저쪽〉에서

환경 문제가 현대의 이데올로기로 부상된 이유가 인간의 공간이 살 만한 공간으로 염원하는 뜻을 함축하기 때문이다. 그러나 과학 메카니즘의 발달은 이런 인간의 꿈을 앗아가는 인간의 손길 때문이라면 자연의 훼손은 곧 인간의 죽음을 재촉하는 해답으로부터 작금에서야 터득한 무지가 있다. 그리하여 자연을 회복해야 한다는 목청이 높아지는 것이 오늘의 환경문제로 대두된다.

<서초동>에서는 사회가치의 몰락을 꼬집었고, <사람들>과 <도시일기>엔 외국 傾斜의 몰가치가 대두되고 <얼굴들>이나 <주변사람들>,

〈어느 여름〉, 〈물빛〉, 〈나들이 사람들〉, 〈금호강〉에서는 도시화의 모순들이 완곡하게 열거된다.

> 더욱 어두워 가는 도시 사람들
> 더욱 밝아 오는 문명의 불을 많이도 쓰고
> 더 거들먹거리다가 더 앓는 오늘
> 우리 식구네 지붕 위에도 가을 하늘이 푸르다.
> ──〈나들이 사람들〉에서

도시는 이미 공기와 물이 인간을 위협하는 수준에 이르렀고, 오물과 폐수 등 이루 헤아릴 수 없는 자연의 신음은 치유 불가능한 지경에 이르러 어떻게 치료해야 할 것인가에 대한 방도가 없는 오늘의 현상이다. 이런 자연의 신음은 곧 인간의 신음으로 돌아오고 자연의 병은 인간의 병이 되어 죽음을 재촉한다. '문명의 불'이 밝아지는 것과 비례하여 인간의 영혼은 어둠의 길을 재촉하는 처지가 '거들먹'으로 보이는 암담함에서 박시인의 마음은 '하늘이 푸르다'의 신념으로 희망의 예감을 노래한다. 내일에의 절박감을 미래의 희망으로 생각하는 인간애는 곧 휴머니즘의 바탕에서 가능의 문을 열고 있다. 이는 박곤걸 시의 건강성으로 생각되는 절망에서 희망을, 고통에서 미래를 생각하는 시의 표정일 것이다.

3. 나가면서 — 시의 품위

시를 이루는 조건은 종합적이고 다양성을 내포할 때, 미감의 영역은 확보하게 된다. 시를 단순한 언어의 기능적인 것뿐만 아니라 언어를 질료로 해서 의미의 성 쌓기를 완수할 때라야 비로소 완성된 조건을 해결하게 될 경우에 시의 품위는 형성된다. 이런 조건에 일치하는 시를 쓸 수 있다는 것은 시에 대한 열망이 시간의 중심을 가로질러야 한다. 시는 재주나 기교가 아닌 이유가 인간을 총체적으로 투영하는 진실을 바탕으로 출발할 때, 신선한 표정을 관리하게 된다. 이런 조건에서 박곤걸 시인의 시는 순수에 대한 갈망을 그리움으로 엮어 사랑을 노래한다. 이런 정서는 욕심 없는 無心의 경지를 강화하는 초탈에서 크게 돌아오는 감동을 만날 수 있는 이유가 된다.

시의 경륜은 나이라는 매듭에서 변화를 갖는다. 가령 젊은 시절의 정서와 노년의 정서는 차별적일 수밖에 없다. 전자가 현상적이라면 후자는 주로 돌아보는 시간을 관리한다. 예의 박시인도 돌아보는 시간에 허무적인 색채를 펼친다. 물론 칙칙하고 절망적인 것이 아니라 미래를 예견하는 밝음에서 건강하고 靜的인 감수성을 표출하고 있다. 이는 미래로 가는 창문을 통해 새로운 세계의 예감을 느끼는데서 더욱 선명하게 이해할 수 있다.

도시적인 과학 메카니즘은 생활의 편리를 얻었다면, 황폐한 자연의 신음을 물려받았다. 이런 처지를 건강한 자연으로 회복해야 한다는 시인의 주장은 절대절명의 진단으로 처방을 내리고 있다.

박곤걸의 시는 오늘 위에 내일을 노래하는 가을 풍경의 우아한 시적 풍경화를 그리면서 인간을 위한 사랑에 헌신하는 詩人이다.

6. 脫俗의 정서와 길찾기
―김명배의 시―

1. 시의 숲으로

　시는 인간의 총체적인 정서를 아름다움의 언어로 나타내는 작업이 언어 기교에만 한하는 일이 아닐 것이다. 언어라는 출구를 통해 시인이 살아온 삶의 의미를 어떻게 형상화할 수 있는가를 본질로 삼게 된다는 뜻이다. 다시 말해서 언어의 현란한 기교는 컴퓨터에 의해 언젠가는 조립될 수 있지만 사상이라는 무게는 불가능하다는 점에서 시 쓰기는 인간의 영원한 숙제로 돌아간다. 결국 한 편의 시는 한 인간의 모두를 담고 있어야 하고 또 그런 무게가 향기로 전환하는 절차에서 시의 아름다움은 언어와 내용의 합치를 가질 수 있게 될 때, 시의 조화라는 공감을 만나게 된다. 조화라는 의미는 화학적인 반응을 내포할 수 있으며, 여기서 발산하는 상징의 향기는 미묘한 파장을 남기게 된다. 시의 아름다움은 여기서 비롯되는 이유가 있다.
　시는 향기의 여백을 많이 가질 때, 비로소 시의 특성을 具有하게 된다. 이는 시가 인간의 삶과 궤적을 함께 할 수 있을 때 비로소 친근미를 대동하고 다양한 삶의 영역을 커버하는 기능을 수행하게 된다는 뜻이다. 이는 시인의 삶에서 생성되는 이름이기에 한 편의 시속에는 그가 살아온 삶의 흔적들이 꽃처럼 나타나야 된다. 김명배의 시─조용하고 안온한 표정을 관리하고 또 나긋한 음성이 친근미로 접근하는 소리가 들리는─이제 그의 음성을 찾아 시의 숲길로 들어갈 차례이다.

2. 정서의 표정들

1) 길찾기

길은 인간의 삶을 추상적으로 펼쳐 보이는 운명과 직결되는 이미지를 생성한다. 이는 살아가는 일에서 빚어지는 생의 모든 일들이 길이라는 초점에 모아들 때 선택을 강요받게 되고 또 여기서 인간의 길은 도덕적인 의복을 걸치게 된다. 결국 살아가는 일의 모두가 길로 좁아들 때 선택의 문제가 제기된다. 산다는 것은 곧 길을 가는 일이라면 어떻게 그리고 어디로 가야 하는 가는 인간에게 부여된 궁극적인 문제라는 점이다. 예의 김명배도 길에 대한 발상이 시의 저변을 감당하고 있다. 안개 어린 아련한 음성으로 생의 이름에 채색을 반복하고 있는 인상이 길로 연결된다는 뜻이다.

> 눈을 뜨면, 거기가
> 바로 여긴데,
> 누군가 또 오늘
> 바람이 되어
> 간다. 구름이 되어
> 간다.
>
> ──〈헤어질 때〉에서

'길'이라는 부제가 있는 소품의 시이다. 거기라는 공간과 여기라는 공간을 설정하고 여기서 거기라는 공간이 멀리 있다고 느끼는 것이 아니라 거기와 여기가 구분할 수 없는 「하나의 공간」을 이해하는 뜻을 준다. 이는 '이 길이 끝나면,\거기가 어딜까'라는 의문을 앞세우는 것으로 유추할 때, 오늘의 종점을 지나면 다음의 길은 어딜까를 생각하는 나이 깊은 명상이 자리잡은-삶의 깊이에서 나오는 소리와 같다. 다시 말해서 젊은 날이 가면 황혼의 생각은 「여기」를 벗어나면 「저기」라는 공간에 망연한 상상을 띄우는 것은 당연한 일이다. 이런 생각을 길이라는 것으로 환치한 김명배의 황혼은 '바람이 되어 간다'라는 이별의 개념으로 길의 한계가 설정된다. 아울러 '구름이 되어 간다'라는 허무의 색깔은 다시 환생할 수 있다는 심리적인-비로 다시 내려오고 싶은, 이승에 대한 애착으로 연결되고 있다. 결국 끝을 생각하는 마음에서 다시 새로운 길이 열리고 또 오늘로 돌아오려는 마음이 들어 있는 길찾기는 원(圓)을 향하는 순환의 그물에서 벗어나지 못하는 느낌으로 젖어 들게 된다.

    남몰래 집을 나와서
    길을 가다 보면
    낮달이 먼저 집을 나와서
    기다리고 있다가
    나를 따라오는 걸
    알게 된다.
    십리 이 십리쯤 달려와서
    다시 뒤돌아보면
    언제 집을 나와서
    나를 따라오고 있었는지
    강아지가 멈칫 서서
    눈치를 살피는 걸

보게 된다.
나는 어디를
가고 있는 걸까.
누구를 기다리고 있다가
따라가고 있는 걸까.
　　　　　　　──〈길을 가다 보면〉

　'알게 된다'와 '보게 된다'와 '따라가고 있는 걸까'의 세 부분으로 연결된 이 시는 삶의 원숙경에서 느끼는 페이셔스를 감지하게 된다. '남몰래 집을 나와서'라는 단독자 의식이 함께 길을 갈 수 없는 운명적인 현상과 손을 잡고 있는 인간의 처지이기에 '남몰래'의 쓸쓸함이 배가된다. 아울러 낮달과 강아지가 시인의 행보를 알고 있는 것은 숙명적인 인간의 고독을 부채질하는 의미일 뿐만 아니라 인간의 곁을 떠나는 일이 결국 홀로 일 수밖에 달리 도리가 없다는 점에서 인간 본질로의 외로운 길을 느끼게 한다. 누구를 따라가는 것도 아니고 또 누가 따라오는 것도 아닌 길에서 존재의 허망을 터득하는 일은 삶의 깊이가 허무로 채색된다는 자각에서는 더욱 처연할 수밖에 없기 때문이다.

　2) 정적인 달관

　시는 시인의 성품을 나타내는 점에서 심리적인 트라우마를 만들게 된다. 단순한 언어의 조립으로 빚어지는 시 한편에서 시인의 개성과 품성을 감지하는 일은 항상 언어의 맥을 통해서 비롯된다는 점이다. 정적인 특성의 시가 있는가 하면 동적이고 다이내믹한 시의 특성도 있다. 그러나 어느 것이든 결국 시인의 특성을 나타내는 구체적인 언어의 표정이라는 점에서 시인과 밀접성을 가지게 된다. 김명배의 시는 정적이고 조용한 느낌을 전달한다. 이는 그의 성품과 개성이 지금까지 살아오는 삶의 도정(道程)의 모두가 응축된 종합적인 발상으로 보아 좋은 일이다.

> 고갯마루에 서서
> 날아간 새의
> 뒷모습을 본다
> 세월이 내 곁에 와서
> 잠시 머뭇거리다가
> 내려간다.
> 바람이 베푸는 대로 춤을 추는
> 갈대밭을
> 지나는 세월은 백발이다
> 하늘 끝끝으로 날아간 새,
> 내 곁이 이렇게 크게
> 자리가 나는 날은
> 더 가깝게
> 가깝게 네가 보인다.
> 안 보인다.
>
> ──〈새.2〉

하늘은 새들이 살아가는 구체적인 공간이다. 아울러 천상의 이미지를 짊어지고 사는 새는 인간에게 선망의 개념을 전달하는 이유가 높이의 개념에서 고귀성을 가져온다. 땅위에서 하늘을 바라보는 시인의 눈은 새들의 자유가 아니라 어딘가로 가는 방향의 추적이면서 이는 세월이라는 무상을 느끼는 감회가 깊어진다. 새가 날아갔다는 것은 시인에게 세월의 공허를 감지하기 때문에 새들이 날아간 자리에 허무를 앉히는 점이다. 이런 허무는 '백발'이라는 흰색의 이미지를 덧칠하여 하늘의 허무가 시인의 마음과 오버랩 되면 보이는 것과 안 보이는 것의 구분이 흐려지는 안타까움을 맛보게 된다. 그렇다면 보이는 것은 현실의 인연들이라면 안 보이는 것들은 인연의 줄에서 벗어난 슬픔들의 자취로 인식된다. '가깝게' 보이는 것과 안 보이는 것은 결국 김명배의 삶 속에 들어 있는 의미의 날개들이고 아울러 이미지들의 인상은 조용한 느낌으로 다가온다.

환경은 인간에게 특성을 만들어 준다. 시장 바닥에서 살아간 사람과 산사(山寺)에서 살아가는 사람은 성격의 차이를 갖는다. 이는 사고의 폭이나 정서의 편차에서 개성으로 결정되면서 삶의 질을 형성하게 된다. 가령 시인이 어떤 점에서 관심을 집중하는가는 시인의 성품에서 만들어지는 특성이 된다는 점이다. 김명배는 정적(靜的)인 무드를 주요 특성으로 시를 제작한다.

> 산 속을 흐르는 물에
> 발을 담그고 있으면
> 바다까지 이어져서
> 큰배를 타고
> 하늘로 해서 둥글게
> 둥글게 다시 돌아온다.
> 어떤 땐 부처님
> 낮잠 속으로 떨어지고
> 또 어떤 땐
> 뒷간에 떨어지기고 하지만
> 깜짝 놀라 깨면
> 산 속을 흐르는 물에
> 발을 담그고 있다.

──〈山寺日記.6〉

김명배의 정서는 동적인 서양보다는 안온하고 포근한 동양의 정서에 가깝다. 다시 말해서 스태틱한 정서를 특징으로 동양의 정서를 시의 무늬로 채색하는 점에서 때로 동양화 같은 혹은 안개 낀 산사의 포근함을 전달한다. 이런 무드는 산 속을 흐르는 물에 발을 담그고 있으면 의식의 내부는 어느 새 바다에까지 이어지고 또는 하늘의 깊이까지 이르러서는 다시 원점으로 돌아오는 동그라미를 그리게 된다. 이런 원의 개념은 동양 사상의 근본으로 돌아간다.

우리는 서양식의 일직선 문화가 아니라 원점으로 돌아오는 원의 문화이면서 종합과 추상으로 엮어지는 특성을 말한다. 김명배는 산사를 휘돌아 가는 물에서 우주의 원리를 감득할 뿐만 아니라 명상의 자유를 만끽하는 점에서 老莊의 언저리를 다녀오는 느낌을 준다. 이는 그의 시가 언어의 기교에 현란함보다는 오히려 언어의 이면에 자리잡은 의미에 맛을 들이는 요리사와 같은 점이다. 이는 그의 시가 인스턴트의 맛을 유혹하는 것보다는 오히려 구수한 된장 맛을 가미하는 그의 성미와 다름이 없을 것 같다는 뜻도 된다.

3) 고독

인간은 태어나면서 고독이라는 그물에서 벗어나는 것은 아니다. 언제나 고독이라는 함정에서 벗어 나오려는 몸짓으로 일생을 이어가는 점에서는 운명적인 존재라는 이름을 덧붙인다. 항상 고독은 큰 입을 벌리고 인간을 포위한다면, 인간은 이를 벗어나려는 몸짓으로 조심스런 일상을 영위하지만 고독의 그물에 걸리지 않는 인간이란 존재할 수 없다. 물론 나이의 층계와 함수 관계를 갖고 있다는 것을 알아차리는 사람은 현명한 이름이 된다. 고독은 인간의 키를 크게 만들고 또 성숙한 일생의 반려로 선택하기 때문이다. 요컨대 인간은 고독을 다스리는 데서 성장의 매듭을 키우게 된다는 뜻이다.

　　　　안경을 벗고
　　　　책을 덮는다.

웅크리고 있던
고독이
내게로 와서
나를 요구한다.
눈을 감는다. 내가 걸어온 길
끝에서
허리띠 구멍 한 칸
뒤로 물리는
영혼,
편안하다.
눈을 감는다.
고독이 나를
요구한다.

──〈휴식.1〉

　김명배의 고독은 반려자일 뿐만 아니라 기피의 대상이 아니라는 생각으로 접근한다. 즉 '고독이 내게로 와서\나를 요구한다'라는 점에서 고독은 시인과 공동의 의식을 공유한다. 이런 이유 때문에 질축하지 않고 담백한 느낌을 생성하는 이유가 내장되었고 고독과 시인이 하나의 공간에서 교감을 나누는 계기를 갖는다. 고독을 벗어나려 노력하면 노력의 양만큼 더욱 맹렬한 자세로 인간을 휘어잡지만 고독과 대화를 나누려는 문을 열어 놓으면 따스함을 나누는 친구로 돌아와 다정을 나누는 사이가 된다. 이때 인생의 깊이를 만날 수 있고 또 인생의 넓이를 갖는 행운을 마주하게 된다. 결국 고독이라는 이름은 아픔이 아니라 인생의 함량을 순수로 채워 주는 요소라는 점에서 인간을 인도하는 길이 될 수 있을 때, 김명배의 고독은 가장 지근한 대상으로 자리잡고 있다.

6. 脫俗의 정서와 길찾기　73

멍하니 그냥
앉아 있을 때가 있다.
신발을 벗고
양말까지 벗은
이 편안함
외로움이 오히려
편안하다

——〈휴식.3〉에서

아무런 생각을 갖지 않고 무료를 벗하는 김명배의 고독은 양말이나 신발까지 벗어버리는 자유의 상태에서 안온함을 즐기는 망중한의 모습이 오히려 다감스럽다. 고독은 화려하지 않고 외로움을 불러오는데서 피하고 싶은 이름이겠지만, 꾸미고 만드는 불편함이 아니라 모든 것과 일정한 거리를 두고-무소유를 즐기는 외로움에서 편안함을 느끼는 달관의 모습이 오히려 위안을 남기는 김명배의 담담함이다. 莊子에 虛靜의 개념처럼 하늘과 땅의 기준이며, 도덕의 본질에 이르는 말과 같이 순수하고 투명한 상태에 이르기 위해 신발과 양말을 벗고 외로움을 옆에 앉힌 모습은 깨달음의 어디쯤 있는 모습으로 다가온다.

4)풍경과 동화

시는 이미지의 예술이지만 시인의 의도에 따라 보여주는 형태를 갖기도 한다. 이는 객관적인 시점을 확보하고 설명하는 그림이 아니라 보여주는 그림일 때 오히려 아름다움을 느낄 수 있다면 이런 기법은 신선할 것이다. 설명의 지루함보다 오히려 보여주는 말없음이 전달의 직핍성에 이를 수 있기 때문이다. 김명배의 시적 기교는 이런 절차에 가깝다.

> 지팡이를 짚은
> 시간이
> 절룩거리며
> 간다
>
> ――〈이별가〉에서

시간이 지팡이를 짚었다는 것은 시간을 보여주는 기법이다. 물론 시간이란 개념은 어디에도 없는 오직 인간만의 득의로운 발견이지만 시간은 확실히 인간의 뇌리를 점령하고 지배하는 위력을 갖고 있다. 그러나 김명배는 시간을 지나는 것이 아니라 시간을 바라보는 모습으로 특이성을 발견하게 된다. 이런 풍경은 객관적인 이미지의 showing이라는 점에서 지팡이를 짚고 가는 시간은 곧 시인 자신의 곁으로 다가왔다는 인식을 남긴다.

> 빈 박스가 쌓여 있다
> 무연탄 더미에서 놀던 한 떼의 새들이
> 날아와 떠들고 있었다.
> 통나무 더미에도 한 떼의 소리가 분분했다.
> ……략……
> 또 한 떼의 새들이 날아오르고 있었다.
> 「난 모른다, 난 모른다」 소리가 들리고 있었다.
>
> ――〈소리가 있는 풍경.1〉에서

인간이 살아가는데는 거리(distance)의 조정이 필요하다. 거리란 결국 자기의 위치를 확인한 다음에 비로소 대상을 인식할 수 있기 때문이다. <소리가 있는 풍경>은 깨끗하고 아름다운 장면이 아니라 가난과 소란과 마치 악머구리가 어우러진 장면이지만 혐오스럽지 않고 언젠가 만났던 장면 같은 친근미를 주는 소시민의 애환이 엮어진 풍경화가 보여진다. 소리가 있어도 소란스럽지 않을 수 있다는 것은 그가 허리를 낮추고 인생의 벌판을 지나왔다는 상징을 감지할 수 있고 또 그런 소시민적인 체취를 유지하면서 살아왔다는 의미를 발견하게 된다.
 탈속하다는 것은 범상한 일이 아닐 것이다. 인연의 더미를 벗어 던지고 속박이 없는 자유스러운 자기를 유지한다는 일은 至難할지라도 대상과 내가 참으로 하나가될 수 있다는 경지에 이르러야 동화(同化)의 이름을 획득할 수 있게 된다.

   산을 보다가
   산이 되어 산다.
   차라리 더
   외로워지기로 하고 산다면,
   산이면 어떻고
   들이면 어떨까마는,
   힘을 빼고
   몸무게를 빼고
   산이 되어 살기로 했다.
           ──〈離俗〉에서

 떠난다는 것은 가능한가? 물론 이런 현상은 철학적인 수식사를 붙여도 떠난다는 개념은 결국 돌아오는 일을 기대하는 이름으로 노래하게 된다. 아울러 대상과 내가 정말로 하나의 이름으로 탄생될 수 있는가에 대한 물음도 비슷하다. 남자와 여자가 결합했다 해도 결국은 모순의 이름에 헌신할 뿐 하나의 경지는 아니다. 그러나 김명배의 하나 되기는 대상을 관조하는 출발로부터 친근미를 앞세우기 때문에 '보다가'의 경지가 강화되면서 무념무상의 '산이면' 혹은 '들이면'의 가림 없는 경지에 이르러 모든 것에 자유스러운 '빼고'의 처지가 될 때 산과 시인은 하나의 동행이 되고 있다. 이런 상황이 '눈을 감고 있어도\안개 걷힌 산자락\10리 밖이 훤하다'라는 달관의 경지가 눈앞에 전개된다. 이는 실제의 눈이 훤한 것이 아니라 마음의 눈으로 바라보는 상태이기 때문에 가림이 없는 세상의 모두를 바라보게 된다는 점이 대상을 동화하는 비법으로 보인다.

3. 시는 끝이 아니라 시작의 소리

시는 시인의 영원한 멍에라는 점에서 벗어날 수 없는 줄에 얽혀 있다. 이는 생래의 인연을 뜻하기도 하지만, 단순히 좋아함만의 이름으로 치부할 수는 없을 것이다. 그만큼 시와 시인의 상관은 절대의 소명에 따르는 것 때문에 시인의 길은 단순하게 노래하는 자의 임무에서 벗어난다. 김명배의 경우도 시의 길에서 일탈함이 없이 헌신적이지만 화려한 조명을 받는 피에로보다는 고독한 인간의 모습을 선택하는 성미이기 때문에 그의 시는 매우 단선적이고 때로 선적인 압축미를 특징으로 한다. 물론 김명배의 시는 액티브함보다는 정적이고 물기에 젖어 인간의 내음을 풍긴다. 아울러 대상을 육화하는 기교는 순수함에서 벗어나는 것이 아니라 순수 투명의 중심에서 벗어나지 않으려는 이름에 헌신적이고 대상을 보여주는 객관의 풍경화를 만나면 독자는 숙연해질 수 있어 아름다움과 손을 잡는 것이 김명배의 시에 특성이다.*

7. 자기찾기와 의식의 유동성
―김송배의 시―

1. 들어가면서

　시는 자기로 돌아가는 길을 찾기 위해 방랑의 길을 마다하지 않고 또 이런 되풀이가 도로(徒勞)에 끝나는 운명적인 예감을 확인하면서도 기어 길을 떠나는 속성을 가진 인간 삶의 표정을 반영하는 일에 싫증을 느끼지 않는다.
　결국 살아있다는 인간의 표정은 변화 많은 시대의 기류에 부침의 역사를 구성하는 因子가 되기도 하고, 때로는 무의미의 뗏목에 무작정 실려 가는 자기 없는 운명을 건사해야하는 존재의 희망―때로는 主演 같은 띠뚝거림의 화려함이 있기도 하지만 대부분은 참담한 실망의 짐을 짊어지고 좌표도 없이 길에 선 자의 운명―시인의 노래는 이런 인간의 철학에 심각한 표정을 만든다. 그러나 어느 것도 확실성이라는 단안을 예비하지 못한 궁극의 나그네라는 처지를 자각하면서 오늘의 노래에 내일의 여백을 심으려 한다. 시인은 오늘의 고달픔에서 탈출하여 내일을 열망하는 함량의 노래를 만들지만 이 또한 불명확한 자화상에 또 다른 슬픔을 만나는 경우는 허다하다.

1983년 ≪심상≫으로 등단한 김송배는 1986년에 『허수아비의 노래』(모모)의 첫시집을 시발로 하여 1988년 『안개여, 안개꽃이여』(거목)와 『백지였으면 좋겠다』(혜화당, 1990), 『黃江』(한강, 1992), 『혼자 춤추는 異邦人』(1994, 문단) 등 5권의 시집을 정력적으로 상재했다. 본고에서는 1994년 지금까지의 시집에서 발췌한 선집 『허물벗기 연습』(경원)에 소재한 80편을 검토의 대상을 점검한다.

김송배의 정신적인 흔적은 靜的인 공간에서 動的인 공간을 열망하는 발상으로 시의 행로를 재촉한다. 아울러 자기를 확인하고 찾아야하는 숙명적인 모티프를 전면에 놓고 美感의 옷을 입히려는 노력을 시의 중심적인 의무로 생각한다. 물론 이런 작업은 불안한 시대의 강을 건너야하는 인간의 숙명적인 아픔이 따라붙고 또 이를 극복하기 위해 자기존재의 방편을 유심히 관찰하는 천착의 열성을 바치는 태도를 눈 여겨야 한다.

김송배의 시는 시의 위의(威儀)를 높이는 비유와 상징의 숲을 적절하게 배합하는 근원적인 바탕을 기준으로 하여 詩로 빚는 언어의 맥을 요리하는데서 안도감을 전달한다. 이런 基底위에서 김송배의 시는 출발의 모색을 누적시키면서 어딘가의 목표에 배를 띄운다. 이제 그의 뱃길을 도파 소리를 들어야하는 길로 나간다.

2. 의식여행

가) 자기 찾기 혹은 여행

모든 예술은 나를 기점으로 출발을 마련하고 또 나를 만나서 허무를 확인하고 나를 떠나는 일로 의무를 삼는다. 결국 나는 宇宙空間의 중심이고 나의 확인은 우주의 숨소리를 탐색하려는 존재의 구체적인 암시를 갖기 때문에 시의 출발은 나의 확인이라는 절차를 외면하지 않는다. 물론 예술의 시발은 「나」의 확인을 필요로 하는 것은 아니지만 자기의 확고한 기반 위에서 「너」라는 또 다른 공간을 지향할 수 있다는 원리야말로 「우리」라는 객관성을 확대할 수 있는 첩경일 것이다.

詩는 나를 떠나서 우리에 도달하는 지표를 갖지만 나를 떠난 우리는 공허한 美辭麗句를 희롱하는 일이기에 감동의 파도를 대동하지 못하는 불행을 갖게 된다면 김송배의 시적 고민은 가장 합리적인 길을 찾아가는 체험의 축적을 주요 함량으로 하고 있다. 이런 발상의 문제를 중요시하는 것은 출발의 왜곡은 시의 심장을 놓치면서 본말이 전도되는, 하등에 중요하지 않는 외곽을 헤매는 일에 다름이 없기 때문이다. 오늘의 시에 가장 위험한 일들이 진부한 외곽에 시인의 정열을 헌사하는 현상이다.

  초상화가 걸려 있다
  나를 알아보는 목소리 들리고
  옷깃을 여미는 아침이면
  내가 퍼낸 눈물자국 위로
  짹잭짹 참새 떼만 날아간다
         ──〈거울 속에 앉아서〉중

'초상화'는 나를 바라보는 대상으로 설정했기 때문에 객관성의 자기를 만나는 일이다. 즉 자기와 닮았다는 혹은 그런 의미를 부여하는 이치 때문에 등식은 무너지지 않는 의미를 갖지 않고 애착의 동행을 자청하게 된다. 이런 객관성의 자기를 마주한다는 것은 자기에 대한 애정과 증오 혹은 염증을 발동할 수 있는 여지가 언제나 있다. '나를 알아보는 목소리 들리고'의 나르시스적인 소리에 귀를 세움으로써 김송배는 '내가 퍼낸 눈물자국'의 멀리 떨어진 距離에서 바라보는 실체와 함께 遭遇하는 이치를 만난다. 이리하여 풍경화를 만드는 '참새 떼'의 동양화적인 아름다움을 대면하는 기회를 포착한다.

나를 바라보는 것은 즐거움보다는 후회라는 함량에 더 많은 비중을 두기 마련이다. 만약 자기에 도취하여 그 盲目의 함정에 빠져 헤어나오지 못한다면 그는 비극의 함정에서 인생을 마감해야 한다. 김송배는 '어디선가 나를 꾸짖는'의 자기대면에 엄정한 거리를 남김으로써 칙칙하지 않은 풍경을 보여주는 기교를 남긴다. 이런 단서는 시의 3연에 '어머니 원점에 다시 서렵니다'라는 간곡한 희망이 발동되지만 이를 實現하는 일이 어렵다는 이유를 잘 아는 시인의 고뇌가 '패배의 술잔' 혹은 '신음'이라는 존재의 팍팍한 인상을 독자의 편으로 건네준다.

시는 意識의 그림을 그리는 일이다. 밑그림을 완성한 후에 채색의 순서가 있고, 끝내기의 묘미가 감동을 창조하게 된다면 이는 전적으로 언어의 재료를 떠나서는 불가능하다. 의식의 그림은 곧 시의 여백을 충족하는 길에서 가능한 일이다.

겨울 논 펄에 그냥 서 있습니다.

저녁놀만 쳐다보면
신열(身熱)로 일그러진
참새 한 마리
아직도 후여, 후여어—
안개 속 날아간 마음을 찾습니다.
　……략……
고향 빈 들녘에서
풀풀 지푸라기 찬 바람에 섞이고
나는 마냥 부끄럽게
이 겨울을 서서 지냅니다.

——〈허수아비 이후〉에서

자기를 발견하고 그 모습의 참담한 현상을 조감하는 모습이다. '겨울 논펄'이라는 처지는 인간의 감당에 호흡의 가파름을 느끼는 암시를 주고, 허무를 이고 있는 신열의 고통을 남기고, 궁극적으로 돌아 갈 아득한 공간의 미지수에 고달픈 인간의 연상을 허수아비에 대입시킨다. 이렇게 보여주는(Showing) 풍경의 묘미가 객관적 위치에서 자기를 바라보는 두뇌의 정치성(精緻性)을 필요로 한다. 자기를 발견하는 일은 인간의 비극을 깨닫는 일이고 이는 곧 인간의 위대성으로 가는 첩경이라면 시인은 곧 자기를 알아야 노래의 주인공이 될 수 있다는 예언을 가능하게 한다.

'갈대는 누워서도\서럽게 울고 있었다' <갈대 눈물로 흔들리다.2>와 '가랑비가 내린다' <갈대 눈물로 흔들리다.6>의 젖음(wet)은 시인이 자기를 발견하고 만들어내는 회한의 고백이지만 이는 곧 시의 풍경을 채색하는 정서의 유려함으로 되비친다.

나) 존재의 확인

인간은 길을 떠나는 존재이다. 이런 일의 객관성은 여행이고 주관적인 암시는 의식의 여행이다. 인간의 무의식은 단순한 보이지 않음이 아니라 유동적으로 어딘 가로 떠나는 길을 만드는 상징의 숲을 형성할 때, 독자의 뇌리는 고정된 의식을 벗어나려는 정서와 맞닥뜨린다. 가령 인간의 존재라는 본질도 고정된 것이 아니라 자꾸 움직이는 수은과 같은 생동의 두리번거림을 필요로 하면서, 존재 자체는 일정한 용량으로 대표되는 형식을 갖는다. 김송배의 시엔 존재에 대한 확인은 일정량의 그릇을 마련하고 거기에 담겨지는 순수의 質을 거론하는 듯하다.

    네가 불가마에서 달구어지듯

나도 신열(身熱)로 감싸인 채
　　그렇게 살아있음을 보았네
　　　……략……
　　잘 다듬어 구워진 사그릇을 만지면서
　　선채로 허수아비 된 삭막한 공간.
　　　　　　　　　——〈그릇, 몇가지 실험〉에서

「존재의 슬픈 확인」이라는 부제가 붙은 작품이다. 존재라는 형태는 결코 담을 수 없고 확인할 수 없는 무한량의 용량이지만 이를 구체화시키는 상징의 방도는 결코 언어의 힘으로 부족함을 느끼지 않는다. 그러나 김송배는 존재의 확인을 위한 정열을 내면으로 축적하면서 외면으로 겸손한 자기발견을 굳이 숨기려는 마음이 아닌 것 같다. 시는 자기를 진솔하게 노출함으로 미적 감수성을 얻을 수 있는 노출의 예술이기 때문이다. 그렇다고 포르노적인 노출이 아니라 美感을 대동하면서 至善을 지킬 줄 아는 아름다움을 규정하기란 용어의 한계를 갖게 되는 면도 있다. 여하튼 김송배는 존재의 문제를 숨기는 마음에서가 아닌 노출의 진솔함에서 본질로 가는 길을 인도하는 셈이다. 비록 그의 그릇에 담겨진 존재의 양상이 아름답거나 탐스럽다는 평가를 획득하기 위함이 아니라는 것도 모르는 바 아니지만 그만큼 상징을 솔직함으로 엮어내는 심성의 문제로 돌릴 수 있을 것이다.

　　태초에 흙으로 빚어진 육신
　　이제 내 밥주발만큼이나 낡았다
　　먹고 살아가는 일이 어쩌면
　　밥그릇 수만 계산해 온 우둔만 쌓인 채
　　더러는 잇발 빠진 질그릇이 되고
　　또다시 찌그러진 놋그릇이 되고
　　그래서 아아

>   이젠 정말로 한 움큼의 시혼도
>   챙겨 닦을 수 없는, 그래서 아아
>   이제사
>   살아온 길 가끔 뒤돌아보는 맥빠진 시어(詩語)
>   그러나 지금쯤에서는
>   다시 사는 방법을 새로 찾을 수 없음이여
>   내가 간직한 그릇들은 모두 비워졌다.
>   ──〈그릇, 그 몇 가지 실험〉에서

  존재의 결말은 궁극적으로 비어있는 허망을 만나는 고백으로 끝을 예비한다. 이런 답안을 찾기까지는 무한의 방랑과 고통을 지불하는 절차를 겪어야 해답을 어렵사리 만나게 된다. '밥그릇 수만'계산하면서 살아온 인생은 후회이면서 삶에 대한 질의 문제를 전면으로 내세우면서 김시인의 정신적 방황은 어떻게 하면 그릇의 용량에 자기의 만족도를 충족할 수 있을 것인가를 가늠하는 심려를 축적한다. 이런 발상에서 스스로를 '우둔한'으로 치부할 때, 결국은 새로운 갈등의 길이 맥빠진 '시어'라는 정신적인 문제 쪽으로 집중되지만, 시는 시인의 삶을 응축한다는 점에서 시와 생활은 분리할 수 있는 것이 아니라 하나로 통합되는 상징성을 갖는다. '찌그러진'과 '잇발빠진'의 그릇에 質좋은 시를 담을 수 있을 것인가를 염려하는 것은 곧 자기를 돌아보는 성찰의 시간을 요한다는 점에서 시의 행로는 곧 김송배의 정신적인 길의 이치를 느끼게 하면서 인간의 향기를 유추하는 아름다움을 부추긴다.

  〈서울 허수아비〉는 김송배의 초기 시에서 느끼는 허무적인 존재감을 생각하게 한다. 허무는 삶의 깊은 성찰에서 만나는 필연적인 것이고 이로부터 벌거벗은 자기의 모습에 새로운 의식의 옷을 입히는 것이기에 증폭되는 정신의 방황이 내포된다.

> 서울의 하늘이여
> 우중충한 가슴들만 무너지고
> 아무도 만나지 못하는
> 나의 영혼
> 오오라, 행진을 시작하는
> 오늘은 허수아비여라
> 파아란 하늘을 마시고 싶다
>
> ──〈서울 허수아비〉에서

　초기의 김시인의 시는 자연현상과 시인과의 交感이 원만하지 못한 갈등을 詩化했고, 두 번째는 문명에 대한, 세 번째는 승화된 인간 내면을, 『黃江』에서는 고향에 대한 연민을 기록했다고 <나의 허물벗기 연습>에서 말하고 있다. 자연은 인간의 원형이 시작되는 곳이고 또 원형이 다시 원점으로 돌아가는 곳이라는 점에서 생명의 진원이 된다. 이를 어떻게 내면으로 승화의 단계를 삼을 수 있는 가는 시인의 정신적인 추이가 감당해야 할 몫이지만 김송배는 시의 맑음과 인간의 깨끗함을 분리하는 것이 아니라 하나로 통합하는「깨끗하고 순수함」을 추구하는 쪽으로 진로를 잡고 있다. 이른바 환경이라는 문제가 존재의 파괴로 이어지고 이런 절망의 문제가 인간사의 쓸쓸함 혹은 허수아비의 허무와 연결되는 아픔을 감당하려는 절망과 만난다. <허수아비 이후>나 <진단서> 또는 <슬픈 황새여> 등은 앞에서 언급한 이미지 군들이다.

다) 不安時代의 표정

　불안은 인간의 삶에 대한 본질 쪽으로 향하는 에너지이지만 이를 어떻게 극복하는가에 대한 인간의 태도에 따라 그 결과는 엄청난 영향으로 남는다. 불안은 인간을 성숙시키는 면이 있지만 여기서 굴복했을 때는 보잘 것 없는 나약한 인간으로 돌아간다. 인류문화의 본질은 고난을 극복한 사람들의 기록이 중심이 되기 때문이다.

> 안개 속에서도 항해는 할 수 있을까
> 영점이하로 낮아진 시력
> ……략……
> 아아, 방향 감각이 없는 이 바다에서
> 나 또한 우리들-
> ──〈안개꽃 시대.6〉에서

안개는 삶에 대한 불명확한 視界를 암시하면서 길을 가는데 따른 암담한 고통을 예상하게 한다. '항해'라는 목적지를 위해 길을 예상하면 벗어나야 하는 명제가 도사리고 있지만 가로막는 이 문제를 밝은 눈으로 벗어나야 하는 것이 운명적인 作心으로 역사는 가리킨다. '있을까'라는 의문부호는 여전히 준비가 되지 않는 현실을 고백하는 말이지만 어느 누군들 삶의 앞을 불안으로 생각하지 않는 인간이 있을 것인가? 동서남북을 향하는 감각이 없다는 사실은 '나 또는 우리들'이라는 공통의 광장에서 만나는 공동의 이미지로 바뀌어질 때, 고통은 비단 시인만의 전유물은 아니다. 불안은 인간을 인간화시키는 자양이자 벗어날 수 없는 원소라는 점에서 공통의 관심이면서 각각 극복해야하는 장애물일 것이다.

> 와와 밀리는 군중과
> 미로에 깔리는 안개 속으로
> 사그라진 영혼의 손짓들이 오늘도 아픔이야
> 시시비비 시시비비, 비비시시
> 작은 새들의 울음 소리.
> ──〈위선의 겨울〉에서

김송배의 시에서 현실을 고발하는 함량은 많은 이미지를 내포하지는 않지만 더러 散見되는 얼굴로 나타난다. <위선의 겨울>은 5, 6공화국의 살벌한 시대의 고통을 안개라는 시계불량의 현실을 깨우치는 작품으로 생각된다. '미로' 혹은 '안개'의 이미지는 당시의 시비시비로 가름되는 숫자에 얽힌 고통의 시대를 뜻하면서 당시의 참담한 슬픔의 풍경을 연상하게 한다. '사그라진 영혼'과 상통하는 '작은 새들의 울음'에 담겨진 비비시시 혹은 시시비비라는 의성어는 곧 이 나라 선량한 백성들의 신음을 연상하기 때문이다. 시인은 고통의 중심에서 체험의 여과를 거쳐 시의 얼굴을 건져 올리는 역할이 역사 속에 곧 시인의 임무가 될 수 있다면 김송배는 이런 역할에 일정한 배역을 감당한 인상이다.
　시대의 고통은 모순으로 시작하고 모순을 넘어가는 방도는 언제나 하나의 출구를 마련하지 않는다. 이는 현실의 모순에 접근하는 방도가 언제나 하나의 입구를 고집할 수는 없을 것이기 때문이다.

　　　서울의 밤은 아아
　　　누군가의 신음으로 가득하다.
　　　　　　　　　　　――〈안개꽃 시대.7〉에서

　서울은 한국이고 한국은 서울로 모든 의식이 집중되는 것이 현실이라면 서울의 신음은 민족의 신음으로 돌아가기 때문에 '누군가의 신음'은 모든 민족의 아픔으로 돌아간다. 이런 공동의 아픔을 괴로워하는 시인의 마음은 곧 일반 백성이 느끼기 전에 미리 느껴야하고 괴로워해야 한다. 이 때문에 시인은 예언자의 자리에 설 수 있고, 신음하는 시대의 온도계가 될 수밖에 없을 것이다.

　　　청산에 달 그림자 기울듯

>   암울한 몸짓들은
>   이 밤을 예감하는 물음이었나
>   서울의 하늘에는
>   안개비만 자욱하고
>   구겨진 신문지는 목이 메었다
>
>   ──〈안개꽃 시대.4〉에서

'암울한 몸짓들'이라는 詩語에서 어둠으로 지칭되는 공간에 시인이 던지는 육성은 곧 민족사의 이미지에 연결될 수 있을 때, 시인의 눈빛은 '안개비'라는 울음이 공동의 울음으로 바뀌면서 민족사의 어두운 페이지는 안개 숲을 헤쳐가야 할 명제로 대두된다. 이런 고통은 매일의 신문지에 '목이 메었다'라는 비유로 전달된다. 이는 시인만의 몫이 아니고 양식을 가진 모든 사람들의 가슴에서 흘러나오는 탄식으로 인식되기에 슬픔의 농도는 암울한 정서를 일렁이게 한다. 결국 안개꽃의 시대가 아니라 어둠 속에 핀 아픔(꽃)의 이미지로써, 민족이 울부짖으면서 살아온 고통을 바라보는 시인의 가슴은 망연한 감회로 다가온다.

라) 의식의 靜中動

1) 靜

고요한 것은 動이 있기 때문이고 動은 靜을 지향하는 보완적 관계에서 동양사상은 응집의 논리로 돌아간다. 움직임은 정지를 소망하고 정지는 언제나 새로운 행동으로의 진입을 추구한다는 것은 우주의 운행 원리이자 이를 벗어나는 이치는 없다.

시는 자연의 원리─순리라는 법칙을 逸脫하면서 살아갈 수는 없다고 한다. 이는 인간의 삶의 원리도 자연의 원리와 손을 잡지 못한다면 필연적으로 파멸의 존재가 될 가능성이기 때문이다. 우주의 그릇은 인간을 담는 것이고, 여기에 인간의 감정을 담아야하기 때문에 우주의 원리에 붕어빵을 만들지 못하는 인간의 모형이란 거역의 논리가 된다. 인간이 자연의 원리를 거역하고 존재할 수 있는가? 이의 대답은 아니다라는 부정으로 돌아가야 한다.

김송배의 시는 정적인 특징에서 다음의 새로운 단계를 예비한다. 이는 순리의 법칙 속에서 인간의 한계를 설정한 목표를 뜻한다.

> 그냥 서 있기만 했다
> 흐느적이는 풀잎 틈새에서
> 함께 흔들릴 수 없는 자폐증
> 그 자포(自爆)의 증증을 앓고 있는 것일까
> 어디론지 몸 추스려 발걸음 옮겨야 하리라는 압박감
> 그 강한 바람으로 몸 흔들고
> 이젠 중심을 가누지 못하는 연약한 나무
>
> ──〈靜中動-靜〉에서

시는 의미를 벗어나서는 언어의 생명력을 부지할 수 없게 된다. 여기서 비유라거나 상징의 옷을 입되 화려한 혹은 검소한 환경의 분위기에 따라 시의 토운은 각기 다른 얼굴로 분장된다. 김송배의 시적 에스프리는 중요한 감성을 부추기는 언어조종의 기법으로 시의 구조―의미의 숲을 찾아간다. 이런 기교는 시끄럽지 않은 방도이고 조용하게 대상을 시로 바라보는 태도에서 비롯되는 인상이다.

'그냥 서 있기만 했다'의 그냥이라는 어쩔 수 없는 상황을 절박한 인생사에 대입하면 '서있기만'의 「그냥」과 「만」의 한정사에서 느끼는 조화는 시의 맛을 의미로 대입한다. 그리하여 '발걸음 옮겨야 하리라는' 절박한 심정이 움직임을 위한 필연의 생각으로 전환된다. 비록 연약한 나무로 형상화된 존재일지라도 새로운 공간을 향하는 열망은 인간이나 정지된 나무나 다를 바 없는 이미지에 맞닿는다. 이제 '서 있기만 했다'의 나무의 정지태에서 어디로 갈 것인가?

 2) 中
 所望은 인간이나 생물이 가진 존재의 확충을 뜻한다. 움직임을 위한 모색이 곧 내일을 위함이든 혹은 과거를 회상하는 열망이든 문제는 무엇을 어디로 끌고 가는 의식의 존재인가 아니면 소비하는 모습인가를 구분하는 절차에서 나타난 현상이어야 한다. 김송배의 의식은 움직임을 위한 모색을 볼 수 있다.

> 조금씩 걷고 싶었다
> 처음부터 헛딛는 발걸음을 예비하면서
> 그래도 이 세상은 걸어가 볼만한 것일까
> 어지럽다 문득 그대여
>
> ──〈靜中動-中〉에서

 '조금씩'이라는 작음의 함량은 원소의 출발이지만 여기서 시작되는 작은 의미는 목표를 확대하는 길을 만들게 된다. 이리하여 '걷고 싶었다'라는 소망의 발단은 시인의 정신 속에 희망의 빛을 켜는 의지로 작용되는 느낌을 준다. 아울러 처음부터 실패의 '헛딛는'의 좌절을 만날 때, 이를 극복하는 '연습'의 각오를 전면에 배치하고 '걸어가 볼만한'것일 것인가를 예상하는 긍정의 태도는 김송배의 정신에 들어있는 밝은 눈을 느끼게 한다. 물론 이 시에서 '조금씩 걷고 싶었다'의 「었」의 과거완료는 시의 맛을 반감하는 어휘이지만 돌아보는 눈에 칙칙한 어둠으로의 길은 보이지 않는다.
 시의 구조는 흔히 어둠에서 빛으로 나가는 출구를 지향하는 문법도 있고, 또 그 반대의 경우도 없는 게 아니다. 생물은 빛을 추구하는 속성 때문에 시의 경우도 순리의 길을 찾아가는 어둠에서 빛으로의 지향점에 충실해야 한다는 조건에 김송배의「중」-모색은 그의 행동강령에 논리성을 부여하고 있다. 이런 단서의 일단은 <迷路實驗>에서 나가는 문을 찾고 있는 시인의 진지한 모습과 일치하는 부분이다.

3) 動

움직임은 존재가 살아있다는 증거이면서 목표를 추구하는 존재자의 확증이다. 이런 움직임은 어딘가의 길을 연상하는 그림으로 연상된다.

> 무작정 걸었다.
> 서 있음과 걸어감의 중간지점에서
> 너무 오랜 사유(思惟)가 필요했을까
> 더러는 서서 되뇌이는 삶의 의미가 있었다지만
> 걸어가는 삶의 촉각은 희미하다
> 아, 황막한 벌판에서
> 어떻게 걸어갈까, 이미 지워진 지도 한장
> 어느 날 좌초된 허수아비의 촉각은 마비된 채
> 한 점 불빛을 따라 막연하게 걸어보는
> 나의 움직임은 아픔이다
> ――<靜中動-動>에서

'무작정'의 시어는 動의 意味를 약화하는 이유가 되지만 삶에 어디 일정한 목표로 향하는 법칙이 있는가. 가다보면 길은 인간을 위해 화해의 정감을 준다. '걸었다'라는 의지의 발길로 서있음과 걸어감의 중간에서 시인의 의지는 삶의 촉각을 헤아린다. 이런 의미의 길은 곧 고통의 늪을 벗어날 길이 없고, 이런 가정은 '황막한 벌판'에 홀로 선 존재자의 우수를 감지할 수밖에 없다. 가령 산다는 일이 어디 지도 속에 그려 있는 길처럼 확실한 이정표가 되는가는 부정으로 돌아간다. 그렇기에 김송배는 불빛을 좌표로 하여 막연하게 걸어가는 행진을 계속함으로 자기의 의미를 투영하는 느낌이다. 어디로 어떻게 갈 것인가는 전혀 시인 자신의 몫으로 독자는 기대하는 눈으로 바라보는 일이면 된다. 지금 김송배의 움직임은 '아픔이다'라는 고백을 들어야하는 정서감염의 끄덕임을 남기면서……

3. 마무리

시는 언제나 인간적인 표정을 바라보는 그림이다. 인간의 표정이 각기 다르듯 인간의 개성 또한 다를 수밖에 없지만 시에는 개성을 어떻게 객관화의 방도로 전환할 수 있는가를 가늠하는 기준자(尺)에서 판별이 결정된다.

김송배의 관심사는 곧 그가 살아온 경험의 총체적인 감수성을 압축한 시어의 결합이 안온하고 언어의 생동감이 안으로 스며드는 특징을 소유하는 바, 이런 면은 시인의 성품과 시의 표정과 상관이 있다.

김송배의 시는 존재의 관심이 광범한 이미지군을 대동하고 체험의 확인을 거치고 난 후에 시의 행보를 조종하는 절차를 갖는다. 이 때문에 안정감이 독자의 뇌리에 심어주는 편안함을 느끼게 된다. 이는 자기 찾기라는 성실성으로 나타나는 시감의 모양이 될 수도 있다.

또한 존재를 확인하기 위해 부단한 눈빛을 두리번거리는 모색의 행인이기를 자처하는 특징이 있어 깊이를 보탠다. 존재를 어거지로 짜 맞추는 것이 아니라 순리의 발상으로 먼 길을 찾아가는 보폭에 불빛을 상정하는 그림을 연상한다.

불안시대를 괴로워하는 현실에 신음을 언어의 포장으로 맵거나 시지 않는 방도로 현실을 위장하는 안개꽃의 이미지는 현실을 분해하고 바라본 완전한 이해의 바탕에서 나오는 소리 같다.
　김송배의 의식은 찾음과 모색과 행동이라는 조심스러운 **靜中動**의 행보에서 시적인 여백을 의미로 채우면서 내일의 여로를 읊조리는 시인이다.

8. 일상의 정서와 시적 감각
―김선배의 시―

1. 시를 위한 프롤로그

　시와 시인의 관계는 항상 밀착과 절대의 상관에서 제 3의 공간 구축을 목표로 한다. 이 점에서 시는 시인이 정신을 나타내는 온도계의 구실을 다할 뿐만 아니라 정신의 옷을 벗을 수밖에 없는 한계를 절감한다. 시인은 벗겨진 자화상에 때로 비탄의 탄성을 감추지 못하는가 하면 작약하는 흥분으로 자기의 모습에 도취되는 운명적인 존재로 살아야 한다. 어찌보면 유치한 발상이지만 또 따른 각도에서는 예감을 실어 나르는 영매의 존재로 현실의 공간과 또 다른 공간과의 결합에 임무를 다한다. 이런 시인의 일상은 언제나 가지런하거나 균형의 정서만을 나타내는 것은 아니다. 때로 흩어진 의식의 함정에 빠져 허우적이는가 하면 어느 순간에 고매한 정서의 구축을 위해 스스로의 위치를 바꾸는 근엄한 존재의 형상을 갖는다. 이는 시인의 뇌수에 들어있는 체험의 결합에서 특이한 시인만의 정신으로 화학반응을 일으키는 데서 가능한 일로써 시인의 특징은 곧 시의 특징이 될 수 있는 요소가 바로 여기에 있다. 김선배의 시를 만나면서 느끼는 특징은 일상의 사물에서 시의 촉수를 발견하고 또 이를 변용하는 기교를 만난다는 데 있다. 그의 시는 그가 마주보는 사물과 항상 밀착하려는 의도를 내장하고 있기 때문에 보는 것은 곧 살아나는 형태로 詩化된다는 점이다. 이점이 김선배 시에서 만나는 평이함이자 친근미를 유발하는 특징으로 정리된다. 시집 『나루』와 『탐석』에 이은 제 3시집에 들어있는 정서를 검토함으로 논지를 대신한다.

2. 시의 얼굴들

1) 시를 생각하는 시

시인은 그가 믿는 신념을 공고화하기 위해 시를 織造하지는 않는다. 오히려 시는 일상에서 부유하는 정서를 포착하는 순간 자기만의 세계를 구축하기 위해 시인의 일생이 총체적으로 결합한다. 이런 징후는 항상 열려있는 개방의 마음에서 다가오는 시와의 거리는 밀착된 감수성으로 가능해진다.

>   詩를 쓰려고 했다
>   쓰려고 하면
>   할수록
>
>   멀리
>   달아나는
>
>   구름의 詩
>
>   ──〈구름의 시〉에서

시는 정서의 밀착에서 비로소 시의 얼굴을 볼 수 있다. 아무리 시를 쓰려고 자리에 앉아있다 하더라도 시는 다가오지 않고 오히려 멀리 달아나는 이치처럼 시와 시인의 상관은 도식으로 그려낼 길 없는 특징을 갖고있다. 물론 과학이라는 분석으로도 접근할 수 없는 창조행위의 특징이 신비의 문을 열어야만 비밀의 문에 도달할 수 있을 것이다. 인간사를 과학으로 재단하려는 태도야말로 非詩的일 뿐만 아니라 정서의 아름다움을 놓치는 결말에 이른다. 가령 장미 한 송이를 과학이라는 칼로 분해하면 남는 것은 꽃이 아니라 원소기호 몇개에 불과하다는 점에서 생명현상은 과학의 허구를 남긴다. 김선배는 시와 시인의 관계가 신기루-붙잡았는가 하면 다시 달아나는 이치에서 암담한 체감을 겪고 있다. 메마른 땅에서 비의 행복인가 하면 갈증을 삭여 줄 수 있는 시의 마중은 항상 열려진 마음에서 기다림을 키우는 형상이다. 이는 시에 대한 경외에서 비롯되는 건강한 사실로 귀착되는 김선배의 정감을 바라보는 입구가 된다.

2) 돌

시의 감수성은 감성과 이성이라는 인간의 정신내면을 어떻게 훈련하는 가의 과정에서 개성을 엮어나간다. 이는 시인의 재능이 우선하는 것이 아니라 시인의 삶에 투영되는 성실한 지표의 여하에 따라 독특한 경지를 만들어 나간다는 뜻이다. 본능은 훈련의 과정을 갖지 않고 시간의 경과에 따라 성장하지만 지성과 감수성은 일상적인 정서를 융합하는 고뇌의 시간과 비례하는 특징에서 변화를 가질 수 있다. 시인이 관심을 집중하는 사물은 바로 시인의 정신을 초점으로 모으는 역할을 할 수있게 된다. 김선배의 경우 돌에서 우주를 감득하는 세계를 직조하고, 자신과의 대등한 인격체를 만나는 즐거움을 마련하는 대상이 된

다. 이는 단순한 돌에 생명을 불어넣는 것이 아니라 돌 속에서 인간의
모든 형상을 깨우치는 또 다른 눈을 갖는다는 뜻이다.

> 이런 돌은 줍는 것이 아닙니다 만나는 것입니다
> 사실 줍는다는 말은
> 죽는 것을 줍는다고 말하고
> 산 것은 만난다고들 말합니다
> 그러니까 여기 내가 거의 매주 일요일마다 남한강으로
> 만나러 가는 돌은
> 일테면 살아 있는 돌인 것입니다
>
> ──〈만남〉에서

흔히 수석을 주우러 가는 사람들은 換價의 가치를 먼저 생각하고 강
으로 나가지만 김선배는 이점에서 달관한 느낌을 준다. 죽은 돌을 주
우려 간다는 것이 아니라 살아있는 돌과 만나기 위한 대화에 주목적이
있다는 점이다. 이는 자연을 안으로 끌어들인 시인의 욕심없는 마음에
서 가능한 일이다. 내 것으로 삼기 위해 자동차를 동원하여 모조리 쓸
어오는 수석이 아니라 바라보고 대화를 나누면 그것으로 끝나는 마음
─여기서 시와 김선배의 돌과의 만남은 욕심의 물결이 아니라 대화의
통로를 마련하려는 작심이 엿보인다. 시는 욕망으로 보이는 것이 아니
라 無心과 無心이 만나는 순간에 떠오르는 이치를 대입하면 김선배가
주일마다 계속하는 일의 특성은 결국 시를 위한 점에서 일치의 행위로
귀속된다. 이런 무드를 강화하는 김시인의 내면은 삶의 일정한 길을
돌 속에서 발견하고 돌과 더불어 함께 하는 의식의 출구를 만들어갈
때 비로소 안도감의 세계에 정착하게 된다.

> 살아있는 돌은
> 일테면 먼저 내가 눈짓을 보내면 저도 따라

> 눈짓을 보냅니다 내가 하는 모든 몸짓 느낌 감각을
> 같이 받아들이고 서로 주고받는 우주와 우주의
> 섭리로 통합니다
> ——〈만남〉에서

　원숙한 경지에 이르면 사물은 단순한 존재로의 사물이 아니라 저마다 생명의 소리로 다가오는 개성을 보인다. 죽어 있다고 믿는 돌에서는 온갖 사물의 형태로 살아나고 심지어 사람의 형상이 있는가 하면 짐승, 노인, 이웃집 아줌마, 코끼리, 물새, 온갖 추상과 구상이 눈으로 들어온다. 이런 物活―아니마의 특징은 결국 살아있는 눈에 비추이는 단순한 사물이 아니라 살아 다가오는 생명체라는 점에서 춤과 노래 혹은 대화의 장소에서 만남을 이룩하게 된다. 김선배는 남한강에서 단순한 환가적인 가치를 획득하기 위해 탐석여행을 떠나는 것이 아니라 자기의 세계를 구축하기 위한 방편으로 길을 떠난다. 욕망이 들끓는 사람의 눈에는 오로지 욕망의 껍질만 있지만 안으로 자기를 발견하는 사람의 눈에는 신비하고 아름다운 세계가 열려지는 이치를 대입하면 김 시인이 추구하는 순진무구의 마음에서 죽어있는 돌이 아니라 살아있는 대상을 만난다는 것은 얼마나 행복한 일인가?

> 함부로 돌을 세우지 마라
> 살아서는 물론
> 죽어서도
> 돌을 세우지 마라
> 이미 돌을 지난 내 詩의
> 살과 피와 뼈와 혼은
> 죽어서도 내 것이어서
> 썩지 않고
> 살아 숨쉴 그런 詩이니라
> ——〈詩碑〉

돌에 대한 김선배의 생각은 분리가 아니라 하나이고자의 염원을 갖고있다. 이런 꿈은 시에 대한 집착과 시인의 취미가 하나이고자의 열망을 뜻으로 새기고 싶다는 점을 엿볼 수 있다. '이미 돌을(은) 지난 내 시의'라는 시어에서 김선배의 생각은 분리에서가 아니라 하나이고자의 作心에서 벗어날 수 없는 견고한 의지를 앞세운다. 이런 육화의 경지를 꿈으로 키우기 위해 '죽어서도'와 '썩지 않고'라는 영원한 경지를 생각한다. 물론 어느 시인치고 뚜렷한 작품 한 편을 남기고 싶지 않는 시인은 없을 것이다. 그러나 이런 경우는 무소유의 달관에서 탈속한 심정이 아니면 도달할 길 없는 경지이다. 꿈꾼다고 꿈이 이루어지는 것도 아니고 그 꿈은 아름답고 투명한 생각으로 일상을 살아가는 선량한 사람에 의해 비로소 열려진 소리를 들을 수 있는 참된 경지로써 자기를 버려야 참된 자기를 만나는 이치에 도달한다. 시는 이런 무념무상의 경지에서 화려한 엑스터시의 세계를 접하게 된다. 욕심과 매명을 위한 행진에서는 시의 얼굴보기가 어려운 것도 시가 종교의 경우를 대신한다는 말과 일치하는 부분이다. 이런 생각을 구체화한 <행복>은 김선배의 마음에 가득한 환희의 소리와 같다.

다잃은\\ 하늘\\다 잊은\\하늘\\그러나\\다찾은\\하늘\\대\\있는\\하늘\\그 하늘 푸름\속에서\내게로만\내리는\\--햇빛 한 자락.
──〈행복〉

행복은 느낌이지 물질로나 높이의 귀함으로 계산되지 않는 추상의 개념이다. 모두를 주어버리는 마음에서 모두는 돌아오기 때문에 행복은 가치의 개념이 아니고 느끼는 파문으로 다가오는 것이다. 한 줄기의 햇살에서 행복을 느끼는 마음은 여유에 있지 그 햇살의 가치에 있지 않기 때문에 행복은 가난과 富를 떠난 개념으로 남는다. 김선배는 돌에서 인간이 살아야 하는 길을 발견했고 행복의 참된 의미가 무엇인가를 알아차리는 길을 만들고 있다.
須臾의 인간사에서 자기를 알고 사는 사람은 행복한 사람이다. 김선배는 인생의 의미를 알고 세상을 지나가는 담담한 나그네의 여유에서 그의 시는 의미를 간직하고 있다.

3) 사람이 그리운 사람

시인 전봉건은 「현대시학」을 경영하면서 한 때, 서대문 우체국 뒤를 지킨 시인이다. 그 잡지사는 적산가옥 이층─그 나무계단을 오를라치면 마치 병약한 전봉건의 갈비 뼈를 밟고 올라가는 것 처럼 삐걱거리는 소리를 여나므번 들어야 하는 어둡고 쾌쾌한─그것도 작은 이층을 둘로 나누어 한 쪽은 출판사였고 입구쪽을 점령한 사무실에 추운 모습으로 잡지를 발간하고 있었다. 김선배는 여기 『현대시학』출신의 시인이다. 병약한 전봉건도 수석을 좋아했고, 아마도 김선배와는 동행의 탐석이 많았던 것 같다.

> 말씀은 태초
> 돌은 말씀이었다
> 만신창이─
> 오늘은 몸이었다
>
> 여기는 남한강 기슭의
> 한수돌밭
> 선생님 요즘은 다 아는
> 선생님(당뇨병)이시지만
> 사모님께선
> 안녕하신지요?
>
> ──〈만신창이〉에서

전봉건의 파리한 모습이 떠오르고 그와 함께 남한강 어귀에서 주고받은 대화는 인간의 삶이 결국 만신창이의 존재라는 해답에 이른다. 삶의 형상이 슬프게-만신창이의 모습으로 사는 것이 인간의 슬픈 자화상이다. 이를 벗어날 수 있는 한계는 어디에도 없고 또 그럴 힘도 없다는 점에서 인간의 운명은 무력하고 보잘 것 없는 표상으로 크로즈 업 된다. 김시인은 전봉건과의 일상적인 대화에서 아득한 인정의 갈급한 생각을 간직한 순진무구의 정신을 지닌 인간미를 느끼게 한다. <눈>에서도 전봉건의 추억과 추모를 아쉬어하는 정감은 곧 인간미로부터 시의 端初를 작성해가는 김선배의 휴머니티를 눈여기게 한다.

> 종이 울리고…파란 하늘의 유리창마다 수양버들 가지 새잎 피어나는 봄의 배경 속의 교실에선 아까부터 너 촉트는 배움의 눈이 자리잡고 앉아 나를 기다리고…종이 울려서…이제 난 힘을 다해 젖 먹던 힘을 다해 가르치고 또 가르치고 또 가르쳐야 해…종이 울리는…저 해맑은 유리창마다의 깊고 넓고 파란 하늘을.
> ——〈봄의 교실〉

김선배의 하는 일이 아이들을 가르치는 선생으로서의 담담한 모습-'젖먹던 힘을 다해'라는 강조에서 김시인의 생활에 모습이 투영된다. 일호의 차착도 없이 가르치는 일이 '파란 하늘'과 대조되는 부분에서 김시인의 교육관은 「푸른 하늘」을 추구하는 쪽에 진리의 표적을 맞추고 있다는 점이다. 이런 인간미는 앞에서 전봉건시인에 대한 추억이나 일상을 성실하게 살아가는 사람에게서 나는 소리가 들려온다. 이것이 김선배의 다감한 인정미와 상관을 맺는 시의 맛이다.

4) 일상의 정감

시는 언제나 특수한 방향을 추구하지 않고 잡을 길 없는 특징으로 달아난다. 이를 추적하는 시인의 집중은 집요하기도 하고 때로 무기력한 모습을 투영하는 경우도 허다하다. 그러나 지나는 바람 한 줄기에 눈물을 흘리는가 하면 태산앞에서도 미동조차 않는 의지의 인간이 시인의 특징이다. 이런 역설적인 두 표정은 지나는 정서를 포착하는 순간에는 나약하지만 이를 시화하는 결정의 순간에는 신념을 공고하게 하는 독특한 경우로 귀착한다. 시는 신념을 독자에게 전달하는 임무를 가질 때 의미를 전달해야 하는 본질에서 시인의 신념은 항상 투명한 일상을 바라보는 통찰의 눈빛이 있어야 한다. 이때 시인의 마음은 지나는 바람에서도 눈물을 흘리는 감수성을 발휘한다. 김선배의 시에는 일상의 현실감이 유다르게 많다. 아파트의 삶이나 여행의 작은 감성들, 심지어 집에서 기르는 애완견, 시인의 곁을 지키는 아내와의 사이에서 솟아나는 아름다움의 시가 있다.

여행은 새로움과 만나는 마음을 충격으로 다스리는 점에서 신선미를 남긴다. 방학 중에 윤선도의 보길도를 다녀 온 김시인의 감정은 하냥 침잠 된 정서를 나열하고 있다.

>   해남 땅
>   비포장 도로를 달리는
>   버스
>   털털거리며 흘러나오는
>   유행가로
>   흘러가고 있다
>   나도 이 버스를 타고
>   털털거리며
>   어디론가 흘러가고.
>
>   ──〈여행시초〉

「유행가」라는 부제가 붙은 <여행시초>는 인간의 여행과 삶의 여행이 맞물리는 의미의 중첩에서 명상을 재촉한다. 유행가의 곡조처럼 심각한 것도 아니고 또 털털거리며 가는 길이 인생의 화려함과는 어울리지 않지만 사는 일이 어딘가 여행으로 떠나는 것과 다름이 없다는 일이야 말로 사는 일의 본질이라는 점에서 망연한 존재의 형상을 유추하게 된다. 어딘가를 가야하지만 정작 그 목적지는 어디에도 없다는 사실에서 여행은 자화상을 만나는 일인지 모른다. '어디론가 흘러가고'의 여운에 담겨진 슬픈 인간의 행로는 비단 김선배만의 감정이 아니라 인간 모두의 숙명적인 멍에라는 점에서 또 다른 유랑의 길이 떠오르면서 의식의 통찰이 다가온다.

아파트는 도시문화를 집약한 개념을 갖는다. 포개진 고층아파트는 과학이라는 메카니즘에 대표적인 표상이 되겠지만 인간은 편리라는 이름으로 선호한다. 편리란 무엇인가? 과학과 近似한 말이겠지만 과학은 인간을 편리하게는 할 수 있지만 결코 행복과는 상통하지 못한다. 그렇더라도 편리라는 이름으로 아파트는 보금자리의 높이를 차지하고 있다.

>   한 줌 흙 뿌리한
>   꿈의
>   높은 하늘 거실에서
>   오늘은
>   내가 쓰고 싶었던
>   참으로 의젓한 시를 쓰고 있다.
>   ──〈고층 아파트.2〉에서

김선배의 시에는 고층 아파트에서 사는 즐거움을 갖고있다. 높이에서 내려다보는 즐거움을 만끽하는 시인의 의식은 아파트의 단조한 직선의 문화를 선호하는 느낌을 준다. '쌍팔년도에\이곳 노원구 상계동에 \자리잡았지' <상계동 맹꽁이>라는 표현으로 보아 김선배의 상계동 생활은 5년의 삶에 대한 만족의 표정이 역력하다. 이는 시인의 정신에 담겨진 소탈함이라는 해답이 만족으로 매사를 살아가는 성품과 상통한 느낌이다.

김선배는 매사를 시로 만드는 다양한 관심을 보유한다. 심지어 운전면허를 받기 위해 떨어진 체험조차 시의 촉수를 만들어 나간다. 이런 징후는 의식초점의 문제라는 점도 있지만 그만큼 다감한 정을 대상에 보이는 현상으로 해석할 수 있는 부분이다.

꽃을 피우기위해
세상 모든 것 다 버리고 오직 핸들만 돌리고 있었는데
꽃이 떨어지다니요?

——〈落花〉에서

꽃은 면허증을 획득하는 일이라면 꽃이 떨어지는 것은 실패라는 모습으로 머쓱한 상황을 암시한다. 물론 꽃과 핸들이라는 시어의 상관이 너무 직접적이라는 간격의 문제가 있지만 시인의 감수성은 언제나 두리번거리는 생각 때문에 어떤 대상도 시로 변용하는 관심의 다양성을 어떻게 소화하는가를 눈여겨야 할 부분은 김시인의 몫이다.

애완견 도로시에 대한 느낌과 이사 때 팔아버린 개에 대한 추억들이 김선배의 정신에 추이를 가늠할 수 있는 상징물들이다.

삼선교 언덕배기
집 팔고 사랑하던
개마저 팔고

>   아파트로
>   이사해야 하던 날
>   ──〈개에 대하여〉에서

　키우던 개는 정을 교류하던 기억때문에 아픈 마음이 표백된다. 이런 추억은 누구나 한번쯤은 있었던 일이었지만 이별은 언제나 서글픔을 불러오게 된다. 예의 김시인도 동물과의 정감을 아쉬워하는 마음을 정황으로 기술하고 있다.
　시는 인간의 마음을 나타내는 방도로 일차적인 한계를 마감한다. 비유와 상징 그리고 이미지를 건사하는 방법은 시의 기교적인 문제이지만 궁극으로는 휴머니티라는 인간의 본질을 보이는 것이 시이다. 시가 인간의 문제를 일탈하면서 냉엄한 과학의 비정성을 운위한다면 인간의 정감을 펼칠 수 있는 방법을 갖지 못한 화석의 대상으로 전락하게 된다. 시의 온기는 결국 인간의 사랑을 노래하는 방법으로 임무를 다하게 된다는 생각─김선배의 가슴속은 따스함을 절감하는 방법으로 그의 시적 방향을 추구하는 것이다.

3. 에필로그

　시는 이미지를 만들어 意味의 성을 만들면서 자화상을 구축하는 기교적인 작업으로 시작하지만, 시의 내면에는 사랑의 핏줄이 흘러야 한다. 즉 언어적인 기교와 감수성을 올리는 따스함이 흐르는 정감이 있어야 한다. 이런 요구는 단속성이 아니라 연속성을 유지하기 위해 시인의 사상은 항상 긴장을 유지하는 대상과 시인의 일체화에서 시의 표정은 넉넉함을 保持할 수 있게 된다는 점이다. 이는 경험의 다양화에서 상상의 높이는 독자를 손짓하는 구체적인 상징으로 전달의 통로를

확보하게 된다면, 김선배의 시는 언제나 열려진 마음으로 사물과의 교감이 틈새를 보이지 않기 때문에 친근미를 전달하고, 추상적인 헷갈림보다는 구체적인 투명성을 임무로 진력한다. 특히 돌이라는 침묵의 대상속에서 우주의 숨소리를 감득하는 상상과 삶의 원리를 귀납적으로 밝혀나가는 메타퍼는 김선배의 시에 통합의 정서라는 점에서 안도감을 준다. 그만큼 여유를 간직한 경지라는 말이 옳은 비유가 될 것이다.

9. 역사와 현실 체험
―손해일 시집 『왕인의 달』―

　손해일의 시집 『왕인의 달』은 여행에서 느낀 단상과 한일 관계의 역사성, 백제 왕인에 대한 족적을, 아울러 히로시마 원폭의 아픔을 담고 있다. 1부와 2부를 제외하고 소재의 대부분이 과거 문제를 현실 공간에서 다시 검토하는 특징을 보인다. 이와 같은 소재들의 특성은 자칫 사건의 개요를 쫓아가는 단순성에 떨어질 위험이 있지만 詩歷에 따른 '끌고가기'의 저력을 나타내고 있다. 다시 말해서 역사라는 거대한 바위에 접근하여 요리해 보려는 발상이 시인의 정신 에너지의 공급과 표현의 상관성이 대등할 수 있다는 판단에 의해 시적 표현으로 구체화―역사라는 거대한 무게를 요리하는 숙련된 이력을 보이고 있다.
　역사는 현실을 기록하는 점에서 상상력과는 하등에 상관이 없다면 문학은 현실의 함량 위에 상상력으로 현실을 용해하는 점에서 역사보다 문학의 범주는 넓고 또 역사를 수용하는 장점을 갖는다. 역사란 지배층의 입맛에 따라 다르게 요리할 수도 있고 또 고의적으로 누락 혹은 제외할 수 있지만 문학적 상상력으로는 한 구절의 문자에서 역사를 복원할 수 있기 때문에 문학의 표현은 포괄적일 수밖에 없다. 이는 시가 갖는 상징성과 비유라는 특성이 서술이나 설명의 방도를 때로 앞서는 기능적인 특성을 거론하게 된다. 여기서 시의 가치는 보다 우위를 차지하는 확신을 갖게 된다.

그러나 역사적인 대상이나 사실을 시적 소재로 할 때 자칫 공소한 나열이거나 칭찬 일변도 혹은 비난의 과녁을 집중하는 우려를 갖게 될 수도 있다. 대상을 어떻게 바라볼 수 있는가의 해석적인 문제와 시적인 특성의 의복을 입히는 문제가 일치할 수 있는 경우는 매우 어렵기 때문이다. 그렇더라도 시인의 임무는 잠자는 역사의 진실을 추적하는 임무에서 한 발자국도 물러나서는 안된다. 이는 진실의 노래가 시요 문학의 본질적인 임무이기 때문이다.

1978년 시문학으로 등단한 손해일의 시집 『왕인의 달』은 이런 역사적인 문제들 앞에서 '다시' 검토라는 지시가 합당한 근거를 발견하게 된다. 손해일의 말을 옮김으로 논지를 확보한다.

> 최근 몇 년간 필자의 관심사였던 역사 주제와 현실 문제의 작품을 주로 수록하였다. 시의 본령인 '감성'과 '언어의 응축'이라는 기본 틀에 사실적인 역사 문제를 담는 데에는 많은 제약을 느꼈다……약……역사는 섬인가, 암초인가. 우리는 흔히 밖으로 드러난 섬의 윤곽만을 보기 쉽지만 그것은 극히 일부일 뿐, 물밑에 감추어진 진실과 섬의 밑뿌리는 얼마나 거대한가.
>
> ──〔자서〕에서

역사적인 현상을 시로 표현하는데는 성공의 가능성이 그만큼 위험하다는 자각─사실을 기록한다는 것은 상상력의 한계를 절감하게 되고, 시는 상상력의 한계를 갖지 않는다는 점에서 소재로서의 기능을 넘어 또 다른 세계를 감동으로 확보할 수 없는 위험이 상존하고 있다는 손시인의 고백은 당연하다. 아울러 역사의 기록이라는 것은 왜곡, 윤색 혹은 견강부회의 이름들로 채색될 때 진실과는 다른 길을 만들게 된다. 마치 「용비어천가」의 내용을 믿는다면 이조는 이 세상에 존재할 수 없는 이름일 것이다. 문제는 '거대한 진실의 뿌리'를 어떻게 찾아낼 수 있는가는 전적으로 시인의 재능이자 문학적인 감수성으로 해결될 일이다. 결국 거대한 밑뿌리는 지배자의 일기가 아니라 백성들의 역사이기에 시인의 통찰력은 여기에 초점의 노래가 집중되어야 한다. 손해일의 시는 그런 요망에 일치된다.

> 모진 비바람이 지난 날은
> 자리끼 한 대접에 속을 풀 듯
> 시들면서 깨어나고
> 죽으면서 눈을 뜬다
>
> ——〈多勿.3〉에서

우리의 역사를 반만년이라는 이름으로 자랑의 나무를 심는다. 그러나 그 역사 속에는 다시 고쳐야할 왜곡의 이름들이 수다하다. 가령 다물(多勿)이라는 뜻이 "고구려의 옛 땅을 회복한다"는 뜻에서 고구려의 역사와 백제의 역사를 다시 바라보는 안목이 촉구된다.

660년 7월 18일에 나당 연합군(?)이 침공—10일 동안 백제인들을 닥치는 대로 도륙(屠戮)—하여 백제의 유력한 사람들은 일본으로 도망하여 일본의 지배족이 되었고—했을 때 낙화암에서 떨어져 죽은 백제의 여인들을 3천 궁녀(宮女)라는 모독의 말도 수정되어야 하고, 이후 668년 9월 21일 다시 나당 연합군에 의해 고구려가 패망함으로써 우리 역사는 잘못을 수정해야 하는 당위성이 신라라는 이름에 따라 붙는다. 역사의 평가란 수단과 방법을 가리지 않고, 다만 승리자의 편으로만 기록할 수는 없기 때문이다. 이른바 삼국 통일—절대로 사용되지 말아야 할 표현—고구려가 망함으로써 우리 강토였던 만주땅 787,300㎡와 청천강 이북 10만㎡ 도합 887,300㎡인—남한 면적의 10배의 국토를 당나라에 헌증한 김유신과 김춘추를 통일(統一)한 사람이라고 해야 할 것인가? 아직도 이런 사실조차 명료하게 구분하지 못하는 이 나라 지식인이나 이를 추종하는 어리석음―가령 통일이라는 이름은 신라 쪽으로 볼 때 영토 확장일 뿐 민족의 시선으로는 영토를 팔아먹은 매국노들이 아닐까? 또한 여기서부터 지식인들이 사대주의적인 발상이 시작되었으니, 상국(上國) 당나라에 유학 가서 돌아오면 지배자가 되었고 이런 정신없는 민족의 줏대가 신라의 영토 확장이라는 미명 때문에 발해를 잃었고 역사가 왜곡되어 오늘에 몰골에 이르고 있다. 손해일의 역사관은 이런 줏대를 어떻게 바로잡을 수 있을 것인가에 그의 시는 의미를 두고 있는 것 같다.

   왜인들은
   독도의 영유권을 주장하며 억지쓰지만
   대마도는 우리 땅
   단기 사천삼백이십칠년 시월 삼일
   나는 오늘 조상들의 영령 앞에 목욕 재계하고
   확정 일자를 받아
   대마도의 소유권 이전등기를 마친다
         ――〈대마도는 우리 땅〉에서

 고구려가 강성했을 때 우리 나라와 중국의 관계는 대등관계였지만 신라가 이른바 영토 확장을 위해 당나라를 끌어들인 이후 우리 역사는 완전히 수직 관계로 변했고 우리말의 주어가 둘이거나 주어가 없어도 뜻이 통하는 언어―우리 민족의 삶이 이중적 행동 양식으로 형성되었다.
 현대사에서 일본과의 문제는 복잡하다. 그러나 일본의 왕조는 백제나 고구려의 유민들에 의해 왕권을 형성했고, 왕인은 척박한 일본 땅에 문화를 전달한 씨앗이었지만 정작 우리 땅에는 이런 기록들이 흔적조차 어둡다는 안타까움은 역사의 깊이와 무슨 상관이 있을 것인가? 독도를 자기들 것이 주장하는 억지판에 대마도가 우리 땅이라는 선언은 차라리 슬픈 현대사에 순백한 가슴을 바치는 시인의 소망은 정갈하고 깨끗하다.

우리의 단기 연호를 버리고 서기를 따라 정신을 헌납하면서 조국과 애국을 찬미하는 자들이 판치는 세상에서 손해일의 촉각은 역사의 정수리를 향해 분노를 날리는 절규가 차라리 아름답다.

손해일은 또 다른 정신 영역은 엄정한 현실에서 촉수를 두리번거리고 있다. 다시 말해서 그가 체온으로 느끼고 있는 공간에서 살고 있다는 발성을 뜻한다. 물론 그의 음성은 결코 아름다움으로 포장하는 화려한 것도 아니고 그렇다고 질축거리는 오물의 바다도 아니다. 다만 현실과 과거는 어떻게 연결되어야 하고 또 미래로 이어지는 호흡이 어떤 의미로 나타나야 하는가에 관심을 모은다. <영덕대게의 보행연습>이나, <영광 굴비의 영광> 등 1부에서 현실적인 관심이 시니컬한 면모를 나타낸다.

> 오늘은
> '역거리'감도 못되면서
> 가짜 영광 굴비로 둔갑하는 중국산에
> 눈이나 흘길 따름이라.
> ──〈영광 굴비의 영광〉에서

상품인 '따돔'도 아니고 그리고 '오가제비'도 아닌 또는 중간의 '장대'도 아닌 '엮거리'도 못되는 중국산이 이 땅에 버젓이 자리잡고 굴비의 영광을 뒤집어쓰고 있는 전도된 가치는 곧 우리가 불러들인 부끄러운 현실이기에 이를 바라보는 손해일의 시선은 사설조의 가락으로 오늘의 풍토에서 넘어야 할 정신사의 문제로 다가온다. 그렇다면 오늘의 현실은 항상 수심에 찬 해답으로 문제의 키가 높아지지만 이를 명료하게 해결할 수 있는 방도는 묘연할 수밖에 없다. 왜냐하면 역사의 시간이란 항상 평면적이고 이를 해결하는 방도는 입체적인 접근이어야 한다는 상충성은 부끄러움도 아니고 다만 흐름이기 때문이다.

인간은 흐름을 벗어날 수는 없다, 이는 살아 있는 자의 숙명적인 의복이고 이를 벗어 던질 수 있는 방법이 없다는 결론에서 손해일이 던지는 우수에 찬 발문은 우리 모두의 쓸쓸한 그리고 가난한 아픔이기 때문이다. 역사는 가짜와 진실의 사이를 구분하는 방법이 오직 살아가면서 지혜를 동원해야 하는 고달픈 문제 앞에서 벗어날 수 없는 숙업의 존재-손해일의 시는 이런 물음에 발가벗은 느낌을 준다.

10. 상상력과 변용의 정서
―김용언의 시집 『사막여행』―

　한 편의 시 앞에서 독자는 일단의 반응을 표출함으로써 시의 출발은 구체적인 발성을 시작하게 된다. 물론 시의 생명은 순간적일 수도 있고 또 영원을 이어가는 생명력일 수도 있지만 결국 보편성의 이름에 합당할 때, 시간을 극복하는 성공을 누릴 수 있을 것이다. 가령 김소월의 <진달래꽃>이 1920년대의 정서―나를 버리고 떠나는데 진달래꽃으로 카펫을 깔아 주는 정서가 오늘 날도 통할 수 있겠는가―오늘 날의 시적 화자는 결코 동감을 갖지 않는 다는 점에서 보편성의 결여를 지적하게 된다. 이런 예는 여러 각도로 접근이 가능하겠지만 한 편의 시는 언제나 인간의 감성을 자극하면서 또 위로하는 길을 적극적으로 개입하는 능동적인 임무를 수행해야 한다. 아울러 의식의 보편성을 통찰하는 시인의 임무는 시대 속에서 시대 밖을 향하는 예지를 어떻게 준비하는가의 여부에 달려 있다. 여기서 시인은 항상 눈을 두리번거리면서 시대의 특성을 수용하여 내일로 이를 연결하는 안목을 갖춰야 한다. 적어도 고답적인 형이상학의 하늘을 넘나드는 것이 아니라 질축하고 눈물겨운 인간의 세상을 어정거리면서 굳이 아름다움을 찾아 길을 방황하는 시인의 모습에 경외로움을 보내는 이유가 신선하다면 그의 시는 훌륭할 것이다.
 그렇다면 시인의 임무는 현실 속에서만 미래를 이해하는 촉수를 가질 수 있는가의 여부가 남는다. 여기서 시인과 상상력과의 연결은 필연적인 작용을 가져야 한다. 특히 시의 경우 상상력의 **함량**은 시적 표현과 상상력의 이름을 묶는 구체적인 작용점이 시인의 재능으로 귀환하게 된다. 김용언의 시를 거론하는 앞자리에서 이미지 직조의 보편성과 상상력의 거론은 결국 김용언의 의식 여행에 무한궤도의 단서를 포착하기 위함이다.

> 손을 내밀지만
> 네 몸은
> 가시뿐이구나
> 내가 줄 것은
> 고작 눈물 뿐
> 오히려
> 너의 빈손이 고맙다
>
> 가시가 두려워
> 손잡기를 거부하는 세상
> 난
> 가진 게 없으니
> 오히려
> 떳떳하단다
>
>   ──〈선인장 앞에서〉중

 한 편의 시에서는 그 사람이 살아온 체취가 묻어 있다는 가설은 신통한 암시는 아닐 것이다. 그러나 삶의 특성을 시에서는 정직하게 표현할 필요는 없다. 다만 필요에 의해 때로는 왜곡이거나 굴절할 수 있

다는 것도 결국 상상력의 도움을 받았을 때 표현미의 수준을 높이는 계기가 될 것이기 때문이다. 여기서 경험의 요소와 시의 결합이 독자에 전달될 때 일단의 느낌은 변용의 미학을 도출하게 되면서 시의 진수는 저마다 다른 세계로 향하는 문을 열어 놓는다.

없음에서 있음을 느낀다는 것은 인간의 삶이 달관의 경지에 도달한 이름이라면 소유라는 뜻은 결국 인간의 심성이 척박한 정서에 포장된 의미가 될 것이다. 소유에서는 불안이 증가하고 무소유에서 평안을 얻을 수 있다면 김용언의 사막에 대한 경험은 佛家的인 체험과 그 道程을 지나온 여행 같다.

시인의 육성을 옮긴다.

> 실로 우연한 기회에 사막을 찾게 되었다. 10여년이 훨씬 넘었으니 돌이켜 보면 꽤 오랜 시간을 사막 여행에—어쩌면 사막 헤매기란 표현이 어울리는데 바친 셈이다.
> 나의 시적 정서와 관계없이 사막을 방문했건만 내 마음의 벌판에는 인생의 존재론과 함께 표현하기 힘든 어떤 상황이 자리 매김되어 있었다.
> 황량한 사막의 저녁노을 앞에서 나를 바라보게 되었고, 뜨거운 모래 언덕과 독수리 발톱 같은 바람 앞에서 내 인생을 대면하기도 했다
> ——〈시집 머리에〉서

시인이 사막을 실제로 경험했다는 것과 이를 상상력에 의복을 입혀 시의 표정으로 바꾼 것과는 유사점을 형성하고 있어—'사막헤매기'에 바친 결과는 곧 삶의 현실 공간과 다름이 없다는 점에서 상상력과 현실의 재구성은—겹치는 한 편의 그림이 될 때, 독자는 긍정의 몸짓을 익히게 된다. '인생의 존재'를 깨닫는다는 자각의 문 앞에서 어떠한 고행의 도정도 중요한 게 아니다. 다만 깨달음이라는 오도의 경지를 맞을 수만 있다면 사막의 비유는 삶의 이름을 빛나게 하는 요소에 불과

하기 때문이다. 적어도 김용언의 발성에서 느끼는 독자의 몫은 문학의 깨달음이 인생과의 상관을 유추할 수 있다는 점에서 명상적인 깊이를 방문하게 된다.

> 초원이 보일 때
> 혹은
> 호수가 보일 때
> 벌레 한 마리의 만남도
> 얼마나
> 큰 기쁨이었던가
>
> ──〈갈증〉에서

시는 비유라는 숲을 통해 새로운 현실 공간을 만들어 내는 면에서는 기술이지만 그 내용에 포괄된 의미에서는 철학의 숲을 헤쳐야 한다. 더불어 인간의 본질에 이르는 암시를 명료하게 독자편에 전달할 수 있을 때, 시인의 명성에 이르게 된다. 이런 상관은 항상 이미지의 유기적 맥락을 통해 휴머니즘의 세계를 만나게 해야 한다. 다시 말해서 '보일 때'의 결과를 만남의 이름으로 바꾸어 '벌레 한 마리'라는 미물에서조차 '큰 기쁨'과 환희를 조우하게 된다. 적어도 김용언의 정서에 담겨진 인간미의 요소는 이렇듯 작은 것에서 떨림을 시작하려는 기다림이 용해되어 시의 근원을 이루는 것 같다. '보일 때'와 '만남'의 두 가지가 '큰 기쁨'을 얻기 위해서는 부지런한 조건이 따라 붙고 또 꿈으로 향하는 출입증을 소지할 수 있을 때 삶의 가치는 아름다움을 치장하는 결과에 도달하게 된다면 김용언의 일상은 곧 시를 향하는 사막의 여행과 다름이 없다. 이와 같은 포커스를 명료하게 하는 것은 다음이 시로 이해를 넓힌다.

> 물은 흘러간 후에
> 더욱 고요하다
> 오장육부를 흔든
> 흙탕물까지도
>
> ——〈물은 흘러간 후에야〉에서

　노자는 上善若水라는 말로 물에서 살아가는 평범한 원리를 설파하고 있다. '가장 선한 것은 물과 같다'라는 단언적인 의미 속에 고개를 숙이고 겸손을 깨닫는 일이야말로 착한 이름이라는 뜻—참된 인생의 길을 재촉하는 일이 되기 때문이다. 계곡을 흐르는 물길이거나 아니면 평지를 유유히 달리는 물이거나 물의 이름은 다름이 없을지라도 물이 어디로 흐르는가에 대한 속성은 다르게 인식된다. 깊은 협곡을 달리면서 내려오는 물과 장강의 한 흐름에 편승한 물과는 다른 느낌이겠지만 결국은 한 방울의 물에서 파생하는 인상은 다른 정서를 촉발한다. 물론 김용언의 정서가 정지에서 깨달음을 맞는 것이 아니라 움직임의 동적인 결과에서 자기를 발견하는 쪽에 명칭을 놓고 있다. 다시 말해서 사막을 여행하고 얻어진 달관 그리고 흐름을 겪고 난 뒤에 얻어진 교훈은—관념의 이름에 매달린 것이 아니라 체험에서 빚어지는 상상력의 여행이 현실과 오버랩할 때—느껴 오는 차분한 인상을 감지하게 된다. 즉 현란함으로 언어를 희롱하는 시가 아니라 네거티브 필름에 빛을 쪼일 때 나타나는 실상에 아름다움을 느끼는 사진처럼, 忍從하면서 바라보는 묘미에서 전체 맥락을 파악할 수 있는 감수성의 시라는 뜻이다.

　김용언은 살아 있는 자가 맞는 「현실 속」에서 방랑의 몸짓으로 이미지를 직조하여 다시 「현실 속」으로 가볍게 돌아오는 여행을 시와 대칭에 놓는 기교를 구사한다. 이런 동적인 특성은 비록 다이내믹한 인상을 만들지 않을 지라도 안정감을 도출하는 이유가 언어를 순치(馴致)하는 인고에 있는 것 같다. 기다림을 억지로 불러들이지 않고 순리의 문법을 좇아가는 일이야말로 시가 구도적인 것과 상통하는 가장 적절한 비유가 될 수 있기에 김용언의 시에는 깊이를 찾아가는 손짓이 있는 것 같다.*

제2부: 의식의 미감들

1. 의지와 의식의 美感
―최정자 시집 『개망초꽃 사랑』―

1. 들어가면서

　조국을 떠난 사람들은 항상 떠나온 땅의 소식에 갈망을 일방적으로 느낀다. 설사 버리고 떠나는 듯한 사연을 가졌을지라도 먼 곳에서 바라보는 느낌은 항상 처연하고 감상적인 느낌을 버릴 수는 없을 것이다. 더구나 문자로 글을 제조하던 사람들이라면 더 말할 겨를도 없이 표현의 강도는 그늘진 감수성과 회고적인 열망을 마음 깊은 곳에 간직하였을 것이고 이런 정서가 포착된 작품은 그리움으로 채색되는 특징을 갖는다. 이런 단서는 먼 거리에서 바라보는 실체를 객관화할 수 있다는 장점이 될 수도 있지만, 때로 감상적인 오류에 빠질 경우도 있을 것이다.
　물론 냉엄한 이지를 어떻게 추스를 수 있을 것인가의 여부는 작품을 창작한 당사자의 몫으로 돌아갈 일이다.

2. 이민문학의 문제

우리에게 이민문학은 이제 새로운 각도로 조정할 필요가 있다. 신산한 일제치하에 독립이라는 지상명제를 달성하기 위해 — 다 그런 바는 아니지만 — 만주와 러시아로 이주한 사람들의 문학이나 징용에 끌려 일본으로, 혹은 사탕수수밭 잡역부로 하와이 등으로 이주한 후손들의 한글문학을 제몫으로 자리 매김 할 필요가 있다는 당위성이다. 비록 서러움과 그리움을 서투른 우리말로 표현했거나 아니면 살고 있는 나라의 언어로 표현했다해도 우리의 사상과 감정을 표현했다는 점에서 한국문학의 범주로 수용해야 한다는 점이다. 물론 우리 말로 표현한 것만을 우리문학으로 치부하자는 견해를 반박할 필요는 없다. 그러나 세계를 지향하는 문학의 특징을 협의의 함정으로 나포하여 우리말이 아니면 우리문학이 아니라는 지나친 협의성은 문학의 얼굴을 일그러트리는 잘못이 될 수 있다는 뜻이다. 이런 한계의 극복은 문자를 함께 해야만 한다는 협의성 — 「우리」라는 범주의 한계를 벗어나는데서 새로운 문학의 지평을 이룰 수 있게 될 것이라는 점이다. 가령 한국문학이기를 원하는 경우 이를 수용하는 — 이민 2, 3세대의 경우 우리의식을 잔존하고 있을 지 몰라도 언어의 경우는 우리언어로 문학을 수단화하지 않은 경우도 있을 수 있을 것이다. 문제는 광범위하게 우리 화하는 포괄적인 태도를 취함으로써 한국문학은 풍부한 자산을 확보하는 계기를 갖게 될 것이다. 이런 추정은 미래의 세계가 하나의 공간으로 축소되는 특징과 M F Guyard가 말한 것처럼 "모든 문학은 스스로 외국으로 향하게 할 필요성을 주기적으로 느낀다"와 같이 세계문학화의 길, 밖으로 향하는 문학의 특성을 굳이 한계내에 가둘 필요가 없다는 사실이다.

앞으로 인구의 팽창이나 이민의 장려는 곧 한국의 의식을 확장하는 계기로 삼을 때, 오히려 바람직한 흐름을 형성할 수 있을 것이며 문학의 소통인 자극과 보완에도 더욱 도움이 될 수 있을 것이다. 더구나 비교문학에서 일본이나 중국 혹은 서구의 문학을 수용하는데 급급했던 형태를 벗어나 방출로서의 한국문학이 될 수 있다는 지금까지의 일방성을 극복할 수 있기 때문이다.

미국의 이민문학은 아무래도 한국이 근대화와 밀접한 계기를 전제로 할 것 같다. 박정희의 철권정치가 극에 더했던 70년대 이민의 급속한 대열은 정치적인, 혹은 최루탄의 두려움이나 안보를 정권의 유지에 결부시켰던 시대의 아픔을 피해보자는 생각으로 미국행을 결심한 사람들이 상당했었다. 이제 30여 년이 경과한 한국은 경제적으로나 정치적으로 30년 전의 상황과는 비교할 수 없는 간격을 만들었다.

결국 미국의 이민문학은 이런 상황을 전제로 해석되어야 하는데서 70년대 이전의 문학과 70년대 이후의 문학으로 분간해야 할 것 같다. 물론 지금 미국의 이민문학을 주도하는 사람들은 거개가 후자에 속한 것 같고 이들이 사실상 주도적인 기능을 담당하고 있다. 물론 이들은 서울에서 등단의 절차를 밟은 혹은 문학의 싹을 한국에서 키웠다는 특징을 말하게 된다.

최정자 시인을 내가 처음 만난 것은 뉴욕에서이다. 한국문인협회 제6회 해외 심포지엄에 발표자로 참석하게 되었을 때, 최정자도 미국동부문인을 대표해서 발표자의 한 사람이었다. 그의 시를 읽다보면 그런 인상을 감지할 수 있지만, 깡마른 체구와 다부진 체취에서 강인함으로 다가오는 인상이 전부였다.

최정자는 박재삼의 추천으로 『시문학』을 통해서 등단, 『달개비꽃』, 『시추선』, 『서울로 서울로』 등의 시집을 상재했으며 검토의 대상인 『개망초꽃 사랑』은 1993년에 발간한 시집이다.

3. 가정을 위한 시

최정자가 시를 접하게 된 동기는 1968년 여류문학인협회 주최의 전국주부백일장에 참석하여 <거울>을 써서 능력을 인정받음으로써 출발의 단초가 마련된다. 이어 제1회 신사임당 백일장과 새싹회 백일장에 참가하여 '내게 詩가 있었구나'의 자각을 앞세우게 된다. 물론 그 전까지는 문학에 대한 관심이 표면으로 부상하는 계기를 갖지 못했지만 정작 능력을 확인하는 어려움으로부터 최정자는 시의 빛을 붙잡게 되었고 이로부터 삶의 중심을 관류하는 일체감을 형성하게 된다. 이런 자기확인으로부터 최정자는 시를 위한 <노라>의 확신을 갖게 된다.

> 그 한줄기 빛은 내가 <노라>가 되는데 한몫을 한 것이 분명했다. 그러나 시를 씁네, 소설을 씁네 하고 가정을 박차고 나오라는 권유로 받아들이는 독자는 없기 바란다. 가정생활보다 더 좋은 소재의 문학은 없기 때문이다. 불행한 가정보다 행복한 가정은 진정한 문학의 산실이다.
> ──〈시인의 에스프리〉에서

최정자의 정신 건강을 체크할 수 있는 말은 '가정생활보다 더 좋은 소재의 문학은 없기 때문이다'라는 말의 심장(深藏)한 뜻이다. 이런 말은 일찍이 동양사상을 관류하는 에피그램이었고, 공자의 小康을 이룬 다음에 大同으로 나아갈 수 있다는 진수를 터득한 말이다. 가정은 위대한 예술이다. 이보다 더 조화를 이루는 공간은 있을 수 없고, 이보다 더 화려한 꽃의 정원은 있을 수 없다. 가정을 소홀히 하고 사회생활을 이룩할 수 있다는 것은 망상이다. 진정한 예술은 가정을 위한, 가정을 사랑하는데 초점을 가져야 한다. 왜냐하면 가정의 단위는 개인으로부터 시작되고 개인은 사회를 이루는 최소의 구성因子가 되기 때문이다. 최정자의 시는 이런 발상으로부터 출발의 의미를 형성하는 안도감을 갖는다.

4. 시적 오브제들

1) 개망초꽃의 상징

흔히 「개」자가 들어가면 천함을 나타낸다. 그러나 지천으로 피어있는 봄날의 개나리나 개머루·개망신이나 개다리 상제 등 '참 것이 아니라'는 뜻의 접두어는 우리 주변에서 흔하게 접하는 말이다. 최정자는 「개망초 꽃 사랑」이란 83편의 연작시로 시인의 의식을 연결하고 있다. 어찌 보면 변화없이 지루한 제목의 행진이 자칫 초점을 일탈하는 위험도 있지만 의식의 대단원을 이룰 수 있다는 점에서는 더없이 좋은 기법일 것이다. 시의 특성이 응축이라면 언어를 수축하는 일단의 작업이지만 인간의 의식은 수축적이기보다는 팽창적인 성향을 갖는다. 시인의 말을 옮김으로써 논지의 방향을 설정할 수밖에 없다.

　　－개망초꽃:
　　북미 원산, 육이오 때 미군 병사의 백에 실려옴, 땅을 일구면 맨 먼저 자리잡음, 번식력이 강해 우리 나라 전역에 퍼져 있음……이런 내용이었다.
　　어째서일까?
　　순간 배신감이 드는 이유는—.
　　언제는 제 살을 베어 먹일 듯이 하다가, 갑자기 뒤통수를 치고 돌아서는 인심, 그런 것이 생각나는 까닭은.
　　　　　　　　　　　　　　——〈시인의 말〉에서

최정자의 말에는 두 가지의 함축적인 의미를 내포하고 있다. 하나는 어디에나 至賤으로 피어있는 북미원산의 망초꽃이 미군병사의 백에 실려 이 땅에 옮겨와 개망초라는 이름을 가진 꽃에 대한 암시와 또 하나는 제 살을 베어 먹일 듯이 친절하다가 어느 순간에 배신의 날을 들이대는 인간관계를 뜻하고 있다. 이런 기저(基底)는 시집 『개망초꽃』의 전부를 일관하고 있는 바, 전자에서는 무의식을 통해서 시적인 옷을 입었고 후자는 현실적인 배신의 아픔을 형상화했다. 두 번째의 원인을 먼저 검증한다.

> <개망초꽃 사랑>이란 시는 그 내용이 인간적인 배신이다. 살을 베어 먹일 듯이 친하다가 당하는 배신, 배신인줄도 모르는 어리석음, 속임수에 능한 선량을 뒤집어 쓴 사람들. 그것들이다.
> ——〈시인의 에스프리〉에서

1992년 시집을 출간하기 위해 서울의 M출판사에서 9개월이 넘어서야 자청해서 출간하겠다던 시집을 발간하지 못하는 울분이 K시인이란 유약한 사람에 대한 분노로 형태화되었다.

이런 배반의 또 하나는 우주비행사 세르게이 크리칼레프의 경우로 변용된다. 즉 소련이 망하지 않았을 때 떠난 우주비행사 세르게이를 '소련이 일순에 망했다고 귀환선을 보내주지 않아 공중미아로 떠돈단다'를 대입하여 시인의 감정을 표백하고 있다. 이런 비유는 <개망초꽃. 序詩>로 나타난다.

> 너는 나를 버리는가
> 어디로 버리는가

흙 한 줌 없는
물 한 방울 흐르지 않는
공기 없는 허공에서
하늘과 땅 사이에서
이 먼 공중에서 떨고 있으라 하는가
───〈개망초꽃 서시〉에서

'내가 네게 무엇을 잘못했으랴\ 전생에 어느 만큼\이생에 어느 만큼\ 네게 잘못했으랴\이 고통으로 버려지는 게 무엇이랴'의 통곡으로 무한 지옥의 방황을 계속해야 하는가를 묻고 있는 절규는 우주의 미아가 시인의 경우와 같다는 일체감으로의 고백이 된다. 이런 통곡은 일상을 살다보면 흔하게 배신의 칼자국에 난도질당하게 마련이다. 정작 원인을 제공한 사람들은 '지금 건재하지 않는가'와 같이 불공평한 숙명의 통곡은 인간으로써 가름할 수 없는 아픔을 남긴다. 허공을 중심없이 떠도는 우주비행사는「너」라는 사람들의 의도에 의해 길을 떠났지만 관심을 거두어들인 사람들은 영화를 누리는 땅의 존재와 의지할 곳 없는 미아비행사의 대비는 선과 악을 넘어 돌아올 수 없는 처절한 하늘과 땅의 개념으로 다가온다. 죄 없이 유형의 운명을 감수해야하고 땅위의 원인제공자가 영화를 누리는 불평등의 참혹한 세상의 예는 인간의 땅에 널려있고 이런 아픔을 어떻게 체험할 수 있는가의 요인에 의해 느낌이 다를 뿐이지만 이를 깊은 상처로 체험한 최정자의 아픔이 시의 문을 열고 아름다움으로 승화되는 역설의 꽃을 만난다.

2) 추위 - 조국이란 의미는 무엇인가

조국은 어떤 응답으로 이국의 사랑에 응답하는가? 이런 물음은 항상 일방적이고 대답을 기대할 수 없는 공허로 끝난다는 것을 전제로 하지만 끝없는 물음을 던지면서 또 해답을 구하려는 발상이 존재한다. 왜냐하면 일방적인 사랑은 응대를 필요로 하지 않고 또 그럴 필요를 갖지 않는다. 그러나 한 인간의 의미는 전체를 위해서 있고 또 전체는 하나의 존재를 벗어날 수 없는 당위성을 갖기 때문이다.

그렇다면 조국이란 무엇인가? 이 대답에 절대성을 부여하면서 명확한 대답을 제시할 수는 없다. 다만 필연의 관계이지만 벗어 던질 수도 없는 절대명제의 사이라는 점에서 숙명적인 관계로 남아야 한다.

최정자의 시에는 추위라는 함량이 들어있다. 이는 떨어져 있는 이민자의 距離-다가갈 수 없는 거리에서 느끼는 의식의 움츠림이 아닐까?

>   춥다
>   두 겹 세 겹 옷을 입고
>   두 겹 세 겹 이불을 덮고서도
>
>   그대가 그대의 집으로 가면
>   나는 나의 흙을 파내어
>   나의 집을 지어야지
>
>   헛걸음친 마음
>   가두어 놓기 위해
>   추위를 이기기 위해
>   집 없는 사람을 위해
>   집을 위해.
>
>   ──〈개망초꽃 사랑.46〉

집이라는 상징은 최정자가 생각하는 가정의 안온함을 뜻하고 여기서 삶의 따스한 마음을 갈구하는 의식이 발원한다. 비록 미지의 '그대'라는 대상과 멀리 떨어진 거리를 가지고 있을지라도 집을 마련하기 위한 열망은 집요하다. 물론 집은 곧 조국의 의미에 닿고, 삶의 결정적인 행복을 추구하는 모티브를 위한 최선의 상징을 대동하게 된다. 그렇다면 현재의 위치는 '추위를 이기기 위해'라는 결의를 강화시키는 마음을 더욱 공고화함으로써 최시인은 확고한 삶의 지표를 외로움 속에서 마련하는 신념을 앞세운다. 더욱이 '집 없는 사람을 위해'라는 포용의 마음을 폄으로 인해 '춥다'라는 인식과 확고하게 맞서는 신념의 의지를 만나게 된다.

'남의 땅이란 것은\집이 없다는 것은' <개망초꽃 사랑.42>과 '무엇 때문에 나는\ 이 차디찬 땅에서' <개망초꽃 사랑.41>가 결국 최정자의 추위의 원인이면서 '남의 땅'과 '차디찬'의 연결점으로 그가 현재 살고 있는 공간에서의 불안과 고통을 엿보게 한다. 이국의 고독은 항상 일방적일 것이다. 이리하여 미지의 「그대」라는 대상에 호소하는 형태로 추위를 이기려하지만 그대의 응답은 미진한 갈증을 더욱 조바롭게 재촉하게 된다. 이런 원인 때문에 최정자는 이국 땅에서 시의 빛을 찾아 헤매는 이유가 될지도 모른다. 예술은 본질적으로 아픔과 고독을 벗어나기 위한 역설의 징후로 작용하기 때문이다. 최시인의 경우 가장 합당한 방편으로 시의 줄기를 잡고 고백의 성 쌓기를 계속하는-행복을 만나는 셈이다. 만약 시가 없다면의 가정(假定)을 대입하면 최정자의 아픔은 어떻게 될 것인가에 대한 대답이다.

3) 절망과 소식의 교차

절망은 인간의 삶이 살아있다는 확인으로써 중요한 단서일 것이다. 만약 절망을 모르는 인간이 있다면 그는 삶의 質을 확보하지 못한 모자란 사람일 것이다. 절망은 희망의 반대일 뿐만 아니라 삶의 질을 높이는 요소로 작용한다. 어려움을 모르는 인간은 삶의 행복과 기쁨의 요소조차 분간하지 못하는 청맹과니이기 때문이다.

찬물이 가슴에
　　　떨어졌다
　　　한 방울, 한 방울,

　　　찬물이 가슴에
　　　고였다
　　　찬물이 심장을 깨워
　　　심장이 일어서서
　　　떨고 있다

　　　찬물은 아직도 떨어졌다
　　　한방울, 한방울,
　　　　　　　　　　　　──〈개망초꽃 사랑.32〉

　'찬물'의 감수성이 오싹한 전율을 상상하는 분위기 **때문에 시인의 정서를 휘어잡는 아픔의 진원이자 미지의 관계와의 사이에 흐르는 비극적인 인식으로 나타난다. 즉 미지의 대상과 교통할 수 없는 고통의 상정에서 최정자는 '한 방울'과 '한 방울'의 간격에 따른 뉘앙스를 감득해야 한다. 다시 말해서 절망에 주저앉는 시인의 각오가 아니라 새로운 삶의 터전을 일구기 위한 의지를 공고화하려는 작심에서 최시인의 시는 의지의 행진을 기대하게 된다.
　배반과 절망이 교접하는 땅에서 인간의 미감을 지킨다는 것은 아픔의 중심에 서보지 못한 사람의 느낌으로는 깨닫지 못한다. 절대의 고독이 휘감고 절망의 냉기 도는 처연함에서도 기다림의 문을 열어 놓으려는 최정자의 마음은 항상 미지의 공간을 확대하려는 끈질김의 개망초꽃과 같은 환상을 마음에 간직한 셈이다.

4) 나그네 의식-삶의 아픔을 빛으로

길을 떠난 자는 돌아갈 길을 찾고, 설혹 돌아간다 하더라도 안주할 곳 없는 인생의 여정은 끝없이 되풀이되는 반복의 길에서 벗어나는 방도가 없다. 그렇더라도 어딘가 떠남을 준비하고 또 떠나면 돌아가는 길을 열성으로 찾아 나서는 습성의 인간은 방랑의 피를 순환하면서 살아간다.

문학이라는 행위도 궁극에는 이런 인간의 속성을 포착하고 기록하는 일에 다름이 아닐 것이다. 이런 단서는 우주가 순환하고-봄, 여름, 가을, 겨울이라는 되풀이의 관습을 주기적으로 영향받으면서 살아야하는 삶의 因子와 상통할 수도 있는 자연법칙이 인간성 내부에 잠재되어 있음을 증거하는 일이다. 이런 반복이 점층되면서 인간의 생은 높이와 넓이를 확충하는 일상을 갖게 된다. '어디를 가도 허허한 땅\나는\처연하게 서있습니다' <개망초꽃 사랑20>와 같은 독백이 이민자의 고독과 삶을 지속하는 고단한-단독자의 깊은 물살이 보인다. 이런 아픔을 토로하는 시인의 가슴은 항상 미지를 그대라는 이름으로 설정하여 위안받고자하는 마음이지만 최정자는 스스로를 풀어 헤치는 것이 아니라 오히려 단단한 자기패각으로 무장하는 독기를 기른다는 점이 절망에 밟히우는 것과는 다르다. '내가 천지에 서서\지천으로 꽃피운다 해도\개망초꽃일 뿐인데\\내 산천 내 흙더미를 떠나\남의 땅에서 사는\개망초꽃일 뿐인데' <개망초꽃 사랑.19>라는 슬픈 고백을 체념으로 넘기는 처연함을 삼킨다. 이국에서의 고독은 무엇을 위해서이고 이런 발문 앞에 조국은 무엇인가를 물을 때, 황량한 삶의 길은 더욱 서러워진다. 그러나 최정자의 고독은 어둠을 어둠으로 주저앉는 아픔이 아니라 어둠에서 다른 공간을 확보하려는 의지에 그의 시는 다른 입지를 확보한다.

> 불빛이 밝을수록
> 어둠이 짙다는 뜻입니다
> 불빛이 많을수록
> 나그네가 많다는 뜻입니다
> ……략……
> 어둠은 알고 있습니다.
> 그대와 내가 나그네임을
> 그대와 내가
> 사랑할 수밖에 없음을
> 불빛 찾아감을.
>
> ——〈개망초꽃 사랑.23〉에서

 빛을 찾으려는 최시인의 마음은 의식에 간직된 정서일 뿐만 아니라 그의 삶을 일으켜 세우는 에너지로 생각된다. 이런 정신에너지는 어둠으로의 침잠이 아니라 빛이라는 화려한 미지를 동경하는 자세로 시의 길을 확보해 나간다.

 불빛이 '밝다'는 생각을 중추의식으로 삼으면 삶은 의미를 구축하는 길로 나간다. 삶의 고단함과 고독이 출렁일지라도 빛을 향한 어둠을 물리치는 마음은 승리자의 언덕을 맞을 수 있다. 이런 위안이 최정자의 시에서 느끼는 시적 감응일 것이다.

> 그대 나를 위해
> 지등(紙燈) 하나 켜준다면
>
> 그 불빛 희미하더라도
> 그대 체온 닿지 않더라도
> 나는 행복하리니
> 나의 길은 밝으리니

> 그대가 나를 위해
> 지등(紙燈)하나 켜준다면.
> ──〈개망초꽃 사랑.22〉

빛을 찾아 발길을 옮기는 최시인의 마음은 곧고 단단한 내면으로 흐르는 여린 마음을 감지하는 <개망초꽃 사랑.22>이다. 그대에 의지하려는 詩心은 '그대가 나를 위해~켜준다면'이라는 조건을 내세움으로 여성적인 섬세함의 근저를 느끼게 한다. 이는 부드러움이 단단함을 이기는 이치에 닿고 사랑의 완곡함이 강인함을 압도하는 진리를 숙고하게 하는 완만함이다. 이런 부드러움이 삶의 질을 높이는 먼 길을 자기 것으로 끌어들이는 명백한 증거를 확보하게 되는 원인이 된다. 최정자는 나그네의 고단함에서 일어서는 내면의 단단함이 항상 빛으로 향하는 추구에 헌신적이기에 그의 시는 풀꽃 향내를 감추고 있다.

5. 마무리에서

문학은 고백의 넓이를 얼마나 진지하게 그리고 감동적으로 확보할 수 있는가를 선택하는 고독한 작업일 것이다. 어머니를 떠나는 슬픔은 처연하고 눈물겨운 일인 것처럼, 조국을 등지고 이국에서 삶의 자리를 편다는 것은 낯설음과 황량함이 교차하는 눈물겨운 노릇일 것이다. 이런 서러움을 딛고 삶의 뿌리를 내린다는 것은 얼마나 대견스러움인가. 비록 화려한 의상을 입지 않았을지라도 지천으로 피어있는 개망초꽃처럼 강인함을 내보이는 생명력은 그 자체로 아름다움의 극치를 말하게 된다.

최정자의 시는 장미의 화려함보다 더욱 고귀한 세계를 향으로 내보인다. 이는 단순한 꽃으로의 존재가 아니라 생명의 찬란함을 간직한 인간의 위대성을 부각하는 느낌을 배가한다. 이런 시적 묘미는 의지의 실현이고 이는 빛으로 모아드는 추구점이 명징하다는 말로 대신할 수 있을 것이다.

　최정자의 시엔 풀꽃 같은 정겨움이 있고, 박토에 뿌리내린 대견한 의지와 강인한 세계를 확보한 형형(炯炯)함이 보인다. 또한 마음 고즈넉한 품위의 세계를 찾아가는 나그네의 허허함이 있을지라도 아름다움으로 인도하는 의미의 길이 넓게 보인다.

2. 쓸쓸한 소망 그리고 손짓
─곽상희의 시집 『끝나지 않는 하루』를 중심으로─

1. 이방의 공간과 시의 표정

문학의 땅은 안에서 밖으로 향하는 특징을 갖고 있다. 다시 말해서 언어와 표현 관습이 동일한 공간에서 이른바 넓은 외국으로의 공간적인 이동을 가질 때, 둘의 공간에 대한 통합적인 작용을 하거나 아니면 일방적으로 조국의 관습에 매달리는 특징을 나타낸다. 그렇더라도 둘의 공간에 대한 낯선 이방성은 어쩔 수 없는 형태로 갈등을 빚게 된다. 그러나 문학은 보편성의 조건을 내세우면서 낯선 세계로의 여행을 궁극의 목표로 설정하게 된다. 이는 국내 문학의 요건에서 세계 문학으로의 轉移를 바람직한 일로 이해하게 된다는 뜻이다.

가령 언어가 다른 공간으로 이동했을 때, 지금까지의 思考형태에 상상력의 혼란을 예상할 수 있다는 전제는 표현에 따른 사고 형태의 이방성이 성립될 수 있게 된다. 조국을 떠나 이국에서 조국의 문자로 표현하는데는 이방적인 풍토와 관습에 따라 언어 표현의 갈등이 작용할 수 있다는 점이다.

예의 곽상희의 시를 접하는데도 이런 가능성은 충분한 것 같다. 곽상희(1934년생)는 1963년 미국으로 이민—지금까지 34년간 이방의 공간에서 생활해 온 시인이다.

이원섭의 추천으로 『현대문학』에 등단한 이후 시집 『바다 건너 목관악』(1981년)을 상재한 이후 『끝나지 않는 하루』는 다섯 번째의 시집이다. 환경과 문학에 대한 상상력은 배반되고 탈각되는 것보다는 오히려 용해된다는 점에서 곽상희의 시에는 두 개의 공간을 하나로 결합하는 세계성을 느끼게 한다. 다시 말해서 이국의 생활을 부정적으로 생각하는 것이 아니라 긍정으로 수용하면서도 조국의 하늘을 사랑하는 마음을 예외로 하지 않고 있다. 이런 현상은 심성에 관한 문제로써 사랑을 담으려는 가슴으로부터 가능해지는 것 같다.

2.

특징. 1 정신 거점—슬픈 자화상 그리기

스스로를 돌아보는 일은 누구나 슬픔 쪽에 손을 들게 된다. 다시 말해서 자신을 바라보는 일은 언제나 초라한 변명에 탈출로를 생각하지만 정작 이런 일은 어려운 길목에서 울음을 삼켜야 한다. 갈등은 또 다른 출구를 생각하지만 결국 돌아가는 길은 자신으로의 만남에 한하게 된다는 점이다.

> 지금 나는 목 칼칼한 들녘에 서 있다. 한 번도 와 보지 못한 낯선 들. 조금은 두근대는, 조금 더 젖어 버린 마음, 어쩌면 내겐 은총의 시간대 위에서. 지금 내 앞엔 끝없는 지평선이 누워있다. 새로운 시집을 낸다는 것, 그런 의미에서 내겐 소중한 것. 낡고 헌, 헐거운 나를 벗고 좀더 새 것 좀더 단단한 나를 향해서 나가는 출발. 많은 망설임과 그

에 따른 용단이 필요했다.
──〈더 큰 눈물 앞에서〉중

'지금 나는 목 칼칼한 들녘에 서 있다'라는 정신 거점의 현재성은 슬픔에 젖어 있는 물기 있는 현실성을 뜻하고 있다. 이런 증거는 물론 곽상희의 삶에 대한 개인적인 창구를 통해서 나타나는 시적 이미지이지만 그가 살고 있는 삶의 흐름을 유추하는 단서를 제공하고 있다. 바람 스산한 들녘에서 홀로 서 있다는 모습은 그가 짊어지고 살아가야 할 숙명적인 생의 판도를 의미하면서도 어딘가의 좌표를 향해 나가야 할 신념의 공고화에 대한 단안을 예비하는 의식이 남고 있다. 이는 '지금 내 앞엔 끝없는 지평선이 누워 있다'라는 가야 할 좌표를 가졌기에 곽상희의 고독이나 칼칼한 슬픔들이 逆路를 이겨내는 구체성을 감지하게 된다. 더불어 헌 것을 벗어 던지고 새로운 공간으로 찾아가는 길을 확보하겠다는 의지의 결판으로 — 시집을 上梓하는 빌미가 되겠지만 이는 그의 정신을 추슬러 새로운 빛의 맞음을 실현하겠다는 作心으로 치부된다. 이를 더욱 확인하는 시로 길을 옮긴다.

거울 속에 있는 나
너만이 알고 있다.
⋯⋯략⋯⋯
알곡은 알곡대로 남고 싶다.
나의 쭉정이
활활 타는 들판에서
태우고 싶다.
──〈거울 속 나〉에서

거울과 나와의 관계는 적어도 제 3자가 개입할 수 없는 비밀스런 공간을 설정하여 '나만이 알고 있다'라는 상관을 풀어내는 단서는 '알곡은 알곡대로 남고 싶다'라는 목표에서 그 구체성이 노증된다. 이런 소망은 아무래도 곽상희가 살아온 삶의 因子들이 복합적으로 작용하는 점과 그가 성취하려는 목표에 대한 집념을 뜻하는데서 암시를 발견하게 된다. 그러나 알곡을 캐내려는 목표의 뚜렷함에는 무엇인가라는 망연함도 있다. 이런 시적 특성은 詩的 意圖의 명확성을 쉽게 포착할 수 없다는 이유가 그의 삶에 대한 일들과 연결되고 있다는 점이다. 다시 말해서 명확하고 확실한 정신 문법의 채색이 아니라 파스텔톤의 은근미를 자극하는 걸로 만족해야 한다는 점이다.

특징. 2-이방성, 두 공간에 대한 사랑

곽상희의 시는 대상을 긍정으로 바라보는 사물들을 만나는 일이다. 이는 그의 눈에 들어오는 대상이 부정적인 존재의 편린들이 아니라 하느님이 창조한 긍정의 대상물을 바라보는 체온을 가지고 있다는 뜻이다.

인간을 바라보는 시선은 두 개의 초점을 가질 수 있다. 하나는 대상을 주관으로 끌어들여 나와 동격으로 생각하는 발상과 두 번째는 신이 창조한 대상을 인정하면서 「나」는 그 대상과 함께 하려는 형제애의 발상이 있다면 곽상희의 경우는 두 번째에서 자기의 삶에 대한 위안과 만족의 지수를 찾으려는 느낌을 준다. 다시 말해서 신의 존재 아래서 보호받으면서 살아가는 허여된 존재로서의 겸손을 마음으로 새기는 의지가 된다. 그러나 곽상희의 마음은 결코 신을 팔아 넘기는 생각이기보다는 겸손과 사랑을 드러나지 않게 실천하는 마음으로 전부를 삼는다.

여기서 그가 살고 있는 아메리카라는 공간과 그가 태어난 생명의 본향인 한국을 분리하는 것이 아니라 통합하는 생각을 읽게 된다.

낯설고 사랑스런
나의 아메리카.

나는
너의 심장에
삼십 수년
대한민국 하나 세우고 있다.
―〈이민. 삶〉에서

삼십 여년을 낯선 땅 아메리카에서 영어로 생활하면서 살아온 곽상회이지만 전혀 버터 냄새를 발견할 수 없는 점은 무엇일까? 이는 떠나온 한국을 영원한 좌표로 생각하는 느낌을 강하게 나타내는 흔적들을 발견하는데서 대답을 삼을 수 있다. <기러기>에서의 방황과 <편지>나 <열 사흘날>에서는 한국 땅에서의 불행한 소식들에 안타까움을 지우지 못하는 곽상회는 전혀 떨어진 거리를 실감하지 못하면서 다만 그리움을 한국 땅으로 일방적으로 보내는 절차를 읽게 된다. '낯설고'라는 단서를 붙이면서도 이방인으로 외로움을 느끼지 못하는 이유가 바로 곽상회의 두 개의 공간을 하나로 묶는 정신 문법의 조짐으로 생각된다.

이창윤의 네가티브 스피커가 서점가에서 날개를 달고, 나의 코리안 문화와 시의 자랑이 그들 시인들과 키를 재어 보고........
그러나 지금은 시작이야. 시작은 우리와 함께 늘 있는 것. 언제나 시작하는 마음으로 우린 살아야 해.
―〈맨하탄 바람은 뜨거웠다〉에서

미국 땅에서 머리를 처박고 살아가는 것이 아니라 그들과 함께 키를 맞추고 살고 있다는 자부심으로 곽상회의 의식은 차별성을 느끼지 못하는 이유를 발견하게 된다. 교포들의 긍지와 스스로가 미국 詩壇에 어깨를 함께 할 수 있다는 마음 때문에 미국을 소외의 땅으로 생각하지 않고 동등의 공간으로 생각하는 마음—미국과 한국을 동등한 공간으로 설정한 이유가 남고 있다. 그러나 곽상희가 탯줄을 그리워하는 본심은 항상 애착으로 끈질기게 따라붙는 내심이 있다.

> 삼천리 강산의 어깨와 가슴에 젖는
> 대한민국 산(産) 이방 시인.
> ——〈세계시인 대회에서〉중

현실의 공간은 미국으로 오늘의 시점을 형성 한데서 의식의 출발점을 나타낸다. 미국은 그가 생명을 받았다면 학창시절과 어린 날들의 흔적이 남아 있는 영원한 고향인 코리아는 과거(한국)에서 현실(아메리카)을 始發로 하여 다시 미래(한국)의 공간으로 마음의 진로가 설정된 느낌을 준다. 미국 땅에서 살고 있지만 주로 한국의 시를 중심 사고로, 다시 영어로 생각하는 절차는 곧 정신의 근원이 한국 땅으로 향하는 首邱初心의 애착이 지극하기 때문에 '대한민국 산 이방 시인'이라는 발상을 나타낸다.

3. 특징—사랑의 메시지

문학의 땅은 언제나 인간의 호흡과 인간의 사랑을 강조하는데 노력을 경주한다. 이런 단서는 인간의 불합리와 모순 그리고 살아가는데 가파른 아픔을 위무하는 역할에 예술의 순기능을 두고 있다는 뜻이다. 이는 인간만이 삶의 고단함을 위로할 줄 아는 이성을 갖고 있기 때문에 서로의 체온에 대한 배려를 벗어나지 않으려 한다. 이런 사랑을 시에 내장한다는 것은 곧 시의 본질을 나타내는 시인의 목소리와 같은 셈이다. 곽상희의 시는 인간을 천진스레 사랑하는 몫에 시선을 고정시키는 것 같다.

> 가슴이 있으면
> 널 안아 주고 싶다.
> 내 가슴에 찬 것들 내어놓고
> 비고 허하게 한 후
> 널 가득 가득 채워
> 너의 씨앗 틔워 주고 싶다.
> ——〈생명 애착〉에서

 주는 것과 받는 것을 구분하는 일은 이미 하나의 공간을 상실한 이기적인 발상을 뜻한다. 나를 비워 놓고 너를 기다린다는 것은 곧 나를 너와 동일시하는 것이면서—이는 종교적인 발심과 참된 삶의 이치를 터득한 이후에 가능한 마음이다. 시인은 대상에 반응함으로써 사랑을 제조하는 절차를 완수하려는 생각을 발동한다. 곽상희는 '널 안아 주고 싶다'라는 자발성으로 마음을 동원하면서 텅빈 공간에 대상을 받아들이는 뜻과 의미를 키우는 '너의 씨앗 틔워 주고 싶다'라는 결실의 경지에의 진행을 염두에 둔다. 이런 사랑의 열린 마음으로부터 곽시인의 사고는 새로운 공간을 찾아 나서는 길의 확보를 마음에 남겨 둔다.

> 사랑한다는 것은
> 너를 주는 일.
> 내게 오는 널 되돌려 주는 일,
> 나의 살 뜯어 널 먹이고
> 나의 피 쏟아
> 네 목마름 씻어 주는 일.
> ——〈사랑의 율(律)〉에서

사랑은 너와 나를 하나의 의미로 통합하는 일이고 이런 절차는 스스로를 소멸함으로써 큰 자기로 되돌아가는 일이라면 곽시인의 사고는 나를 생각하는 것이 아니라 너라는 대상을 생각하는 것으로부터 '사랑한다는 것은'의 조건에 대한 합치를 생각하고 있다. 이는 '내게 오는 널 되돌려 주는 일'로 나는 너의 모든 것에 봉사하는 의미를 부가하게 된다.

> 영원한 아름다운 빛덩어리, 사랑의 실체는 나의 뿌리의 근원. 그리하여 나의 시는 내게 주어진 보상이며 필연이라 말하겠다.
> ──〈서문.〉에서

사랑은 존재를 키우고 확인하는 길을 만들어 가는 일이기에 나를 버리고 대상을 하나의 끈으로 묶어 아름다움으로 치장하는 절차가 격식을 마련하지 않는다. 곽상희의 시는 곧 그 자신의 삶을 이루는 정신을 용해하는 일이기에 그의 일상은 곧 시의 의미를 생성하는 양태로 변형의 이름을 탄생시킨다. 사랑은 표현할 수 있는 깊이가 없고 두려움이나 공포를 관용으로 포괄하는 점에서 곽상희의 용기와 모성애를 표출하는 구체적인 상표로 작용한다는 뜻이다. 이런 변형은 전 시의 표정을 나타내면서 삶의 의미를 창출하는 역할로 용해된다.

<서문>에 들어 있는 '사랑의 실체'는 곧 그의 시를 이끌고 살아가는 구체적이고 합리적인 변형의 이름으로 시의 얼굴을 만들고 있다.

특징. 4 상반 이미지의 구사

곽상희의 시에 가장 큰 특징은 어둠에서 빛으로 혹은 겨울에서 봄으로 정신의 추구점을 마련하는데서 한스 카롯사의 정신 문법을 연상하게 된다. 물론 이런 예는 비단 곽상희만의 경우가 아니라 모든 시의 건강성을 뜻할 때, 나타나는 보편적인 현상이지만 두드러지게 나타나는 특징으로 보인다.

> 반딧불이 꿈꾸다 사라진
> 이 밤은
> 또 다른 흙의 별
> 나의 눈물 꽃으로 피운다.
> ──〈반딧불도 여럿이면〉에서

밤이라는 어둠 저편엔 별이 어둠과 상반된 의미로 좌표를 설정했고 또 밤의 이미지가 '꽃'으로 변신의 자취를 형성할 때 곽상희의 정신은 긍정과 순리의 길을 찾아 나서는 방랑자의 모습을 눈 여기게 된다. 물론 곽상희의 발언이 뚜렷하거나 명확한 것이 아니라 암시적이면서도 다소의 진술적인 흠이 있지만 전체적으로 균형을 유지하는 개성이 '나의 눈물 꽃으로 피운다'의 「나」로부터 세상을 포용하는 발상을 나타낸다. 땀과 눈물을 보상으로 지불하고 꽃을 피운다는 것은 보이는 것보다 오히려 보이지 않는 흔적들이 좌표를 설정하고 있기에 곽상희의 정신 문법은 따스함과 사랑을 순수로 포장하고 있어 드러나지 않는 향기를 갖는다.

> 그때 어둠은
> 본고장으로 돌아가
> 비로소 빛 되는 그 이치를
> 넌 아느냐.
> ──〈한 줄기 바람도〉에서

어둠의 집은 어디일까? 이는 시인의 마음속에서 어떤 형태로 변형을 감행하는가의 여부에 따라 목청은 다르게 나타난다. 어둠은 흔히 불행의 이미지로 나타나지만 '여럿 모이면 숲을 세우고'라는 더불어 의식 때문에 곽상희의 정신은 짙은 어둠을 벗어나는 이치를 갖는다.

혼자만의 길은 외롭고 긴 시간의 고통을 갖지만 함께 가는 체온 나누기의 길은 오히려 재미와 의미를 더할 수 있는 요인을 갖는다. 곽시인은 이런 일로 어둠을 뚫고 고통을 헤쳐 나가는 길을 알고 있는 시를 쓰고 있다.

5. 특징-단호한 의지성

곽상희의 시에서 느끼는 두 가지의 현상은 내용에서 신념의 시어를 만나는 일이고 형식에서는 종결어미의 특색이 될 것이다.

시는 온몸으로 의미를 나누는 일에서 산문의 경우와는 다르다. 맞춤법이나 쉼표 혹은 행과 연의 구분조차 모조리 의미를 향해 몸짓을 나누는 일이 시의 특징이기 때문이다. 시집『끝나지 않는 하루』79편에 시의 종결어미에 맞춤표가 없는 시는 단 한 편이다. 그것도 서술형 종결이 아닌 경우도 예외 없이 피리어드가 등장한다. 확실한 결과를 기대하는 마음과 사물을 일단 정리하고 다음 장면을 찾아가는 마음을 뜻한다.

> 오늘도
> 한숨 놓고 살고 있는
> 이 길을.
>
> ──〈한 줄기 바람도〉에서

도치는 강조의 도구로 사용된다면 시의 의미를 역동적으로 만들기 위해 도치의 기교는 시의 맥을 강화하는 역할을 할 수 있다. 이는 곽상희의 정신에 담겨진 의지의 일단이면서 그의 삶을 공고히 만드는 내면의 소리를 응축한 결과로 나타나는 언어 형식의 문제일 것이다.

3. 나가면서

　곽상희의 정신은 일단 사랑이라는 부드러움으로 포장되는 절차로 시의 출발이 진행된다. 아울러 어둠에서 빛을 추구하는 道程이 안으로 다지는 압축의 기교로 꽃을 피우는 간명함을 추구한다.
　곽상희의 시에 중요한 요소는 두 개의 공간을 하나로 결합하는 넓은 의미의 통합에 시의 基底를 놓고 있다. 그가 현재 살고 있는 아메리카에 긍정과 사랑의 마음이 있고 또 그가 떠나간 한국의 하늘을 그리워하면서 애달파 하면서 사랑하는 마음이 분리되는 것이 아니라 둘을 통합하는 데서 곽상희의 삶은 긍정으로 표정을 관리한다. 이 통합을 위한 구체성을 없을지라도 곽상희의 시는 이런 목표를 향해 나아가는 모습이다.
　곽상희의 정신 거점은 슬픔과 외로움 그리고 고통스러움을 호소하는 것이 아니라 안으로 다독이면서 잠재우는 형태로 사랑을 감싼다. 이런 시적 토운은 정적이고 아늑함을 특징으로 한다.*

3. 시인의 심성과 의식의 풍경
― 김태호의 시 ―

1. 양파 껍질 벗기기는 필요한가?

　시는 의식의 껍질을 벗기는 일에서부터 자화상을 그려 가는 작업을 진행하게 된다. 이런 단서는 시를 찾는 일이 자칫 공허로 남는 일을 뜻할 수도 있기 때문에 궁극적인 의미에서 만나는 어떤 느낌일 것이다. 막상 무엇이 시인가를 發問하고 나면 시는 이미 자취도 없이 사라져 버리는 촉박함에서 순간적이고 또 시를 붙잡고 하루를 보내도 시를 의식하지 않을 때라야 시인의 마음속에 자리잡고 있다는 이 모순의 얼굴에서 시는 존재한다. 다시 말해서 시를 위해서는 시를 버릴 수 있을 때―이런 마음은 종교적인 경지를 뜻한다는 점에서 시는 인간과 항상 등거리를 유지하는 셈이다. 물론 거리를 의식하지 못할 때, 시는 인간을 위해 무지개의 얼굴을 顯現할 수 있으며 이런 결말은 양파의 껍질을 벗긴다 해도 양파는 양파의 맛으로 남기 때문에 벗겨 주는 사람이 있어야 한다. 이런 임무는 양파의 소임―맛을 위해 사라지는 것이 궁극의 임무라면 시는 이런 이치에서 벗어나는 것이 아닐 지 모른다. 시인은 시를 쓰면서 절망을 심화하지만 그 절망은 무의미한 것이 아니라 의미를 쌓아 가는 일이기에 양파의 껍질과 시는 다른 위치에 있는 것이 아니라 한 궤도에서 비유로 살아남을 뿐이다.

金兌浩의 시를 읽다 보면 시의 본질에 대한 의문을 배가하는 이유가 양파와 시의 비유가 한 몫에 자리잡기 때문이다. 이는 의식을 벗겨 가는 시의 작업이 곧 자기를 어떻게 관리할 수 있는가를 염려하는 길에서 시는 확실한 그림을 필요로 하기 때문이다.

2. 의식의 단편들

1) 시의 표정

시는 시인이 志向하는 정서를 모아 일정한 형태의 공간을 창조하면서 의식의 세계를 창조해 간다. 이런 단서는 적어도 치밀한 구도와 정서를 통합하면서 시인은 주제자의 높은 자리를 확보하게 된다. 다시 말해서 창조주의 임무를 수행하면서 그가 거느린 공간의 쾌적한 이상 국가를 건설하려는 임무를 수행해야만 한다. 플라톤의 「이상 국가」나 중국의 무릉도원이 상상으로 빚어진 일정한 공간이라면 시인은 이런 공간의 주재자로 남기를 원하는 임무를 갖는다. 시인에게 이런 방도는 시로써 보여주는 일정한 표정이라야 한다.

  이슬 모아 헹군 자리
  영롱한 물빛
  전설처럼 밀려오는
  청솔의 내음

  한 발짝 가슴 열어

> 올려다 볼 제
> 매운 잠자리 날아올라
> 취하고 가네
>
> ──〈가을 하늘〉

　단시의 枯淡한 정경이 펼쳐진 시의 담담한 맛을 풍긴다. 김태호의 시는 이렇게 짧은 단시에서 그의 정신을 빛나게 채색하는 것 같다. 가을과 어울린 깨끗한 이슬을 전면의 이미지로 형성하면서 '청솔내음'과 '잠자리 날아올라'의 하늘이 뒷배경의 이미지로 남길 때 '취하고 가네'의 시적 화자는 곧 시인 자신의 암시를 덧붙여 '영롱한 물빛'의 시각 이미지와 '청솔의 내음'에서 후각이 어우러져 '가슴 열어'를 자발적으로 연출하게 된다. 시인 앞으로 다가오는 가을 풍경이 '취하고 가네'라는 도취된 엑스터시의 경지를 만나게 될 때, 시적 화자의 의도와 시인의 의도적인 이미지가 하나로 통합된 상상을 연출하게 된다.
　항상 시는 도취라는 점을 벗어날 수 없는 운명적인 이름을 갖는다. 가령 시인을 Possessed라는 이름으로 연상할 때, 도취라는 경지는 과학의 이름으로 풀어낼 길 없는 신비의 길을 만들게 된다. 이런 신비─찾아가는 것인가 아니면 만들어지는 것인가는 시의 창조 과정에서 시인의 몫이자 시인의 정신으로부터 발원하는 이름이 될 것이다.
　김태호의 시는 가을의 깨끗하고 청량한 무드를 앞세워 그의 정서를 채색하는 이름으로 이미지를 관리하는 담백한 <가을 하늘>을 빚어내고 있어 그의 정신적인 지표를 가늠하는 예를 제공한다.
　시는 시인의 품성을 나타내는 온도계의 일을 다한다. 다시 말해서 한 편의 시는 곧 시인의 정서와 품성의 모두를 엿볼 수 있는 가능의 재료가 된다는 뜻이다. 물론 시가 낯설게 하기라는 외면의 수법을 동원한다 해도 결국 심리적인 변형의 기법일 뿐 다른 궤도를 벗어나는 것이 아니다. 이때 시인과 표현의 방향과는 일치한다는 뜻이다.

>   꽃이 아름다운 것은
>   그 화사한 빛깔만이 아니다
>   꽃잎 감춘 수줍은 웃음 때문이다
>   파아랗게 묻어나는 숨결
>   태양을 향해 반쯤 열린 꽃술과
>   천사의 귀를 닮은 꽃이파리
>   한 마리 나비와 속삭일 때도
>   스스로 말하지 않고
>   부드러운 미소만 지을 뿐이다
>
>   ——〈꽃에 대하여〉에서

 언어를 통해서 빚어지는 꽃의 이미지는 곧 시인 자신으로 돌아가는 의미 만들기의 임무를 수행한다. 이런 기준으로 살피면 김태호의 정신은 여린 듯하면서 담백한 이름으로 자기를 정리해 가는 철저한 품성(稟性)의 느낌을 소유한다. 이런 단서는 '꽃잎'이라는 화려한 이미지를 '수줍음'이라는 데포르마시용의 형태를 갖추면서 시인의 감성을 촉발하게 된다. 물론 '꽃'에 대한 변형을 '나비'와 '미소'라는 형태로 변용하여 스스로와 대화하는 형식의 아름다움을 취택한다. 이는 김태호의 정신을 치장하는 일종의 변신을 내면으로 감행하는 방법적인 기교로 볼 수 있을 것이다. 다시 말해서 내성적인 품성으로써 靜的인 인간성을 특성으로 하여 시의 분위기를 연출한다는 의미가 된다.

2) 시를 보는 눈

 시인은 시로써 시론을 쓴다. 물론 시를 이론으로 말한다는 것은 어려운 일이지만 자기의 시로 시론을 말하는 일은 시인의 시관을 엿볼 수 있는 유일의 통로일 것이다. 시는 논리가 아니고 정신의 상징과 비유 혹은 언어 함축을 통해 창조의 공간을 만들기 때문이다.

> 슬픔이 배어 있으면 좋습니다
> 생각이 고여 있으면 좋습니다
> 언가슴 녹여주는 따스한 손길
> 입김이 살아 있으면 더욱 좋겠습니다
>
> 바람에 흔들리는 들풀처럼
> 마냥 끄덕이며 끄덕이며
> 휘움치는 장단맞춤
> 가락이 있으면 참으로 좋겠습니다
>
> ──〈내가 바라는 시(詩)〉에서

「시에 관한 명상」이라는 부제가 붙은 〈내가 바라는 시〉는 시인의 소망을 시에 투척한 의미의 연결을 확인하게 한다.

첫째 '슬픔이 배어 있으면 좋습니다'라는 데서 시의 가락을 아픔으로 채색한다. 이는 시인의 심성을 나타내는 정서의 일방적인 현상을 뜻하기 때문에 누구나 동감의 정서는 아니다. 둘째는 '생각이 고여 있으면 좋습니다'에서 의미의 강조를 엿보게 된다. 시에서 의미는 사상을 연결하는 절차라면 이 또한 시의 요소를 이루는 근간이 된다. 물론 에즈라 파운드가 주장했듯, 로고포에이아와 파노포에이아와 멜로포에이아라는 세 개의 축에서 로고포에이아는 시의 암시를 구체화하는 의미 즉 사상으로 전달된다. 셋 째는 '언가슴 녹여주는 따스한 손길'에서 부드러운 사랑이 시의 중심이기를 소망하는데서 김태호의 확실한 심성을 만나게 된다. 항상 시의 임무는 인간의 가슴을 위로해 주는 부드러움을 떠나서는 시의 입지를 확보할 수 없기 때문이다. 넷째는 '입김이 살아 있으면 더욱 좋겠습니다'의 입김에 '더욱'을 개입함으로써 훈훈한 정감을 살아나게 하는 생동감의 시적 여운을 강조하고 있다. 마지막으로 김태호의 시적 관심은 '가락이 있으면 참으로 좋겠습니다'의 가락에서 멜로포에이아의 귀결점을 만나게 된다. 결국 김태호가 시를 생각하는 것은 많은 요구를 함축하고 있는 것 같지만 결국은 아름답고 투명하고 산뜻한 시의 가락에 스스로를 함몰하고 싶은 도취의 경지를 만나게 된다. 이를 위한 김태호의 정서는 나그네의 행로를 터벅이는 시 찾기의 작업을 마다하지 않는 것 같다.

3) 가을의 이미지

가을은 **조락(凋落)**과 슬픔이 일차적인 이미지로 작용한다면 이는 시인의 정서 속에 들어 있는 **여린** 마음의 반응을 중심 관건으로 한다. 가을이 **悲歌**를 연상하는 것도 계절적인 무드에서 파생되는 인간의 아픔을 스스로 투영하는 반응의 미학일 수 있다. 김태호의 시에 상당히 많은 빈도의 계절 감각에서 가을의 정서가 유난한 것 —<가을이네요>, <가을 하늘 기대어>, <귀뚤이 울음>, <낙엽의 노래> 등에서 그의 심정을 의탁하고 있는 현상은 김태호가 처한 정신적인 현상과 밀접함을 암시한다.

　　　　바라보면 아득히
　　　　물결 이랑 반짝이는
　　　　가을이네요
　　　　…랴…
　　　　몽당연필 한자루
　　　　가지끝 사연
　　　　물든 잎새 날리며
　　　　쌓이는 등걸
　　　　떠난 사람 돌아오는
　　　　가을이네요

　　　　　　　　　　──〈가을이네요〉에서

투명하고 감각적인 가을의 풍경이 전개된다. '바라보면 아득히\물결이랑 반짝이는'의 섬세함으로 시의 의미를 깊게 하면서, 풍경을 이끌어가는 김태호의 마음속에는 반짝이는 마음을 의탁하는 아름다움이 들어 있고, '떠난 사람 돌아오는'의 가을이라는 주관적인 정서를 개입함으로써 나이브하고 여린 것 같은 정서의 태도를 만나게 된다. 이런 김태호의 마음은 곧 스스로를 가을의 중심에 놓음으로써 가을의 시인으로 감수성을 잉태한다.

>   질척이는 눈물
>   돌개바람도 씻어낸
>   해맑은 눈빛
>
>   나뉘인 아픔으로
>   쫓기우듯 달려온
>   비리고 아린 모든 것
>   거두어 줍소사
>
>   청자빛
>   가을 하늘 기대어
>   바다밑 고요를 뇌어본다
>   ——〈가을 하늘 기대어〉에서

가을은 청량한 하늘빛으로 태어나고 또 스산한 바람으로 정리된다. 여기에 시인의 마음이 개입된다면 그 풍경의 쓸쓸함은 언제나 아픔을 수반하는 정감이 스며든다. 그러나 김태호의 가을은 극도의 자제력을 발휘함으로써 극복되는 풍경화를 연출하게 된다. '질척이는 눈물'을 씻어 내는 것은 김태호의 마음에 간직된 정화된 마음일 뿐이지만 여기에 스산한 가을에 반응될 때 '해맑은 눈빛'으로 돌아가는 아름다움의 연상이 '비리고 아린 것'을 투명한 정서로 감싸는 역할을 다한다. 그러나 '청자빛\가을 하늘 기대어'라는 하늘의 푸름에 스스로를 의탁하는데서 김태호는 바다밑 고요와 같은-하늘의 푸름과 바다의 푸름이 일체화가 되는 경지를 만나게 된다.

> 무서리친 아침
> 깨어나는 빛살
> 아람번 열매 두고
> 깃털 하나 날으는 꿈
>
> 서둘러 떠나야 하리
> 물든 단풍 굽이진 오솔길 따라
> 은혜로운 땅끝 밟아야 하리
> ──〈낙엽의 노래〉에서

가을이 이별로 **轉移**된 시인의 마음이 젖어진 슬픔을 담담한 모양으로 바라보는 정경이다. '무서리'와 '아람번'의 풍요에서 가비얍게 하늘을 날으는 '깃털 하나의 주인은 누구일까'라는 의문에서 이 시는 고양된 김태호의 정신적인 추이를 눈 여기게 한다. 더불어 단풍 길을 떠나야 하는 마음이 '은혜로운'과 충만한 마음으로 '아람번'과 대칭을 이루면서 가을이 결코 공허하지 않는 만족의 경지를 만나게 된다. 이런 페이셔스는 <귀뚤이 울음>에서도 비슷한 토운을 유지하면서 탄력적인 정서를 운용하고 있다.

4) 풍경의 노래

김태호의 마음은 부드러웁고 깨끗한-내성적이고 합리적인 사고를 시의 영역으로 투영하고 있다. 크고 넓고 웅대한 것보다는 작고 깨끗한 것에서 삶의 애착을 느끼는가 하면 다감하고 따스함에서 삶의 의미를 추구하는 것 같은 느낌을 배가한다.

     삶에 찌든 팍팍하고
     시름겨운 날이면 쓸쓸한
     들을 지나 언덕받이 뒷산에 오른다
     ……략……
     물소리 바람소리 맺힌
     땀방울을 식히며
     소나무 더불어 얘기하고 싶다

     찌든 먼지 시새움도 털어 내며
     분꽃같은 세월 가꾸고 싶다
     소나무 만난 자리에 머물고 싶다
                 ——〈소나무 만난 자리〉에서

  소나무의 정정함으로 삶의 찌든 세상사를 잊고자 생각하는 김태호의 마음은 곧고 푸른 이름을 사랑하는 의지를 앞세워 詩化의 방도를 선택하고 있다. 삶에 찌들고 힘겨운 날에 소나무 언덕에서 위안을 받고 싶어하는 심사는 그 나름의 곧음으로 세상의 바다를 건너가려는 의도를 내장하고 있기 때문에 그가 살고 있는 삶의 자세도 이런 유추를 확인하게 된다는 뜻이다. 물소리에서 땀방울을 식힐 수 있고, 소나무와 이야기를 나누려는 마음으로 시인의 정서는 올곧은 이름을 헌증하게 된다. 끝으로 '소나무 만난 자리에 머물고 싶다'라는 소망으로 일관할 때 삶의 위안과 중심을 확고히 하려는 의도에서 김태호의 정신은 가을과 소나무의 이름에 어울리는 오연한 모습을 눈 여기게 된다.
  그러나 세상은 착하고 아름다운 사람이 살아가기에는 항상 무겁고 답답한 압박감에서 자유로울 수만은 없을 것이다. 이런 심성을 표현하는 또 다른 풍경이 방황하는 나그네 심정으로 표출된다.

　　기러기떼 목을 늘여
　　먼 하늘 지쳐 간다

　　구름도 흔들흔들
　　길없는 허공

　　하늘 땅 어느 모롱에
　　따뜻한 둥지나 마련할까
　　　　　　　　　　——〈겨울새〉에서

　인간은 숙명적인 나그네의 운명으로 살아간다. 가없는 인생의 표랑이 언제나 삶의 중심이지만 이를 의식하지 못하는 인간의 마음은 결국 종점에 이르러 허무를 쌓아 놓고 슬픔을 내보낸다. 그러나 슬픔에 스스로를 함몰하는 사람이 있는가 하면 슬픔을 적당한 거리에 놓고 자화상을 그려 가는 사람이 있을 수 있다면 전자보다는 후자에서 삶의 윤택한 체험은 빛을 발하기 마련이다. 〈겨울새〉의 지쳐 가는 슬픔으로부터 길 없는 허공을 살아가는 기러기의 비유는 곧 시인 자신의 모습처럼 인식될 때, '따뜻한 둥지나 마련할까'라는 소망이 모든 인간에게 적용되는 삶의 좌표일지 모른다. 왜냐하면 안락하고 따스함을 추구하는 것은 누구나 소망하는 일이면서 인생의 궁극적인 바램이기 때문이다.

　5) 화해의 신념

　산다는 것은 줄기가 있기 마련이고 줄기는 곧 자기를 확인하는 절차에서 의미를 발견하는 일이다. 인간은 시간의 줄기를 벗어나는 것이 아니라 줄기 속에서 자기 찾기를 계속해야 하는 숙명적인 일상이 기다리고 있기 때문이다. 민족이라는 줄기는 곧 하나이기를 바라는데도 우리는 둘로 갈라진 아픔을 당연하게 설정하고 있다. 합해야 한다는 당위성은 아집과 편견으로 긴 강을 이루어 여전히 갈라진 민족으로 살아야 한다. 왜 그런가는 물어야 할 이유도 또 당위성도 없지만 우리는 갈라진 민족으로 통일을 외치지만 정작 행동에서는 이질감을 앞세우는 특성이 있다.

  먼 한라에서 백두까지
  어둔 안개 걷어내고
  슬픔도 기쁨도 하나
  피멍든 울음 삭힐 겨레연 띄우자
          ——〈연날리기〉에서

 하나이기를 위해 한라산과 백두산을 결합하려는 시인의 소망은 민족사의 당연한 이치이지만 이를 외면하는 사람들은 누구인가? 이데올로기라는 것이 민족의 동질성보다 더 진한 것이 아니고 피보다 더 명백한 것이 아닌데도 갈라지는 것을 당연함으로 사고하는 오늘의 비극은 참담한 일이다. 통일을 당연함으로 생각하지만 이를 실천하는 일에서는 외면하는 마음은 또 누구의 것인가? 우리는 하나를 소망하면서도 둘의 의식을 가지고 산다. 학벌이나 지연 등으로 갈라진 민족의 심상은 남과 북으로 갈라진 이유와 다름이 없을 것이다. 어떻든 김태호는 이런 분열의 심각함을 하나의 공간으로 변해야 한다는 작심에 열망을 태우고 있지만 그 방도는 보이지 않는다는 점에서 노래의 아픔이 생성될 뿐이다.

  한 핏줄 나넌 아픔
  눈물의 골짜기를 헤쳐

></p>
> 겨눈 칼날 북채를 던지고
> 따순 가슴끼리 만나야 한다
> 긴긴 강물 흐르는 자리
> 임진나루 건너서 막힌 길을
> 뚫어야 한다
> 그대들 한 아비 단군의 자손이기에
>
> ──〈다시 약속〉에서

 단군의 자손이기에 갈라질 이유도 없고 또 그런 당위성을 앞세울 명분이 없다는 김태호의 발언은 민족사의 명제를 하나의 일로 통합하자는 발상이지만 현실적으로 이런 생각을 실천할 수 있는 방법에서는 묘연한 노릇일 뿐이다. 단군의 자손이라는 명분은 있지만 이를 실제의 공간으로 만드는 일에는 저마다 다른 발상으로 갈라지는 명분을 앞세우기 때문이다. 다만 너는 나와 다르다는 일로 적대감의 세월을 당연하게 여기는 우리의 자화상은 참혹한 비극으로 처리해야 할 이 시대의 아픔일 뿐만 아니라 언제까지 둘이어야 하는가를 계산할 수 없는 안타까움의 민족이다. 시인은 여기서 민족사의 양심을 단군이라는 할아버지의 호소로 돌리지만 이를 알아야 하는 사람은 누구인가의 의문에서 또다시 입을 다물 수밖에 없다. 물론 스스로를 깨닫지 못하는 자리에 우리의 비극이 자리잡고 정작 사랑을 아우성치지만 사랑을 외면하고 자기를 내세우는 편견의 늪에서 분단에 아픔은 상존하고 있기 때문이다.

3. 마무리에서

 시는 자기를 변형하면서 자기를 만드는 일이라야 한다. 결국 심리적인 세계를 다양한 얼굴로 그려 가는 시의 행로는 시인 자신의 모습을 벗어나는 일이 아니라는 점에서 시인의 시는 곧 시인의 품성과 인격을 집약하게 된다. 김태호의 시는 스스로의 내면 풍경을 만들어 가면서 정적(靜的)이고 안온한 느낌을 생성한다. 이런 풍경은 가을의 푸른 하늘과 이미지를 동원하여 페이셔스한 정경을 연출한다.

　김태호의 상상력은 자극적이기보다는 순리적인 정경을 포착하여 내면 미학을 창출하는 완만한 토운으로 부드러움을 추구하는 감성의 시인이다.*

4. 성실지표와 시의 메타퍼
―洪思安의 詩―

1. 시―살아있는 자를 위한 임무

　시는 살아있는 사람에 의해 門을 만들고 또 살아있는 사람을 위한 노래로 소임을 다하게 된다. 살아있다는 것은 감정의 변화를 전제로 할 뿐만 아니라, 삶의 의식을 더욱 높은 곳으로 上向시키는 임무까지 부여받게 된다는 점에서 어려운 작업으로 추정된다. 흔히 創造라는 말에는 고통과 대비되는 일련의 특징이 부수적으로 첨가되는 이유가 주로 살아있는 생명체를 대상화하면서 영원성을 내포해야 하기 때문에 더욱 기승을 부리게 된다.
　살아 있다는 것은 심리적인 변화를 내포해야 하고 또 보편적으로 변함이 없는 일정한 감동의 함량을 간직해야 한다는 점에서 창조를 수행하는 시인의 고난이 뒤따르게 된다. 아울러 시인은 그가 살고있는 인간을 위한 감동의 노래를 인간의 가슴으로 공급해야 할 영원한 책무를 벗어날 수 없다는 점에서 시지프스의 고통을 벗어날 숙명이 지워져 있는 사람이다. 이는 아이를 잉태하고 출산하는 어머니의 소임과 같은―

無償의 行爲라는 점에서 至高한 이름이다. 설사 한 편의 작품을 완성했다 하더라도 또 다른 작품의 얼굴을 만나기 위해 방랑의 길을 떠나야만 하는 나그네의 行路는 가히 논리로 포착할 수 없는 불가해의 수학을 풀어가는 사람이다. 그렇다. 시는 살아있는 인간에 의해 생산되고 또 살아있는 인간을 위한 노래라는 데서 벗어날 길이 없는 영역의 한계를 절감하는 데서 출발의 단초가 마련된다.

그렇다면 시는 얼마의 높이에 있는가? 이 문제의 가장 진솔한 대답은 가장 인간적인 감정을 노래하는 平凡性이 가장 높은 시의 品格을 간직한다는 것이리라. 따지고 보면 시의 품격은 고상하거나 높은 지위를 탐하는 것이 아니라는 답을 마련하는 일과 다름이 아니다. 철학의 심오한 깊이도 아니고 또 思辨의 迷路도 아닌, 인간의 숨소리와 인간의 체취를 만나는 시는 그대로 감동을 불러오는 노래가 된다.

洪思安의 詩엔 인간을 위한 목소리가 낭랑한 가락으로 다가온다. 그의 손짓을 따라 그의 공간에 마련된 시의 표정을 만남으로 논리를 대신 할 일이다.

2. 詩의 家門

1) 성실지표

詩人에 의해 創造된 시가 시인을 떠나 완전히 별개의 개성으로 독립할 수 있을까라는 물음에 직면할 때 막연한 비유를 필요로 한다. 가령 자식과 어버이와는 체질이나 個性 등에서 유사한 삶을 산다는 가정에서 보면 시는 곧 시인의 개성을 나타내는 등식을 갖는다는 유추가 가능하다. 결국 홍사안의 시는 오늘에 살고있는 자신의 표정을 담고있다는 점에서 시의 가문은 형성된다. 이는 개성이자 시인의 사상을 일괄

하여 담고있는 총체적인 느낌의 의식들로 성실한 삶의 소리가 들려온
다.

   밤새 비릿하게 꿈틀대던
   잠자리를 박차고
   또다시 새벽 바다로 나선다
   ……랴……
   어부들의 하루가
   도마 위의 생선토막으로 잘리워나가도
   끝내 돌아서지 못한 채
   필생의 櫓를 쥐고
   당당한 노동의 닻을 올린다.
         ——〈出港을 위하여〉에서

 시가 인간에게 부추길 수 있는 최초의 任務는 無氣力에서 活力을, 고통에서 환희를 제공해야 한다면 꿈을 만드는 시의 표정은 당당해야 한다. 홍사안의 시의 표정은 여기서 기교적인 흠집을 넘어가는 요인이 발견된다. 꺼리낌없고 당당한 노동의 代價는 중요한 삶의 자세이다. 이는 진술해야 할 뿐만 아니라 산다는 이유를 명확하게 정리한 사람에 의해 나타날 수 있는 확실한 표현이기 때문에 '밤새 비릿하게 꿈틀대던\잠자리를 박차고'의 강인한 자기를 앞세워 '새벽바다'의 현장에서 존재를 확인하는 절차를 갖는다. 시를 통해 자기를 찾아나서는 보상적인 행위가 곧 시를 쓰는 시인의 본질에 귀착된다. 자기를 안다는 것은 인간의 역사가 시작한 이래 계속 강조한 문제이자 해결해야 할 숙명적인 發問이었다. 「너자신을 알라」는 無知에의 知처럼 인간은 스스로를 알아야 하는 자기 그림자와의 싸움에서 일생이 담겨지는 존재 그 자체의 문제에 홍사안은 철저한 인상을 담는다. 이는 '필생의 櫓를 쥐고'라는 반복에서 굳건한 인상이 그의 시를 채색하는 첫째 요인으로 나타

난다.

  홍사안의 **誠實指標**는 진실찾기에 집중된다. 이런 일은 꼭같은 길을 찾아가면서 산다는 문제의 귀결이지만 찾아가는 **方途**는 각기 **相異한 出口**가 있기 마련이다. 홍사안은 홍사안만의 길이 있을 때 시의 개성은 확연한 표현으로 나타나야 한다.

> 시야에 안개가 끼면
> 눈 위에 등을 달고
> 헤집어 보아도
> 찾아낼 수 없는 죄목
>
> 단 한 번의 실수라도
> 용서 받을 수 없고
> 더더욱 화해는 통하지 않는다
>
> 지축이 흔들린 후에야
> 속속들이 들어나는 죄목
>
> 일제히 등 뒤에서 숨어 있다가
> 끝내 배신을 하고 만
> **誤字**의 반란
>
>   ——〈矯正을 마쳐도〉

  활자를 바로잡는 교정은 항시 반란의 배신을 맛보는 경험을 갖는다. 아무리 철저한 검색을 한다한들 **誤字**는 마지막 **結尾**에서 얼굴을 내밀 때 믿음에 대한 허무를 맛보는 것이 삶의 궤적과 다름이 아니다. 이런 경험은 책 한권을 출간해 본 사람이라면 넉넉히 짐작할 수 있는 작은 문제이지만 이런 예를 삶의 철학으로 승화하는 안목은 시인의 통찰력에서 만들어지는 대상일 것이다. 홍사안은 그가 경험하는 생활의 언저리에서 진실찾기의 본질을 활자 교정이라는 반복으로 생활의 의미를 건져올린다. 여기서 삶의 완성이란 문제와 진실의 최종점이 있는가라는 의문이 키를 높이지만 산다는 것은 최종점에서 만나는 의미이기 보다는 過程에서 만나는 일이라는 暗然한 해답에 매달리는 운명을 예감해야 한다. 생활의 종착점이란 항시 더 먼 거리에서 손짓하는 신기루라는 점에서 궁극적으로 抽象의 깊이로 길을 마련하는 일이기 때문이다.

    숨겨도 숨길 수 없는
    부끄럽게 찌든 기름때와
    검게 물든 탐욕의 때는
    푹푹 삶아서
    시리도록 맑은 하늘에 일렁이는
    넉넉한 바람으로 말려야지.
                   ——〈빨래를 하며〉에서

  홍사안의 진실찾기의 함량은 <빨래를 하며>에서 구체적인 조짐을 형태화 한다. '찌든 기름때'와 '탐욕의 때'를 없애는 방법이 '푹푹 삶아서'의 과정을 거쳐 '맑은 하늘'과 '넉넉한 바람'으로 오욕과 탐욕의 비극을 소멸할 수 있는 구체적인 노래가 생산된다. 이는 홍시인의 정신에 간직된 의식의 모두로 인식되기에 한층 안도감을 주고있다. <文選工의 하루>나 <여름 한낮> 혹은 <꽃에게> 등엔 성실의 지표에서 푸른 하늘을 만날 수 있는 행복의 의미에 접근한 느낌을 주는 생각들이 詩化되었다.

2. 그리움의 좌표

　인간은 미래를 생각한다는 점에서 그리움을 갖는다. 또 살아있는 생명체의 의지는 언제나 오늘이 아닌 또 다른 공간을 추구하는 그리움을 갖기 위해 더 먼 未知를 동경하는 고뇌를 투척한다. 이처럼 비밀한 손짓을 따라가다 보면 시인이 생각하는 최종적인 유토피아의 청명한 空間을 만나게 된다. 물론 홍사안의 모든 시는 지나치게 현실토양의 특징을 벗어나지 않고 있음도 사실이다. 아름다움이란 약간의 추상적인 것이 포장되었을 때 美感을 자극한다면 홍사안은 이런 점에서는 약간의 문제를 갖지만 결코 결점으로 작용하는 흠집은 아니다. 현실과 미래의 섞임이 균형을 가질 때 예술의 속성은 한층 유연함을 나타낼 수 있다는 보편적인 느낌을 앞세워야 한다는 점은 조언으로 남아야 한다.

　　　내 울창한 悲哀의 숲에
　　　숨 죽여 내리는 비
　　　…략…
　　　마음 다시 추스려
　　　꿈밭을 일구며
　　　심은 나무
　　　무성히 자라도
　　　소리 죽여 키우는 꿈

　　　가만히 볼 붉히는
　　　목숨타는 그리움은
　　　내 생애의 불문율.
　　　　　　　　　——〈비망록〉에서

그리움의 특징은 「여기」에서 「저기」를 찾아가는 의식의 초조함을 뜻한다. 즉 여기에 없기 때문에 저기는 있을 것이란 생각의 집약이 화려함으로 충족되기를 꿈꾸는 의식작용이라는 점이다. 이는 오늘 비록 고달프다 하더라도 또 다른 자리를 꿈꾸는 희망의 공간이란 점에서 가야 할 곳으로 인식된다. 그리움이라는 추상덩어리는 곧 시인의 시를 이끌고 가는 오늘에서 내일을 암시하는 목소리 일뿐만 아니라 오늘을 화려하게 꾸미는 구체적인 요인으로 작용하기 때문에 꿈의 색채로 나타난다. '悲哀의 숲'이라는 현실에서 '비'는 생성의 이미지를 제공하고 다시 부활하는 의미를 앞세운다. 비는 잠들어 있는 생명체에 문을 열게 하는 추진의 힘을 갖기 때문이다. 결국 홍시인의 꿈을 생동하게 하는 물의 이미지에서 시인의 꿈을 만드는 추진으로의 작용을 강화하는 셈이다. 결국 자기를 만나는 '목숨타는 그리움'이 생애를 지배하는 '불문율'이라는 강인함으로 그리움의 농도가 정리된다. 홍사안이 생의 길을 시로 대치할 수 있는 요인은 비로부터 에너지를 공급받는 이미지이다.

> 살면서 더해가는 고독을 위해
> 대추씨만한 사랑을 품고
> 그리움을 주며 길러 온 뜨락에도
> 비가 내리네.
>
> ──〈고독을 위한 素描〉에서

그리움을 키우기 위해 시는 또 다른 길을 떠나야 한다. 이는 자기와 가장 가까운 궤도에서 만나는 즐거움이지만 슬픔의 진한 향기가 따라붙는다. 가장 깨끗한 것을 볼 때 눈물의 이유는 명확하지 않다. 이처럼 그리움 키우기의 궁극도 자기의 고독을 강인함으로 극복하는 방도에서 '고독'과 '슬픔'의 물기가 있어야 한다. '비가 내리네'의 결미는 곧 홍사안의 그리움을 키우는 필수적인 요인이면서 인생의 아픔을 變

容하는 얼굴이 오버랩의 기교로 보인다. 결국 홍사안의 그리움 키우기는 자기를 확인하는 슬픔에서 비를 맞음으로 구체적인 모습이 확인되는 생명 탄생의 부분이다.

3) 오늘과 도시

오늘은 내일의 필연이고 내일은 오늘에 연결이다. 연결은 오늘이 있는 사람의 소유이지만 여기서 인간의 맘은 새로운 의미를 생성하는 작용을 다한다. 홍사안의 시에 오늘의식은 농도 짙은 의지가 숨어있다. 여기서 내일을 꿈꾸는 조짐이 명확하지는 않지만 상당한 흔적으로 전개된다.

> 하루가 사막을 건너는
> 목마름이었다면
> 갈증을 식혀 줄
> 오아시스는 어디 있는가
> ──〈오늘.4〉에서

산다는 것은 갈증이다. 마셔도 또다시 갈증은 일정한 주기로 찾아오고 이런 반복은 존재를 이끌고 가는 변화의 요체로 작용하면서 내일을 만든다. 만약 오늘에 갈증이 없다면 내일의 通路는 차단될 것이고 인간의 지혜는 암담한 자기도취에 끝날 것이다. '오아시스'를 찾는 오늘의 홍사안은 자기를 내면으로 감추지 않고 연소하는 외향의식 때문에 훨씬 건강한 오늘의 꿈을 확인하는 步行을 갖는다. 고통에서 핀 꽃은 아름답고 淸雅하다면 오늘의 의미를 찾아나서는 발걸음에 홍사안의 시적 좌표는 행복이라는 내일로 연결된다.

> 내 빈 자리에

> 찰랑이는 바닷물
>
> 넘실거리듯 흐르는
> 내일의 꿈은
> 시린 바람 끝에도
> 내 소박한 저녁 식탁의
> 한송이 꽃으로 피어난다
> ……략……
> 녹슨 하루를 윤이 나도록 닦아
> 내일의 구슬을 꿰어 놓으면
> 내 작은 찻잔에 가득 담긴
> 조그만 幸福
> 언제나 작은 것이 위안이 되었다.
>
> ──〈오늘.3〉에서

　내일의 꿈을 만나기 위해 '시린 바람'의 매서운 운명이 가로놓이고 이를 건너 식탁위에 '한 송이 꽃'으로 피어날 때 오늘의 녹슨 하루가 결국 내일의 아름다움에 연결되는 무지개의 화려함으로 다가온다. 비록 '조그만 幸福'의 용량이 작다하더라도 행복의 느낌은 따스함으로 다가오는 진실인 것이다. 결국 홍사안의 오늘의식은 내일의 행복을 위한 초점에 헌신하는 생활인의 담담함을 바라보는 즐거움인 것이다.

　都市는 文明이라는 이름으로 인간의 본래적인 것을 파괴한다. 이를 과학이라는 이름으로 정리하지만 과학은 인간을 행복하게 만은 하지 않는다. 오히려 인간의 순수를 파괴하는 기능을 할 수도 있다. 거대한 도시는 곧 과학 메카니즘이 망쳐놓은 탄식의 장소라는 생각을 만난다.

> 언제부턴가
> 별빛마저 보이지 않는
> 도시의 밤하늘을

붉게 수놓은 십자가

피의 대가를 볼모로
왕성한 식욕을 채우는
날렵한 혀끝의 이단자들
나날이 늘어나는
빛나는 훈장은
응접실의 장식품으로 걸려있었다

──〈도시인.2〉에서

  진실을 발로 밟고 허위와 위선을 장식으로 달고 사는 오늘의 도시인은 썩고 타락한 내부를 감추기 위해 화려한 장식을 계속한다. 이런 허위 현상은 도시인의 일반적인 특징으로 자기도취에서 스스로를 放棄하는 모순의 현대인이다. 더불어 종교는 현대인을 순화하기보다는 오히려 편견을 부추기기 일수이고 문명은 편리를 앞세워 인간의 육신을 비만과 타락으로 몰아넣는다. 모순을 입고 벗을 줄 모르는 도시인의 특징은 결국 자기를 버리고 위장과 허위에 길들여진 인간의 불행을 간과해서는 안된다는 메시지로 홍사안의 腦裡에 刻印된 人間評이 〈도시인〉 연작詩인 셈이다.

  4) 추억

  바람이 지나가는 푸른 보리밭의 추억은 어린 날들의 꿈과 함께 한 즐거움이자 아득한 과거의 노래일 것이다. 높은 가난의 보리밭이 再生의 소리로 다가드는 것은 유년에 살찐 인간의 鄕愁이지만 지난 것들에서 느껴지는 인간의 순수한 自己確認인 셈이다.

구름 한 점 그렇게

물결 위에 떠올라
　　　낮달이 묻히던
　　　유년의 보리밭 길
　　　……략……
　　　이삭의 꿈을 이룬 고향엔
　　　보리고개는 정말 없어진 것일까.
　　　　　　　　　　　　──〈보리밭.2〉에서

　햇살 따스한 봄날의 기억이 보리밭의 바람과 함께 시인의 의식으로 스며들때 과거의 환상은 살찐 아름다움으로 환상미를 덧붙인다. 추억이 있다는 것은 살찐 삶의 기억이 있다는 것이고 이는 오늘을 보다 확실한 기억으로 살아가는 인간의 순수와 상통하는 느낌을 준다. 홍사안의 추억은 다양하지는 않을지라도 未來의 窓을 열려는 의지의 건강이 항시 앞자리를 찾아가는 느낌을 준다. 이는 현란한 기교의 재주보다는 성실하고 정직한 의식의 중추에서 만나는 시적인 느낌이다.

　　　황망한 오늘이 가고
　　　또 가고
　　　언제인가는

　　　제 길목을 돌아서면
　　　무채색으로 펼쳐질
　　　또 하나의 세계.
　　　　　　　　　　　　──〈언제인가는〉에서

　홍사안은 시는 현실을 땀으로 살고 미래를 보상받으려는 창을 만들기 위해 스스로를 연소하는 시인이다. 이는 현란한 치장의 의식이기 보다는 담백한 自己化를 선택함으로 가능의 길을 확인한다. 미래의 창을 갖는 사람의 권리는 미래의 크기가 중요한 것이 아니라 미래 그 자체가 소중하다면 홍사안은 <언제인가는>의 언덕을 향해 '또 하나의 세계'를 만나려는 순수의 표정이 겹친다. 이런 해답에 합당한 <꽃에게>는 땀으로 꽃을 피우려는 홍사안의 정신을 압축한 의미의 작품이다.

3. 나가면서

시를 쓰는 행위는 代價를 바라는 마음에서는 멀리 달아나고 조건없는 헌신에서는 수많은 말로 시인의 가슴을 적시는 이중적인 표정을 갖지만, 아름다움에 길들여진 순수의 인간에게는 無時로 다가드는 하나의 손님이다. 시인은 오늘을 살아감으로 시의 길을 확보한다면 홍사안의 시엔 성실지표의 함량이 가득함으로 그의 시는 美感의 길을 확보한다. 더불어 시는 단절적인 생활의 연결이 아니라 연속적 繼起性에서 뚜렷한 개성을 만들어 간다면 홍사안은 참된 의미의 현실을 밟고 내일의 문을 열려는 자세를 갖는다. 이런 발상에서 그리움의 손짓이 시작되고 추억과 미래의 화려한 표정이 만들어진다. 물론 현실에 집착한 의식의 상태를 화려한 상상의 숲으로 어떻게 接合할 수 있을 것인가는 앞으로의 문제라는 점에서 길은 여전히 남고있다. 시는 오늘만을 위한 노래가 아니고 오늘에서 내일의 가교를 연결하는 목표에서 시인의 오늘은 성실함이 필수적이어야 한다. 이런 생의 노래에 충실한 특징이 홍사안의 시적 표정의 전부이다.

5. 사랑의 신기루 잡기
─박영식의 연시─

1. 사랑은 어디까지인가?

　사랑은 인간에게 떠날 수 없는 절대의 원소이면서 인간을 성장시키는 에너지로 작용한다는 점을 부인할 사람은 없을 것이다. 왜냐하면 인간은 사랑을 먹고 성장하고 또 사랑에 의해 인간만의 독특한 세계를 구축하기 때문이다. 아프리카에서 발견된 늑대소녀 카마라가 발견되었을 당시엔 늑대의 모습이었고 늑대처럼 인간을 위협하면서 다가왔다 한다. 늑대로부터 젖을 먹고 늑대의 사랑으로 성장한 이 소녀는 결국 인간의 정감을 모르는데서 불행한 경우—만약 어머니의 사랑을 받고 성장했다면 꿈과 아름다움을 간직한 소녀라는데 의심의 여지가 없을 것이다. 이처럼 인간의 사랑은 인간을 만들뿐만 아니라 아름다움으로 다가오는 향기를 간직한데서 고귀한 이름으로 남는다. 어머니의 사랑을 받고 성장한 인간을 원초적인 사랑이라 한다면 장성한 이후엔 남녀가 생동의 사랑을 나누면서 인간의 본질을 수행하게 된다. 전자에서는 운명적인 사랑으로 성장하게 된다면 후자에서는 주로 선택적인 방법에서 사랑의 종류는 다를 것이다. 물론 인간이 인간을 사랑하는 휴머니티로서의 사랑을 거론하면 그 넓이는 보다 심대한 인간학을 이루게 된다.

시는 결국 인간이 인간을 어떻게 사랑하는가를 거론하는 일에 다름이 아닐 것이다. 왜냐하면 문학의 본질은 휴머니티의 실현이라는 궁극에 도달하기 위한 방법을 찾아 나서는 일이기 때문이다. 어떤 모양이든 사랑을 떠나서는 존재할 수 없는 사랑일지라도 노래로 부르는데는 위험이 따를 수 있다. 고답적인 방법에서는 표현의 방도가 무색무취가 될 수 있고, 자칫 저급스러우면 진부한 넋두리에 떨어질 염려를 내포한 위험물이기 때문이다. 그만큼 사랑의 함량에 적당량을 채취한다는 것은 어지러움을 극복해야 할 것이다.

박영식의 사랑은 거리를 추스르는 절제의 사랑과 美感의 노래가 아름답다

> 사랑하는 사람아
> 사람이란 나이가 더하면
> 스스로 철이 든다지만
> 그대 향한 설레임의 불길은
> 걷잡을 수가 없네
> ──〈사랑하는 사람아.1〉에서

사랑은 거리의 미학이다. 너무 가까이 가면 보이지 않고 또 너무 멀리 떨어져도 초점을 일탈하는 이치처럼 거리조정은 사랑의 불빛을 살아나게 하는 이치와 같다. 박영식은 사랑의 불을 켜기 위해 혼신의 열정을 에너지화하여 보지만 결국 '불길은\걷잡을 수가 없네'라는 고백을 남긴다. 사랑을 불로 상징하는데는 밝은 빛의 의미도 있겠지만, 타버리는 소진(燒盡)의 암시도 예외일 수는 없을 것이다. '걷잡을 수'라는 자

제력을 잃게 될 때 사랑은 맹목의 함정에 빠지게 될 가능은 많다. 이리하여 '비워내고 비워내서\결국 바닥을 드러내겠지만\빤히 바닥이 드러난 빈 그릇에 \눈물 담아 보겠네'라는 젖음의 경지에 도달하게 된다. 결국 박영식의 사랑은 헌신 위에 남는 아름다움이고 순수를 입고 헤매는 고독한 마음의 여백을 호소하고 있다.

사랑은 안타까움에서 불을 만들게 된다. 박영식은 이런 이치를 '손 닿지 않는 거리만큼\달력가지 못할 거리만큼\떨어져 있어야 하는가.'의 거리(distance)에서 안타까움을 더하는 형상이다.

2. 밝은 사랑

박영식의 연가는 밝고 환한 인상을 남기는 봄날의 이미지를 동원한다. 이는 마음의 상태가 지향하는 바와 시의 방향이 다름이 없다는 뜻이다.

74살의 괴테는 19살의 연인 울리케·폰·레베쵸브와 생애의 마지막 사랑을 남겼고, 문학의 불빛을 키운 환한 상징이었다. 이들의 사랑은 이른바 플라토닉 러브라는 수식사를 넘어 문학의 세계를 확장하는 純粹至高의 토양이었으니 이런 경우는 독일낭만파의 대표작가인 노발리스(23세)에게 13살의 애인 조피는 노발리스의 문학을 순수성으로 만든 원동력이 되었던 것처럼, 박영식의 사랑은 구체적인 조짐은 없을지라도 삶의 因子에 결정적인 힘이 되고 있는 것 같다. 이는 감각적이고 환상을 자극하는 감수성에서 감동을 자극한다는 의미로 전환해도 무방한 말이다.

이젠 도무지
아름다움이 남아있지 않는

> 난 아직 죽지도 못하고
> 대낮같이 꽃등(燈) 켜든 이 봄에
> 홀로
> 아주 막막한
> 저승 속에 살아 있음을
> 어쩌게나
> 어쩌게나
> ──〈사랑하는 사람아.6〉에서

박영식의 정신문법은 고독과 외로움에 철저하게 길들여진 시인으로 보인다. 언어의 흐름은 시인의 정신적인 유로와 밀접하고, 표현된 문맥의 상징은 곧 시인의 정서를 대표하는 바, 삶의 고단한 인간애를 사랑이라는 포괄적인 암시로 표현하였기 때문에 '저승' '난 아직 죽지 못하고' 등 우울한 시어가 전면을 장식하지만 질축한 풍경화가 아니라 마치 봄을 찾아 나서는 빛의 추구와 같은 '꽃등'의 화려함을 추적하는 인상을 남긴다. 이는 시인의 심리적인 방향을 나타내는 일이고 또 그런 길을 찾기 위해 자신의 정서를 불태우는 느낌을 남긴다.

> 님은 나의 마음을
> 환하게 밝혀주는
> 한 자루 촛불입니다
>
> 더러는 창호에 번지는
> 설움 같은 어둠을
> 박꽃같이 씻어주는 촛불입니다
> ──〈촛불〉에서

박시인의 정신을 표현하는 두 가지의 시어는 '촛불'에서 빛의 추구와 '설움 같은 어둠'의 절망에서 벗어나기 위한 상반된 상징을 특징으로 한다. 슬픔을 벗어나는 방도에 촛불을 개입시킴으로 새로운 장면으로의 이동을 촉진할 수 있기 때문에 시인의 의지가 집요하게 작용점을 만들고 있다.

3. 순수로 가는 정서

깨끗하다는 것은 아름답다는 말이고 아름답다는 것은 사랑에 이르는 길을 뜻한다. 사랑에 도달하기 위해서는 잡스러움이 섞이지 않는 절대 순수를 뜻하면서, 이는 슬픔을 재촉하는 눈물과 어울리게 된다. 박영식의 시는 이런 순수를 위한 눈물이 흔하다.

삶에의 고단함이라거나 인간과의 인연 속에서 느끼는 외로움은 때로 밤 깊은 어둠에 젖고, 깡소주의 물에 젖노라면 삶의 무게는 더욱 슬픔의 길을 재촉하는 느낌으로 다가온다. 요컨대 순수한 슬픔을 강화하면 눈물이라는 투명성 이외에 다른 방도가 없다는 뜻이다.

> 누군가
> 보고 싶은 날
> 정말 눈물이 난다.
>
> ——〈보고 싶은 날〉

눈물은 박영식의 정신을 가장 깨끗함으로 씻어주는 역할을 감당하면서 새로운 길을 모색하는 두 개의 의미를 갖는 것 같다. 이는 정서의 카타르시스와 같은 효력을 가지면서 삶의 동력을 제공하는 역설적인 기능과 다름이 없다. 실컷 울고 난 후의 후련한 심정과 같이 눈물은 곧 순수와 깨끗함을 유지하는 요인으로 작용하기 때문에 미지의 누군가를 '보고 싶은'과 눈물의 교접은 시의 표정을 쇄락하게 만드는 역할을 한다. 마치 '마음이 순수한 자가 하느님을 볼 수 있는'것과 같은 이치의 의미를 만들게 된다. 진리는 때묻지 않고 깨끗한 눈으로 볼 수 있는 세계를 확보한다면 박시인은 이런 마음을 긴장으로 유지하면서 사물을 살아나게 하는 시어를 생산하는데 아름다움이 있다.

4. 시와 자화상

시는 자기를 언어로 표현하는 그림일 뿐이라면, 거짓 없는 삶에의 순수성에서 감동을 만날 수 있다. 거짓으로 위장한 언어는 앙칼진 표정으로 교언영색을 꾸민다해도 감동의 누선을 자극할 수 없게 된다.
어떻게 사는가의 명제는 인간 누구나 의문으로 설정한 개념이지만 이를 실천하는 방도에서는 다를 수 있다. 한 편의 시가 때로 무기력하고 유약할지라도 시인의 내면에 깃들인 추구는 그의 삶의 신념과 일치해야 한다면, 박영식의 의지는 다음 시로 자기고백의 일단을 정리한다.

세상의 요란한 것들
다 쓰러질 때
들풀은 일어선다
비를 피하지도 않고
바람 한 자락도 버리지 않고
처음 풀씨 앉은 곳에 뿌리내려 산다
별들의 그리움 가슴에 새기며
별을 치어다보며 산다
덩더꿍 덩더꿍
산도 강도 달려와
어우러지는 저 춤사위
불빛 같은 자그마한 꽃

세 평 하늘 밝히며
초록비 만들며 산다

──〈들풀〉

　강인한 생명력의 상징과 고독을 삭이면서 세상에 향기를 남기는 들풀의 이름 없는 상징성은, 비와 바람에도 쓰러지지 않고 끈질긴 생명력을 실현하는 시인의 모습에서 굳은 신념과 의지로 단련한 느낌을 연상한다. '들풀은 일어선다'라는 표현은 곧 시인자신의 모습을 뜻하고, 이런 생명력은 '처음 풀씨 앉은 곳'에서 삶에의 자리를 펴게 된다. 이런 마음은 별들의 그리움을 꿈으로 새기면서 생의 먼 길을 가고 있음을 느끼게 한다. 이와 같은 연상은 '자그마한 꽃'이 '초록비'로 비유되면서 화려한 정원을 가꾸려는 스스로의 일념을 버리지 않기 때문이다. 넘어지면 일어나고 또 일어나는 의지에의 길은 박영식 자신을 나타내는 상징이면서 꿈을 만드는 환상미를 궁극의 목표로 한다.

5. 사랑은 누구의 것인가?

　사랑은 주인이 없다. 누구의 것이기 전에 사랑은 오로지 촛불을 태우는 빛의 헌신이면서 그리움을 보내는 외롭고 고독한 연상이다. 박영식은 사랑이라는 거대한 함량의 재료로 **따스하고** 아늑한 세상을 이루기 위해 몸을 사루지만 이는 안타까움의 거리를 단축하는 방도가 없다는 것 때문에 끝없는 노래를 부르는 길이 있다. 그 길의 고독은 오로지 사랑을 이루려는 방편으로 물의 이미지를 원소로 하고 꽃과 불빛을 상승의 이미지로 순수미감의 세계를 구현하려는 가을의 시인이 박영식의 시이다.
　결국 박시인이 생각하는 사랑은 이루어지는 사랑이 아니라 바라보고 그리워하는 안타까움의 거리에서 투명한 풍경화를 그리는 애절한 노랫가락이 세상을 넘치게 하려는 담백한 언어미학이다.

6. 과거 지향의 정서와 은유
―백규현의 시―

1. 들어가면서

　詩人의 마음은 언제나 스스로를 告白하는 형태로 시의 길을 개척하는 苦心을 외면하지 않는다. 설혹 낯설게하기라는 技法을 동원하여 시를 완성했다 하더라도 결국 심리적인 흐름은 항상 自己로 돌아오는 回歸的인 특징으로 歸還한다. 여기서 고백의 특징은 시인 자신의 정서적인 현장감과 혼합되는 과거형의 정서들과 어울리면서 시의 표정을 관리하게 된다. 이점에서 시는 시인의 개성이면서 오늘을 관리하는 문패로 남게 된다.
　세번째 시집을 출간하는 백규현의 시는 과거와 현실이 交織되면서 그만의 독특한 경지를 찾아 나서는 行路가 있다. 물론 현실의 농도가 勝하기보다는 과거 지향의 길이 넓다는 인식이 시의 품격을 폄하(貶下)하는 것이 아니지만 자연 정서와 육친의 정감이 많은 것도 시인의 과거를 돌아보는 因子들과 밀접한 느낌을 준다. 이는 부드러운 어조, 겸손한 어조 혹은 감정적인 토운이 주조를 이루면서 과거의 정서를 채색하는 그림으로 나타난다는 뜻이다. 이제 특징을 만나는 길을 열어 봄으로 백규현의 시적 진원을 밝힐 계제이다.

2. 靜的인 情感

시의 표정은 시인의 심리적인 얼굴을 만들면서 또 다른 지향의 공간을 추구한다. 이런 특징은 항상 詩心에 緊張을 담으면서 理想的인 높이로 솟아 오르려는 갈망을 소유하려 한다. 그렇더라도 자기로 돌아오는 몫을 버리지 않고 데포르마시옹의 길을 확보하려는 노력을 배가하기 때문에 시의 여백은 넓게 확충할 수 있게 된다.

백규현은 조용한 사람으로 인식되는 시의 얼굴이 있다. 뷰퐁의 말처럼 글은 사람이라는 가설을 확인하는 시적토운의 묘미를 만나는 것으로 논리의 대답을 마련한다.

> 기다리는 이 없어도
> 옛 산에 돌아 와
> 피어나는 진달래
>
> 잔마다 철철 넘치도록
> 그리움을 따르는 이 누구인가
>
> 사랑하는 이여
> 그대의 잔에도
> 넘치도록 부어 주고 싶구나
>
> ──〈진달래 피면〉

백규현의 정신은 動的이기보다는 靜的이고, 또 고독한 시간을 즐기는 감수성을 일차적인 특징으로 시의 분위기를 잡아간다. 친숙했던 인간들은 어딘 가로 떠나갔어도 산천에 다시 찾아오는 진달래를 맞아 고독한 상상의 나래를 펴는 시인의 정신은 유연한 감정을 잃지 않고 있는 만큼 고독감을 담담하게 맞아들인다. 이는 '잔마다 철철 넘치도록 \그리움을 따르는 이 누구인가'를 반문하는 정신의 깊이가 그리움의 높이만큼 고독한 시간을 즐기는 셈이다. 이는 인간의 특성을 집약하는 심리적인 기재들과 상관을 갖는다. 아울러 '그대'라는 未知의 대상에게 자기의 모든 것을 제공함을 즐거움의 진원으로 생각하는 것이 시인이 생각하는 그리움이고 사랑의 진원으로 보인다. 그렇더라도 실제의 대화보다는 오히려 부풀린 상상의 무한 자유를 구가한다는 점에서 백규현의 정신은 정적이고 안온한 무지개의 꿈이라는 느낌을 전달한다.

3. 식물성 정서

백규현의 시에는 식물성 정서가 주조를 이루고 있다. 이는 그가 살아온 과거의 흔적들이 재생되는 암시가 우선한 느낌을 주고 있지만, 생활의 공간이 자연이라면 아무래도 그런 정서가 우선하게 되는 바, 시인의 생활 공간의 총체적인 인상과 결부된다는 점이다. 이런 현상은 시인이 살아온 삶의 공간을 추구하는 계속성에서 원인을 발견할 수 있을 것이란 추정이 가능해진다. 더불어 백규현의 시는 자연의 본질에서 정서를 결합시키는 특징으로 귀결된다는 점에서 식물성의 정서와 자연은 그의 순수한 마음의 지향을 뜻하는 암시로 작용한다.

  보리밭이랑 넘어
  피어나는
  아지랑이 사이

    검불 입에 문
    햇제비
                        ──〈봄날에〉중

　백규현의 정서는 살아나는 정서를 대동하고 시의 城을 향하는 생명의 시인이다. 이런 端初는 살아 있는 것에 대한 애착이고 살고 있는 삶에 대한 긍정의 자세를 뜻한다는 점에서 건강의 시적 품위를 뜻한다. 이런 상징의 시에는 나른하고 풀어진 시의 맥을 특징화하려는 경향이 있지만 백시인의 시에는 언어의 탄력을 유지하려는 긴장의 고민이 들어 있어 우려를 불식한다. '보리밭'과 '아지랑이' 그리고 집을 짓기 위해 바쁜 '햇제비'의 어우러짐에서 시의 전체적인 분위기는 생동감을 자극하고 또 살고 있는 현장감을 느끼게 한다. 이런 비유의 생동감은 시인의 정신 속에 들어 있는 시적 에너지의 특징으로 연결되는 변형의 일종이라는 점에서 백규현의 정신 모습을 바라보는 것과 같다.

    잊을 만큼의 세월인데도
    첫사랑의 그리움 잊지 못하고
    한아름 꽃으로 피웁니다
    ……략……
    오늘도 넝쿨처럼 감기우는 그리움에
    새벽부터 보라빛 등불을 들고
    기다림이 오는 길 밝히고 있습니다
                        ──〈등(藤)꽃〉에서

　〈들꽃 연가〉나 〈석류〉·〈앵두꽃 피면〉·〈진달래 피면〉 혹은 〈하얀 구름〉이나 〈뻐꾸기 울음소리〉등은 자연과 식물 정서가 어우러진 비유들이 시인의 정신을 말하는 변화를 보이고 있다. 사랑과 꽃의 결합이 역설적인 결합이 아니라 봄에서 여름 혹은 가을에서 겨울과 같이 순리의 궤도를 순행하기 때문에 유연한 느낌으로 자연의 정서를 부추긴다. '첫사랑'과 그리움이 등꽃으로 화하여 상상력을 촉발하면서 '포도 넝쿨'이라는 얽힘에서 인연의 깊이를 연상하게 되고 또 보랏빛 꽃의 색감에서 '등불'의 밝은 이미지가 기다림의 그리움과 연결될 때, 순수한 마음의 표백은 한층 고귀한 느낌으로 전달되어 온다. 이런 가볍고 산뜻한 감성의 깊이는 인식의 확충을 기다리는 시인의 끈질긴 집념과 상통하는 정서의 특색으로 보인다.

> 시간과 시간 사이
> 그 오랜 침묵 속에
> 멀리 떠난 줄 알았더니
> 오늘 아침
> 뻐꾸기 울음으로
> 되돌아 왔네
>
> 잊어야 할
> 잊었어야 할
> 오오, 목숨의 그대여
> ──〈뻐꾸기 울음소리〉

백규현의 시는 자연과 시인의 정서를 결합하는 기교가 자연과 인간의 결합을 어떻게 하나의 공간으로 만들 수 있을 것인가를 숙고하는 방도로 출발한다. 이는 자연 속에서 인간이 어떻게 결합할 수 있을 것인가를 생각하게 하는 전통적인 의식과 일치하는 시간의 전개를 만나게 한다. 이런 현상은 결국 전통적인 인식을 앞세운 과거 지향의 향수를 넘나든다는 점에서 회고적인 속성으로 귀환하는 의식을 가지면서 4차원의 이미지로 밀착한다. 가 버린 시간이 뻐꾸기 울음으로 돌아온 현실에서 '잊어야 할'과 '잊었어야 할'의 과거라는 공간이 '그대'가 '뻐꾸기 울음'의 생동감으로 실리워 올 때, 시인의 의식은 새롭게 일어나는 느낌으로 자리잡는다. 이처럼 자연의 순수와 시인의 정서가 만나는 순간은 곧 백규현의 정서가 수면에서 깨어나는 봄의 이미지와 닿고 있음에서 자연과 시인의 의식이 「하나로」 엮어지는 의미의 전개를 마련한다.

4. 그리움

백시인의 시에서 가장 큰 암시는 사랑이라는 시어에 모든 상징이 축적된다. 그렇다고 뚜렷한 암시로 초점이 모아지는가 하면 그런 단서는 어디에도 없이 암시적인 추상으로 마무리된다는 점에서 아득하다. 구체적인 대상이 확실했을 때보다는 암시와 아득한 추상은 아름다움을 부추기는 역할을 강화하고 있다. 이런 이치는 초점이 명확한 것보다는 흐릿한 안개 속에 보이는 얼굴이 보다 로맨틱하다는 이치에 이르면 백규현의 시에서 느끼는 암시는 곧 아름다움으로의 길을 재촉하는 셈이다. 시의 특질을 말하는데 앰비규어티를 앞에 내세우는 이유가 이런 이치와 같다는 점은 백시인의 기교적인 시에 재미를 덧붙일 수 있는 이유가 나변에 있지 않다는 점과 일치하고 있다.

>감추면 감출수록
>깊어지는 그리움
>누가 알면 큰 일 날새라
>혼자만의 비밀로 간직한 채
>헛웃음만 웃고 있네
>
>　　　　　　　　　——〈비밀〉에서

사랑으로 가는 길은 그리움이고 다음은 끈적한 사랑이다. 이런 과정은 사랑의 완성을 위한 도정이지만, 그리움과 사랑은 별개의 입구와 출구가 아니라 서로 섞바뀌어도 차이가 없지만 대체로 그리움의 단계에서 사랑으로의 이행을 정상적인 과정으로 생각된다. '감추면 감출수록'의 강화에서 그리움의 농도는 깊어지고 이런 강화는 곧 사랑의 완성을 위한 조짐이지만 백시인은 이런 마음을 체계적으로 연결짓지 않고 그리움이라는 단순한 포장으로 정서를 보이는 것으로 만족한다. 여기서 靜的인 시인의 정감적 편린이 시의 표정을 만든다. 결국 공개적이지 못한 시인의 마음을 '비밀로 간직한 채'라는 내밀한 공간을 동원, 스스로의 입장을 정리하면서 시의 행로를 재촉하게 된다. 시가 고백이라는 엄정한 한계를 견지할 때 개인적인 심상에 치우칠 염려가 있다. 이런 경우 공개적인 상징이 갖는 의미의 한계를 극복하는 넓은 길을 만들게 된다는 점에서 오히려 친근미를 자극하는 경우가 될 수도 있다. 물론 시인 자신도 자기 그리움의 원천이 어디서 그리고 어디로 향하는 것인지는 묘연한 의문으로 설정할 때 삶의 아득한 의문으로 몸을 숨기게 된다.

   이 그리움의 시작은
   어디서 오며
   어디쯤 멈추는 것일까

   머지 않아 지명(知命)의 나이가 되어서도
   쑥풀 찧어 사금파리에 담은 저녁상
   돌담 아래 차려 놓고 기다리던
   내 유년의 각시 얼굴은
   만월(滿月)이 되어 떠오르고
   ⋯⋯랴⋯⋯
   세상에 없는 보석처럼

> 실에 꿴 감꽃 목거리
> 두줄 세줄로 걸어 주며
> 혼자서 간직했던 아득한 사연들이
> 지금은
> 작은 가시에 찔린 아픔처럼
> 들리지 않는 울음으로 다가오는
>
> 이 그리움의 시작은
> 어디서 오며
> 어디쯤 멈추는 것일까
> ──〈이 그리움의 시작은〉에서

　백규현의 그리움은 어차피 유년의 언덕을 넘어 아슬한 음성을 들어야 하는 과거의 문으로 다가간다. 추억 속에 깃들어 있는 작은 이야기들이 영롱한 빛으로 오늘을 향해 다가올 때, 詩心의 깊이는 하냥 빛나는 그리움으로 채색되는 백규현의 그리움이 곧 그의 시적 정서를 이루는 진솔한 표정으로 남는다. 이런 발상은 현실을 간과할 수 있는 함량의 문제가 있지만 여기서는 순수와 표백의 정서를 더욱 高揚하기 위한 발상의 문제로 생각된다. 이런 발상으로 시인의 그리움은 어디서와 어디로의 방향을 감지할 수 없는 진행의 길이 남는다.
　추억은 작은 것, 그리고 빛나는 일들이 부풀려 오는 길이 있고, 다가갈 수 없는 먼 거리의 안타까움 때문에 추억의 영상은 더욱 그리움의 길을 넓히는 안타까움이 커진다. 이런 마음의 갈증과 비례하여 시인의 마음은 그만큼 순수 함량의 정서를 표백하는 시의 성숙으로 전환하려는 의지를 발동하게 된다. <연인>·<다짐>·<목숨의 절반을 주어서라도>·<확인>·<비밀> 등의 시에 담겨진 그리움은 결국 사랑의 전단계의 속성을 다짐하는 형태의 호소이면서 그리움과 사랑을 하나의 범주 속에 용해하는 미분화의 정서적 특징으로 감지되는 시어로써 순수 지향을 나타내는 정신 지표가 될 수 있다.

5. 추억

인간은 자기를 돌아보는 길을 넓게 가지려는 마음을 추억이라는 이름으로 포장하여 자주 찾아가는 밀회의 시간을 즐기려 한다. 예의 백 시인의 시엔 추억의 어린 날의 음성을 뒤쫓아가는 넓은 길이 밝은 햇살과 어울린다. 땅뺏기 놀이나, 펑알 찾는 놀이나 진달래 따먹던 추억, 반딧불 잡던 유년의 기억들은 자연의 음성을 체득하고 자란 시인의 감수성의 진원으로 오늘을 지탱하는 구체적인 요소로 작용하면서 시의 밭을 일구는 재료가 되고 있다.

> 길가에 피어 있는 노란 민들레꽃 보면
> 국민학교 시절
> 전근 가는 선생님 배웅하러 신작로에 나와
> 슬프게 핀 꽃 한송이 꺾어 들고
> 손 흔들어 눈물짓던 생각이 납니다
> ……략……
> 연록빛 눈물비에 가슴 젖는 봄날
> 뿌옇게 지워진 지평선 넘어
> 전근 가는 선생님도 없고
> 영원히 졸업도 없는
> 시골 국민학교 학생이 되고 싶어집니다
> ──〈길가에 핀 민들레꽃 보면〉에서

백규현의 시는 유년의 빛이 유난히 아름답다. 이는 그의 마음에 간직된 동심의 소리와 빛 혹은 색감들이 交織되어 50여세가 되는 시인의 가슴을 점령한 감정들로써 시의 분위기를 압도하는 힘으로 다가온다. 이런 요인은 앞으로 전진하려는 정서적인 현실감이기보다는 돌아보는 과거의 길에서 위안을 받고있는 정신의 편향 현상이다. 이는 심리적으로 정서 가치의 초점을 유년의 때묻지 않는 공간에 쌓아 두고 거기에 의식을 집중하는 심리적인 기저와 같다.

백규현의 유년은 인간미를 갈망하는데서 도시적인 사고이기보다는 자연의 숨소리에 젖어 살기를 바램하는 시골 정취의 인간미를 그리워하는 점이다. 즉 도심에서는 추억을 간직할 수 있는 대상들이 없지만 시골의 정취에서는 쉽사리 사물들과 친근할 수 있는 특징들이 널려 있기 때문에 소박성을 부각하는 요인이 도시적인 것보다 훨씬 용이하다. <색연필>이나 <함박눈>, <그리움, 절반은 유년의 친구들>, <죗값>, <국민학교 동창회>, <플라타너스>, <땅뺏기>, <유년의 영상>, <유년의 음각> 등 어린 시절의 기억들이 살찐 모습으로 시인의 마음을 휘어잡고 떠날 줄을 모른다. 이런 순박함은 곧 백시인의 정신적인 순수와 질박함을 표상하는 손짓이 되어 그의 시를 맛으로 변형하는 요인으로 다가오기 때문에 나이브함을 느끼게 된다.

> 누런 콧물 훌쩍이며
> 물총새 잡는다고
> 대 낚시에 꿸
> 송사리 잡느라
> 실밥 터진 바지 사이
> 불알 나온 줄 모르던
> 여환이
> 어디로 갔는지
> 구름처럼 잃어버린
> 또랑 가
> 유년의 친구들
> ──〈그리움, 그 절반은 유년의 친구들〉에서

순수 때문에 부끄러움이 없고 부끄러움이 없기 때문에 추억의 소리는 강한 힘이 되어 초로의 나이에 이르러 문을 두드리면서 찾아오는 그리움의 소리가 애절하게 들려 온다. 이런 소리의 이끌림에 어쩔 길 없이 함락 당하는 시인의 정서는 깨끗함이 곧 아름다움이라는 시의 특징과 상통하는 길에 마주 선 느낌을 준다. 옷을 입는 꾸밈과 위선의 높이가 아니라 잡으면 잡힐 듯하지만 끝내 잡을 수 없는 추억의 기억들이 시의 문을 두드린다. 더불어 천진한 메아리로 언어의 미감을 통합하는 백규현의 詩情은 그의 가슴에 고여 있는 어린 날들의 추억의 정서와 비례하여 어른이 된 가슴에 가득 채우려 해도 그 열망의 의도만큼 안스러움이 남는 소박한 시인이다.

6. 육친의 정

시인은 고향을 잊지 못하는 원형 의식을 소유하면서 노래를 부른다. 이는 탄생의 공간으로의 고향이라는 의미와 정신의 안주처라는 암시를 하나로 결합하는 의식을 갖는다. 공간으로의 고향은 認識이 우선하고 피를 함께 한 육친의 개념은 정신의 깊이를 형성하는 점에서 둘은 하나로의 상징을 나타낸다. 즉 보이는 고향으로의 공간과 보이지 않는 육친간의 개념이 한 인간을 형성하는 통합된 독특성을 나타낸다. 여기서 둘의 개념이 하나의 개념으로 공고히 묶여진 정신의 구도가 백규현의 시에 보이는 흔적들이다. 어머니를 그리워하는 정과 아버지 그리고 누이를 애틋하게 생각하는 마음은 시인의 정신을 이루는 구체적 조짐으로 나타나면서 시의 행로를 인간미로 형태화 한다는 뜻이다.

풀냄새 향그러운 밀밭 이랑을 지나
　　　산허리를 넘어가시더니
　　　구만리 장천의 구름에 싸여
　　　모습조차 가물가물한 어머니
　　　　　　　　　　　　——〈사모곡〉에서

　　　스무해 전인가
　　　추운 어느 겨울날
　　　오래 전에 길 떠나신 어머니
　　　보고 싶다 시며
　　　칠흙 같은 어둠 속으로
　　　마을 간 사람 마중 가듯
　　　바람처럼 길 떠나신 분
　　　　　　　　　　　　——〈아버지의 집에〉서

　두 편의 시는 어머니와 아버지의 그리움을 애틋한 토운으로 함축하고 있다. 시는 마음의 표백이고 정신의 거울이기 때문에 시인의 가슴 속에 들어 있는 생각을 여과 없이 드러날 수밖에 없다. 이런 심리적인 흐름은 항상 시인의 생각 속에서 길을 찾아다니면서 상징의 옷을 입고 언어로 나타나기 때문에 시인의 마음과 하등에 다름이 없게 된다. 어머니에 대한 그리움과 아버지의 정을 동시에 느끼는 시인의 마음은 지극한 효심으로 감수성을 고양하면서 외로운 서러움과 고독감을 수반한다. 이런 정감은 시심의 본질이고 또 미묘한 정신의 파장을 수반하는 시적 파장을 제공한다. 이런 감정은 누이에게도 같은 뉴앙스를 준다.

　　　어머니 먼 길 떠나신 날
　　　무서움에 울다가도
　　　많은 사람 달려와 좋아라 하던
　　　일곱살백이 막내 누이동생이

내일 모레면 사십이 되네
──〈누이동생〉에서

　육친의 사랑은 슬픔과 괴로움에서 깊어지고 고통에서 고귀함을 느끼게 된다. 예의 백규현의 경우도 부모를 일찍 여읜 누이의 아픔을 유추하면서 지나온 생을 반추하는 회고의 정감에서 소박한 인간의 정감과 누이와의 추억에서 가슴을 열고 있는 따스한 표정이 있다.
　故鄕은 首丘初心의 영원한 좌표이면서 돌아가야 할 자연으로의 상징이기에 항상 마음속에서 길을 잊지 않고 타오르는 열망의 불길로 작용한다. '고향에 흐르는 냇물\가슴속에 흐르고 있네' <고향의 냇물>와 같이 떠날 줄 모르는 노래의 가락이면서 이 때문에 삶에의 고달픔을 삭일 수 있는 정신의 지표로 작용한다.

　　　허물어진 성벽을 밟고 올라서면
　　　그 옛날 백제시대
　　　나당군(羅唐軍)에 쫓긴 유민들이
　　　이 산에 올라
　　　밤새도록 성을 쌓며 토한 울음소리
　　　바위마다 이끼로 되살아나
　　　잃어버린 왕국의 슬픔 들려주고 있는
　　　성터
──〈이구산〉에서

　백규현의 고향 논산은 백제의 슬픈 전설이 묻혀 있는 곳이다. 이른바 나당 연합군이─왜? 외세를 끌어 들여 신라의 영토 확장을 統一이라 했는가─백제를 무너뜨리고 열흘 동안 백제 사람들을 닥치는 대로 도륙했을 때, 배를 타고 일본으로 도망간 사람들은 우리의 종족이 아니던가, 더는 붙잡히면 처참하게 죽느니 차라리 백마강 강물에 빠져 죽은 여인네들을 삼천 궁녀라 이름한 非情한 표현은 역사의 진실을 看過하지 못한 어리석은 말이 아닌가. 신라가 영토 확장의 꿈을 실현한 뒤 우리의 복식 제도와 여인네들의 머리 등을 당나라 식으로 통일한 사실들은 어떻게 설명되어야 하는가. 동반 정복자인 당나라에 준 프리미엄은 없는가? 엄정한 결과는 만주 벌판을 영영 잃어버렸고, 민족의 자존심을 잃어버렸고, 발해를 잃어버렸고, 우리의 참다운 역사를 잃어버렸다는 말은 성립되지 않는가? 김춘추나 김유신이 삼국을 통일했다는 과장 또한 역사적 조명을 다시 해야만 한다. 민족의 가슴에 슬픔을 안긴 사람들에게 祠堂을 지어 존경을 보내는 이른바「통일전」에 들어 있는 얼굴들을 다시 재검토 재평가해야 한다.

'아득히 먼 시절\이 산이 백제 땅이었을 적에\봉오재 꼭대기에 초상이 났다\줄줄이 줄초상이 났다\소복한 여인들이 무리 지어 몸부림 치고 있다' <봉오재에 벚꽃이 피면>와 같이 참담한 역사의 장면을 재현한 시인의 상상력은 역사의 진실과 시인의 삶에 진실이-둘이 아니라 하나라는 발상으로 접근된 시각이다. 물론 고향이라는 연고에 비롯된 현상이지만 고향을 그리워하는 마음에서 나타난 진실과 사랑이 별개가 아니라는 느낌을 준다.

7. 마무리

시는 진실을 그리는 마음의 彩色畵라면 백규현의 마음은 푸른 풀밭에 떨어지는 햇살의 아름다움과 바람의 상큼한 소리를 놓치지 않는 感性의 象徵을 詩化한다. 이는 자연의 理法을 시인의 정신으로 수용하여 다시 변용의 절차를 마련하여 비유의 옷을 입히므로 아름다움의 숲을 이루는 기교적인 묘미에서 백규현의 시는 인간미를 함축한다.

그리움과 사랑이 하나의 공간에서 나오는 그림이고 추억을 그리워하는 童心의 추구는 순수를 찾아가는 아름다움이기에 백규현의 시는 도시의 메마른 정서를 부드러움으로 감쌀 수 있는 新抒情의 시적 무드를 챙긴다.

고향과 자연 그리고 동심의 아련한 기억이 조화된 시의 맛은 그리움의 총체적인 암시가 되고 육친간의 정감은 시의 온기를 자극하는 원천으로의 길을 만들고 있다. 물론 언어의 탄력과 함축미를 보다 응축할 수 있는 정신의 에너지가 어떻게 공급되는가에 따라 백규현의 다음 시집은 또 다른 변신으로 이어질 것이라는 예고를 남기면서 논지의 책무를 벗는다.

7. 시적 진실과 표현의 신선미
― 김진광의 시 ―

1. 의식의 투명성 ― 들어가면서

시는 시인의 마음을 표출하는 거울이라는 데서 시인 자신의 정서를 응축하는 일이다. 물론 시인의 삶에 대한 일상의 반응이거나 정서 변형은 항상 아름다움을 위한 몫에 자리를 양보하면서 고행을 마다하지 않는다. 이런 시인의 의도는 시어 한 구절에 삶의 무게를 실리는 임무에 철저한 표정관리 ― 시의 상징과 품격은 고귀한 느낌으로 돌아온다. 여기서 일차적인 재료는 언어를 어떻게 운용하는가의 기교적인 감당도 있지만 시인의 삶에 대한 성찰이 어디로 지향하는가의 진로에 더 많은 느낌을 생산하게 된다.

김진광의 시는 시인 자신의 인생을 전면으로 노출하면서 대상을 용해하는 진솔한 정서의 추이가 언어의 재치로 나타난다. 이런 단서는 시인의 내면에 뿌리박은 감수성의 함량이 순수를 뜻하고 또 직관의 세계를 용해하여 구체성의 사물과 접근시킬 때, 신선한 느낌은 더욱 깊은 맛을 생성하고 있다. 한 편의 시를 예로 하면서 논지를 전개한다.

누가 뭐라 놀렸기에 토라져 울다 눈두덩이 퉁퉁 부어 오르더니,나
비 한 마리 찾아와 뭐라고 또 속삭이니까, 금새 배시시 웃고 섰네요.
―〈목련〉

  시인의 눈은 범상한 사람들이 미쳐 보지 못한 이야기를 만드는데서 재치를 만나게 되고 또 언어의 묘미를 느끼게 된다. 흐드러지게 피어 있는 봄날 목련을 대상화하여 이야기를 구조화할 수 있는 뇌수의 전환은 곧 생동감을 수반하면서 언어의 장력을 최대로 탄력화 시키는 아름다움이 김진광의 시적 묘미가 된다. '울다'와 '웃음'의 상반성은 '나비'라는 가볍고 산뜻한 이미지를 앞세워 '울다'의 어둠을 '웃음'의 환한 공간으로 轉移시키는 발상은 감춤(Concealment)과 드러냄(Revealation)의 교차감각을 풍경으로 만들게 된다. 그것도 '배시시'라는 침묵성 웃음은 흐드러진 목련의 이미지와 긴밀한 결합을 만들고 또 흰 이미지를 나비와 교차시킴으로 김진광의 시는 한층 입체성을 높이는 效과를 보이고 있다.
  이미지는 설명이나 말이 아니라 보여주는(Showing) 침묵에서 더욱 호소 깊은 전달을 기대할 수 있다면 김진광의 시는 이런 기교적인 언어미감을 발상으로 그의 정서를 이끌어 가는 느낌이다. 이는 N.Frye가 편집한 성층설에 언어의 표층단계에서 의미론적 존재로 다시 심상의 이미지에 이르는 길을 넓히는 고급한 상상력에 시의 임무를 종착으로 삼고 있는 김진광 시의 즐거움이다.

2. 정서의 풍경화

1) 벽과 의식

시는 철학적 명상을 위해 길을 재촉하지는 않는다. 그러나 시의 깊이는 항상 철학적 명상을 수용하는 큰 그릇이라는 점에서 오히려 철학을 뛰어넘는 기능을 감당한다. 철학은 항상 출구를 찾아가지만 시는 오히려 입구와 출구를 동시에 암시하는 상징성에서 다양한 길을 제시한다. 물론 독자는 이런 암시를 알아차리기 위해 의식을 향상하는 노력이 전제되어야 한다는 데서 독자와 시의 관계는 수평적인 관계를 요구한다. 왜냐하면 시를 독자가 읽는 행위 자체가 지적쾌감이라는 단순한 것만 아니라 시인의 사상과 조우하는데서 기쁨의 농도는 훨씬 다양성을 가질 수 있기 때문이다. 이는 佛家에 無所說을 이해하는 정도의 문제가 무소설을 이해하는 수준에서 이룩될 수 있는 말이기 때문이다. 결국 시인의 思想을 만나는 것은 시의 의미를 만나는 일과 다를 바 없다는데서 시의 특징은 곧 시인의 특징-개성의 만남과 같다. 첫 번째 개성은 벽의 높이와 만나는 일이다.

김진광의 시집에서 부딪히는 벽은 이중성의 암시를 제거하는데서 이해를 만나게 된다.

벽을 허물려 하지 말라
잠들기 전의 문단속
벽만큼 믿음이 있던가
문은 벽의 자유를 모르는
새들이 빠져나갈 구멍이느니
삶과 죽음의 경계가 그러하듯
벽은 허문다고 허물어지는 것이 아니오

쌓는다고 존재하는 것이 또한 아니라
너가 너를 깨끗이 버렸을 때
스스로 허물어지는 것이요
푸른 이상이 해초처럼 무성한
벽은 자유 그 자체이라

———〈벽에 관한 명상〉

　명령으로 출발한 '벽을 허물려 하지 말라'의 어조는 처음부터 매우 고압적인 의식의 완고성을 보인다. 더불어 벽에서 '믿음'을 유추할 때, 시인의 생각은 범상한 사람들의 벽에 대한 답답한 혹은 괴로움의 이미지가 아니라—역설적인 출구를 마련하면서 이미지의 출구를 낯설게 하는 우회의 방법을 사용한다. 즉 벽은 허문다고 허물어지는 현상적인 것이 아닌「마음」의 벽에서 자유를 찾을 수 있다는 보다 개방된 의식의 깊이로 들어간다. 즉 3차원에 속박으로의 벽이 아니라 참된 마음의 자유를 얻었을 때, 벽이란 의미는 현실에 하등의 의미를 공유하지 못한다는 넓은 공간을 설정하게 된다.
　벽은 높이가 없다면 벽으로의 기능을 감당하지 못하기 때문에 이는 시인의 삶에 대한 명상을 뜻하면서 철학적인 행로를 지적하게 된다. 시인의 의도가 가장 명확한 '너가 너를 깨끗이 버렸을 때'라는 가정으로부터 벽은 이미 존재하지 않는 대상으로 남게 된다. 이런 자유를 획득한다는 것은 가능할까? '버렸을 때'라는 시간의 진입은 인간의 自覺의 度가 얼마나 깊을 수 있는가의 충족요건이지만 깨달음은 가져다주는 것이 아니라 자발성에서 얻어지는 시인의 암시가 벽=자유라는 등식으로 시의 깊음을 만든다. 물론 벽은 제한의 뜻이고, 자유는 벽의 제한을 벗어나는데서 얻어지는 것이지만 현상적인 것이 아니라 인간 내면의 깨달음이 전제되는데서 김시인의 벽은 내면 미학을 추구하는 명상과　처음으로 만나게 된다. 이런 전제는 <아버지의 못>에서도 동일한 발상을 재촉하고 있다.

> 벽지를 바른다
> 먼저 못자국은 감추고
> 상처가 보이지 않는
> 새 벽지 위에
> 다시 못을 박는다
> ──〈벽은 가슴에 박힌 못을 사랑으로 만든다〉에서

 벽에 못을 박음으로 생활의 출발이 암시되고 또 그런 공간을 설정함으로써 인간의 삶에 사랑의 보호막이 설정된다. 새로 이사온 사람의 못질은 새로운 출발이고 이런 되풀이가 존재의 확충을 의미하면서 생의 확인을 만나게 된다. '벽지를 바르고'의 기대감으로 출발하는 입장으로서가 아니라 시적 화자는 벽에 초점을 고정함으로써 벽이 인간을 어떻게 사랑으로 받아들이고 있는가를 보여주는 형태이다. '아버지가 떠날 때 박아 놓고 간 못\그 곁에 우리 칠 남매의 서툰 망치질.' <아버지의 못> 역시 아버지가 不在한데서 칠 남매가 살아온 인생역정의 이미지를 겹치고 있다.
 결국 벽은 사랑을 확인하는데 현상적인 면과 내면적인 이중성을 교차시키는 역할을 맡고 있는 김시인의 의식을 뜻한다.

2) 생활의 자세

 예술의 본질은 궁극적으로 자기표현에 개성을 만든다. 물론 자기의 함량을 철저하게 감추고 상징의 의복을 화려하게 연출함으로써 시의 찬란한 표정은 즐거운 가락으로 다가올 수 있다. 이를 즐기는 독자의 임무는 곧 시인의 삶을 독자의 삶으로 轉移시키는 방도가 클수록 시인의 개성은 명확하게 연출될 수 있다. 결국 시인은 어떻게 사는가의 방도를 가장 시적으로 표현할 때 감동을 만들게 된다. 성인들의 가르침과 삶이 항상 높이가 아니라 낮은 곳으로 향했던 암시는 생의 순수성을 至高至善으로 생각한 바, 낮은 곳으로 임하는 삶은 사랑이 깃들어 있고, 삶의 영역을 넓히는 따스한 인간미를 만나게 된다. 김진광의 시에는 이런 생활의 자세가 두드러진다.

   무거워 오는 세상 잘 바쳐 주며
   구린내 나는 세상 잘 참아 주며
   험난한 세상 말없이 뛰면서
   영광은 목에다 걸어 주는
   너는 聖子이던가

   발을 내려다보다가
   구멍난 양말 사이로
   죄 짓지 않고도 부끄러워하는
   발가락 하날 보았다
         ――〈발가락〉에서

 '구멍난 발가락'을 바라보다가 세상을 부끄러워하고 있다는 생각에 이른 시인은 곧 자신의 모습을 객관화한 모습이지만 '어둠 속에서' '햇살 한 오라기\바라 본 죄밖에 없다'는 겸손과 낮은 삶에 무슨 죄가 있을까만 부끄러움으로 햇살을 바라보는 서민의 마음은 차라리 서글픔을 연상하게 한다. 그렇다면 '햇살'은 누가 바라보는 것인가? 물론 김진광 시인의 시에는 칼칼한 사회대립의 구조는 없다. 이로 볼 때 선량한 사람의 깨끗한, 그리고 겸양을 앞세워 살아가는 사람의 순수한 마음일 것 같다. 그리하여 자기의 발가락을 '성자'라는 객관성으로의 지칭은 그가 살아가고 있는 삶의 道程을 눈 여기게 하는 겸손의 부분이다.

> 내가 짐지면
> 누군가 가벼운 걸음
> 그래 걷고 또 걷자
> 사노라면 언젠가 날은 밝아오는 것을
> ──〈내가 짐지면〉에서

> 탐석을 하다보면
> 겉으로 드러난 돌보다
> 안으로 반쯤 숨은 돌에
> 더 눈길이 가요.
> ──〈그늘에 반쯤 묻혀〉에서

    〈내가 짐지면〉이나 〈그늘에 반쯤 묻혀〉는 앞에서 언급한 〈발가락〉과 동일한 이미지 군을 배열하고 어떻게 사는가를 숙고하게 하는 의미를 확충한다. '내가 짐지면'이라는 가정에서 희생의 뜻이 있고 헌신하려는 성실한 자세가 돋보인다. 이런 마음은 남을 위해 자기를 버림으로 더 큰 것을 얻지만 그런 계산을 외면하고 봉사하려는 마음이 기대하는 것은 '언젠가 날은 밝아오는 것을'이라는 희망의 불을 켬으로써 시인의 신념을 강화하는 것이다.
    공자가 仁을 실천하는 방도로 「己欲立而立人 己欲達而達人」이라는 말을 했다. 즉 「스스로 서고자 할 때 남을 먼저 서게 하고, 스스로 이루고자할 때, 남도 이르게」하는 헌신의 자세에서 공자는 궁극의 인간 도리를 찾았다는 것은 삶을 이익과 계산으로 아우성치는 사람의 삶과는 분별되는 일이다. 역시 〈그늘에 반쯤 묻혀〉에서도 소리치고 아우성하는 사람보다 목소리를 낮추고 나즈막이 살아가는 사람에서 신뢰와 꿈을 발견할 수 있다는 통찰은 현대를 살아가는데서 만나는 흔한 일이지만 이를 실천한다는 것은 至難한 일이다. 자기를 감추면서 자기의 일에 온전한 이미지를 강조하는 김진광의 주장은 곧 그의 삶에 대한 철학이자 신념의 공고화라는 데서 높은 비유를 간직하고 있다.

3) 물의 이미지

물은 생명의 근원이라는 데서 본질을 만나는 일과 같다.『노자』에「太素」의 뜻이 곧 無라는 말과 상통한다. 무는 곧 어둠이지만 이는 모든 것이 내포된 어둠이다. 어둠 즉 카오스에서 코스모스를 향하는 회전의 개념은 陰과 陽 혹은 달과 해가 이루어진다. 달과 해의 교호(交互)는 필연적으로 습기를 만들게 되면서, 농도의 차이에 따라 이슬이 되고 이슬방울은 곧 물방울이 되면서 물이 되어 강으로 흐르게 된다. 물은 可視的인 생성체로 양을 포위하고 습기는 우주운동의 영원성을 창조하면서 정신의 개념을 잉태하게 된다. 인간은 물을 떠나서 존재할 수 없고 물은 곧 정신의 고향의 이미지로 남는다.

김진광의 삶의 공간이 바다(동해쪽)라는 점도 있겠지만 그의 시에는 물(바다)의 이미지가 번다하다. 경험층이 내면의 의식을 뚫고 나오는 현상이다.

> 강은 한 몸이다
> 나는 네가 되고 너는 내가 되어
> 서로 마주 볼 수 없는
> 그대 한 몸이다
>
> ——〈강변에서〉중

〈강변에서〉 시인과 물이 하나의 암시로 묶여지는 것을 본다. 일체화는 곧 의식과 대상이 결합하는 양상이지만 이는 속성의 일치라는 조건을 만들어야 한다. 물과 시인의 교접이 서로의 뜻에 의해 '나는 네가 되고 너는 내가'라는 「한 몸」의 경지가 곧 자연과 인간이 하나의 호흡으로 결속할 때, 가능한 일이면서 계산 없는 결합을 필요로 한다. 물과 시인의 일치가 이루어지는 것은 그가 살아온 경험들의 익숙함과 같은 경우가 자주 등장하는 <五十川>으로 의식의 맥을 형성하는 느낌이다.

> 네 이름표에는 갈매기 울음소리가 묻어난다.
> 굽이굽이 끝없는 어둠에서 돌아 온
> 아침의 날갯짓 소리가 들린다.
> 너는 어머니다.
> ――〈오십천〉에서

아마도 시인이 살아온 고향이거나 그의 삶에 원형으로의 암시를 가진 상징으로 보이면서 自矜을 높이는 곳으로 보인다. 오십천으로부터 관동의 죽서루를 낳고, 죽서루는 관동별곡을 만들게 되었고, 또 자기를 포함한 시인묵객을 낳은 원형을 오십천에서 발견함으로 자기존재의 위치를 비유하는데 까지 이른다. 이런 풍광명미한 자연의 원천이 곧 오십천이라는 곳이지만 폐광의 아픔까지 대동하고 시인의 가슴으로 다가오면 오십천은 아침의 날개소리로 幻影을 심고 있다, 이는 그만큼 시인의 가슴에 밀착된 인상을 남기는 정서의 본질로 보인다.

> 바람이 푸른 공책 한 장을 넘기자
> 까닭 없이 파도가 부셔지고 있었다
> ……략……
> 하얀 손가락만 바다 위에 남아
> 피아노를 치고 있었다
> ――〈밤파도〉에서

<바다의 유혹>·<해변>을 위시해서 바다는 김진광의 정서에 깊게 각인(刻印)된 소리의 이미지이면서 푸른 시각―공감각을 부추기는 역할을 감당하는 바, 이는 시의 생동을 만드는 소리와 색감의 조화를 만

나게 하는 신선한 에스프리와 같다.

4) 고통

인간은 신음에서 성장하고 또 고통에서 키가 커진다. 이는 예술의 속성이 역경과 밀접한 상관으로 볼 때, 고통의 양에 비례하여 예술의 빛은 더욱 찬란한 이유가 아픔을 승화하는 방도를 뜻한다. 가령 병이 들었을 때 건강의 깊음을 찾는 것처럼 정신의 넓이를 확충하게 된다. 어린애가 넘어지면서 자라는 것과 같이 고통은 인간을 성장시키는 교육의 방편으로 인식된다. 김시인은 병이라는 대상을 만나 자기를 바라보는 의식이 연작으로 표출된다.

> 501호 병실 침대로 자꾸
> 파도가 밀려온다.
> 아직 물안개가 자욱하다.
> 깨어나야 한다, 어둠에서 깨어나야 한다.
> 새벽이 오기까지
> 이 세상은 아직 춥다
> ──〈병동에서.2〉 중

병은 인간을 나약하게 하고 인간을 돌아보게 하는 성숙의 계기를 제공한다. 그러나 깨어나는 시간을 바램할수록 그 열망의 농도는 더욱 안타까운 법이다. 어둠 속에 들어가면 그 어둠에서 안주하는 것보다 빛을 그리워하는 마음으로 시간은 더욱 초조한 이유가 건강이라는 소중함으로 인식된다. 그리하여 '이 세상은 아직 춥다'라는 체감의 온도를 느끼면서 따스한 공간으로의 이동을 열망한다.

죽어야 한다는 것은 슬픈 일이다. 병원에서는 이런 일상이 다반사이지만 이를 바라보는 심정은 나도 여기에 끼이지 않을 것인가의 불안이 커질 때, 인간의 본질이 무엇인가를 숙고하게 되고 돌아보는 자각의 시간을 갖게 된다. 자각의 시간이 길면 길수록 인간의 정신은 밝고 명확하게 성립될 뿐만 아니라, 인간의 성장을 부추기는 것이 곧 **고통**이다. 왜냐하면 인식을 새롭게 하는 것이 고통으로 시작하기 때문이다.

> 영안실에 가봐라.
> 늘 술이 있더라.
> 눈물이 있더라.
> 술잔에 눈물 몇 방울을 섞어
> 밤새도록 마셔봐라.
> 눈감은 자 있어
> 우리 눈은 점점 또렷해지느니
> ──〈병동에서.3〉 중

영안실이라는 副題가 있는 <병동에서.3>는 인간의 죽음에서 느끼는 담담한 고백이 전혀 낯설지 않고 오히려 친근함을 연상하게 된다. 죽어간 자의 앞에서 술이란 무엇인가? 살아있는 자들이 잊기 위한 그리고 슬픔을 넘어가기 위한 변명으로 마시는, 어떻든 술은 여러 면으로 위로를 심는다. 물론 생사를 구분하는데 인간의 역할로는 슬픔을 표현하는 방도 이외에 달리 무엇이 없다는 절박한 한계에서 술은 살아있는 인간을 위한 몫이지 죽어간 자의 몫이 아니다. 이런 풍경을 바라본 김 시인은 '아직도 걸어야 할 먼 길을 위해서\조금씩 마음을 비우며 살아야지.\가볍게 걸어야지. <병동에서.5>를 자각함으로 병이 고통만의 의미가 아니라 보다 성숙으로 남기는 역할을 역설적으로 감당하고 있게 된다.

5) 사랑

 시에서 사랑은 육신의 의미보다는 오히려 정신의 넓이를 계량하는 방법으로 많이 쓰인다. 인간 삶에 궁극은 허무이고 이를 극복하는 것은 인간이 인간을 사랑하는 일에 초점을 모을 수밖에 없다. 허무를 상쇄하는 의미는 인간을 사랑하는 일이기 때문이다. 김진광이 사랑은 만해의 사랑과 같이 도취의 원리를 강조하는 점에서 깊이를 찾아간다. 이런 단서는 여성어미의 '마셔요'등에서 動的인 것보다는 靜的인 정신의 추이를 간직한다.

> 언제인가
> 둘만의 축배를 들 때에도
> 조금씩 가슴으로 마셔요.
>
> 조금씩 가슴으로 마시다가
> 빈 잔이 되면 마주보고 서서
> 눈빛으로 사랑한다 말하셔요.
>
> 그 때는 이미
> 그대의 가슴 속에
> 포도주가 다시 익고 있어요.
>
> 어둠이 있어야 볼 수 있는
> 별과 같아서 사랑은
> 못 박히는 진정한 아픔 뒤에 확인되어요.
> ──〈사랑은〉에서

 봄은 겨울을 지나야 오고 꽃은 시련을 지난 뒤에 아름다움으로 개화하는 것처럼 代價를 지불하고 행복을 맛보는 것은 자연의 순리이자 이치이다. 행복한 사랑이란 것도 고통을 맛보고 난 후에 달콤함을 이해할 수 있다는 시인의 사랑해석은 특별한 암시는 아니지만 그 표현에 담긴 깊이는 감동을 전달한다. 이는 시의 언어배합에 긴장의 상황을 만드는 데서 나오는 것으로 도취와 일체화를 구성하는 이유가 있는 것 같다. 여기서 대상의 알레고리를 생동감으로 부추기는 것은 시의 일차적인 특성으로 연결된다. 사랑이 포도주—오래된 포도주이기를 소망하는 것은 완전한 「하나」의 도취를 위해 익어짐을 기다리고 또 이를 얻기 위해서는 '못 박히는 진정한 아픔 뒤에'라는 조건을 만들면서 쉽게 이루어지는 것이 아니라는 교훈적인 지시를 남긴다.

3. 나가면서

김진광의 시는 편향적인 대상에 대한 가락이 아니라 시선의 다양함을 용해하는 성향을 갖고 있다. 타인의 아픔을 나의 통증으로 바라보는 탄전지대의 아픔에서나 自然의 미묘한 숨소리를 포착하는 통찰의 눈에서 포착되는 사물 등을 소화하여 살아나는 기교로 처리된다. 이런 시의 개성은 김진광의 시의 앞날을 행복하게 하는 작용으로 남을 것 같다.

생활은 시인이 시를 잉태하는 공간으로 어떻게 현실을 수용하는가의 자세에 따라 시의 특징은 다르게 나타날 수 있는 바, 김시인에게는 가장 낮은 마음에서 가장 높은 승화를 위해 객관적인 위치에서 이미지를 보여주는 기법으로 구사한다.

이런 특징은 일정한 부분만의 편향이 아니라 인간사에서 풀벌레에 이르기까지 광범위한 영역으로 확산하는 감수성을 내보일 때 인간미의 따스함을 감지하게 된다.

김시인의 시에 물의 이미지나 벽에 대한 역설적인 표현은 김진광의 시에서 긴밀한 정신의 구조화에 있다는 느낌으로 김진광의 시는 주체와 객체를 하나로 통합하는 정서 상태 즉 화해된 종합(mediated synthesis of subject and object)의 경지를 소요하는 비유의 풍성함에서 그의 몫을 수행하고 있다.*

8. 식물성 정서와 정적이미지의 시
―강문숙의 시―

1. 들어가면서

　한 편의 시를 대하면 바로 시인의 모두를 만난다는 점에서 시는 인간의 거울이다. 그것도 인간의 내면을 속속들이 파악할 수 있을 뿐만 아니라 과거와 현재 그리고 미래를 예감할 수 있는 심리적인 요소가 총체적으로 표현되어 있다. 산문은 낯설게 하기라는 포장이 있어 묘사나 혹은 설명으로 딴전을 피우지만 시의 경우엔 인간을 전면으로 노출해야 비로소 감동을 만날 수 있다는-시는 어느 때나 인간의 모두를 포괄하는 방법을 사용한다. 여기서 시는 인간의 사고와 감정의 모두를 풀어쓰는 것이 아니라 응축하는 상징과 비유의 언어 기교를 추가해야 한다는 사실은 시 쓰기의 어려움을 가중하는 것이다.
　시는 천재의 예술이라 말하지만 많은 경험을 농도 있게 익혀야 하는 점에서 익히고 익혀야 제 맛을 내는 토속적인 맛을 외면할 수도 없는 경우가 허다하다. 시는 이런 종합적인 상관을 유기적으로 결합하는 일이 주로 언어라는 재료를 통해서 시인의 의도를 표출해야 한다. 그것도 산문적으로가 아니라 가장 운문적인 조건을 합치한다는 것을 전제로 하기 때문에 시인의 길은 그만큼 많은 제약과 여기에 따르는 고통을 수반한다. 이런 고통은 시를 더욱 아름다움으로 전환하는 속성이 된다.

도자기를 빚기 위해서는 고열의 불 속을 견뎌내야 비로소 순백한 생명으로 변하는 이치처럼 시인의 길은 결코 단순한 노래꾼이 아닌 이유가 여기에 있다.

강남숙의 시를 말하는 앞자리에 시를 잉태하는 여러 조건을 제시하는 것은 시가 단순하게 읽고 버리는 그런 소비품목이 아니라 인간의 가슴을 울리는 감동이 어떻게 나타날 수 있을 것인가를 가늠하는 단서를 찾기 위함이다. 시는 곧 시인의 목소리가 되고 시는 또 시인의 운명을 짊어지는 負荷된 길을 터벅이는 표상이기 때문에 시인이 빚는 언어는 단순한 소비가 아니라 진정한 사람을 만나는 대화와 같은 일이 될 것이다. 이런 숙명적인 만남을 위한, 예언하는 시의 얼굴은 다양성에서 하나의 대답을 거부하지만 진솔한 목청에서는 하등에 다름이 없다. 이제 강문숙의 의식의 모두를 만나는 길을 재촉한다.

강문숙의 시는 여성이 갖는 섬세함을 주조로 사랑과 그리움, 혹은 주변의 사물들에 마음을 쏟아 이야기를 들으려는 개방된 마음과 식물성의 정서 또는 아늑하고 단정한 흐름이 있다. 이런 이미지들은 하나의 통로만을 고집하는 것이 아니라 복합적인 결합을 시도함으로 변용되는 특징을 具有하고 있다.

2. 정서의 변용들

1) 고독한 섬의식

시는 시인의 감정을 나타내는 온도계의 구실을 한다. 설혹 가장(假裝)한다해도 이는 어떤 형태로든 본색을 나타내는 심리적인 흐름을 가식으로 위장할 수는 없다. 이는 시의 특색이 진솔한 또는 깨끗한 인간의 마음을 표백하는 방도에서 길을 만들 뿐만 아니라 시의 궁극적인 길이 되기 때문이다.

첫 번째로 만나는 강문숙의 시에는 고독한 정서가 내면으로 흐르고 있다.

> 언제부턴가
> 네게도 작은 섬 하나
> 다가오고 있었다
> ······략······
> 작은 섬으로 남아
> 쓸쓸한 수평선 바라보며
> 작은 풀꽃 일으켜 세우는
> 꿈의 섬에도 햇살은 내린다
> ——〈꿈의 섬〉에서

인간의 의식은 항상 유동적인 점에서 목표를 설정한다. 〈꿈의 섬〉은 시인이 객관적인 바라봄의 거리만큼을 유지하면서 '네게도'라는 내가 아닌 관조자의 정서를 갖고 있다. 물론 너를 향한 관심 때문에 너의 거리를 의식하게 되고, 이런 감정은 떠나는 자와 유사한 동경을 꿈꾸는데서 나타나는 심리적인 유사성을 갖는다. 이런 시인의 정서는 작은 섬의 주인공이 '쓸쓸한 수평선을 바라보며'의 고독한 옷을 입고 '작은 풀꽃 일으켜 세우는'섬에 햇살이 내림으로써 행복한 마음을 심고 싶어 하는 시인의 감정을 대리하여 '네게도'라는 의탁의 소심성을 보일 뿐, 본심은 강문숙 자신의 고독한 정서를 나타낸다. 물론 섬이 구체적으로 현실공간에 나타난 바는 없지만 겉으로 드러날 수 없지만 내면의 무의식은 인간 누구에게나 있는 일이다. 다만 이를 어떻게 의식화할 수 있는가의 방도에 차이가 있을 뿐 본질적으로 자기만의 「섬 하나」는 누구나 가지고 있다. 강문숙의 시는 이런 좌표의 섬에 未知의 그대가 있다는 꿈을 노래하는 것 뿐이다. 물론 현실성이 아닌 상상력의 구조를 만들어 가는 아름다움의 노래가 詩라는 데서 심성의 원형을 만나는 일과 같다.

> 아무나 찾아 오시기엔
> 너무 어렵고 힘든 길
> 하고많은 사연들
> 꽃잎 꽃잎에
> 까만 반점으로 띄워 놓았지요
> ──〈산나리〉에서

섬에 이르기 위한 길은 시인의 마음속에 그리움 혹은 어떤 경험의 요소들이 의식의 층을 뚫고 나오는 일이기에 확연한 표정을 그릴 수는 없다. 그러나 고독의 섬에 누군가 방문해주기를 갈망하고 또 고독을 삭여주는 동반자의 발소리를 원하는 인간적 고독은 구체성을 가질 필요가 없다. 왜냐하면 시는 애매성(ambiguity)을 특징으로 하기 때문이다. 여기서 시는 다양한 해석 또는 그런 여백을 많이 마련할수록 훌륭한 이름을 부여받는다. '아무나 찾아오시기엔\너무나 어렵고 힘든 길'이라는 험난성 때문에 강문숙은 꽃잎 꽃잎에 '까만 반점'이라는 표지

8. 식물성 정서와 정적이미지의 시

를 새겨놓고 기다림을 그림자로 남기는 것이다. 그렇다면 '아무나 찾아 오시기엔' 어렵다는 그 길을 찾아갈 수 있는 대상은 곧 시인의 정신에 박힌 대상화의 종점이 된다.

2) 그대에로 가는 길

시는 대상을 하나로 결합하는 일체화 즉 아이덴티티를 이루는 길을 상상력으로 결합하는 기교적인 예술이다. 먼 未知에 있는 대상을 두고 노래하는 강문숙의 시는 길을 찾아가는 일로 시작된다. 이는 대상을 나로 일체화를 꿈꾸는 일차적인 단계이다.

> 마음 갈피 잡을 수 없는 어느 날
> 약속한 적 없는 그 누군가와
> 어디론가 떠나고 싶어
> 철길에 서 보았습니다
> ──〈바람 부는 날〉에서

그대라는 미지의 대상을 찾아 길을 떠나려는 강문숙의 의지는 확고함보다는 오히려 마냥 쓸쓸한 생각을 충족하기 위한 소비에 가깝다. 이는 자기위로 혹은 일상의 노래와 같다는 것이 '약속한 적 없는'이라는 시어에서 확인된다. 생각은 어떤 방도로든 표현의 길을 구체화하려는 생각이 준비되기 때문이다.

이럴 때 편지는 시인의 마음을 전달하는 원초적인 기능을 수행한다.

> 점하나 없는 백지 사연
> 바람 따라 떠돌다 잠이 들고
>
> 하늘, 바다, 땅을 거친

절실한 바람 노래
───〈편지〉에서

　편지를 보내는 대상화는 '나 그대 울리고\그대 날 웃기는'에서 나와 그대의 상관은 직접적인 대면이 아니라 마음을 전달하는 간접의 방법으로 뜻이 형상화한다. 편지는 대화보다 더 지속적이고 언어보다 깊은 생각을 덧붙이는 강력한 흡인력을 갖기 때문에 친밀도는 더욱 가속적인 느낌을 갖게 된다
　이런 마음은 <해운대 바람>에 오면 망연한 노래의 행방이 어떤 것인가를 느끼게 한다.

　　　그대여
　　　전설 같은 지고한 사랑 얘기를
　　　모래톱에 쌓으며
　　　가식 없는 삶의 진실
　　　퍼득이는 물살 위에 꽃잎으로 띄운다.

　소녀적인 심상을 눈 여기는 시이다. '그대'를 향하는 마음이 전설 같은 '지고한 사랑'에 초점이 모아지면서 시인의 의도가 채색되면서 꽃잎이라는 아름다움으로 풍경화를 마련하려는 시인의 꿈이 순수하게 펼쳐진다. 사랑의 변용은 인간의 상상이 허용하는 다양한 모습을 연상할 수 있다는 점에서 하나만의 고정된 관념이 아니라 일상적인 아름다움에 대한 시인의 꿈과 같은 느낌이 우선한 것도 '삶의 진실'이 꽃잎으로 시인의 마음을 대리 충족해준다.

　3) 바다 혹은 물의 이미지
　강문숙의 시에 물의 이미지는 그의 의식을 이동하는 역할을 수행할

뿐만 아니라 정서를 깨끗하게 하는 이중의 역할을 하는 것 같다. 아울러 유동을 구체화하는 점에서 시인의 의식을 한층 다른 국면으로 이동하는 변화의 암시를 갖는다. 또한 스스로를 정화하는 몫을 감당함으로 시의 품위를 높이는 작용을 지속하는 임무도 있다.

>   파도야
>   일렁이며 물결치는 것은
>   너만이 아니다
>   너만이 아니다
>
>   물새야
>   낮은 소리로 울음 우는 것은
>   너만이 아니다
>   너만이 아니다
>
>   휘감기며 안겨오는
>   시간과 시간 사이
>
>   시름 몇 장 물이 된다
>   가슴속 깊이.
>
>   ──〈바다〉

　물과 시인의 상관은 '아니다' '아니다'의 반복에서 파도와 물새의 상관이 시인 자신의 어떤 의도를 동화시키기 위한 방법으로 일체화를 구현하는 역할을 할 때, 물은 스며드는 이미지로 생명력을 획득하고 있다. 이런 단서는 '시름 몇 장'이 물로 화할 때, 가슴속 깊이에 들어있는 인생의 복잡한 현실이 용해되어 푸른 바다의 길을 만나게 된다. 결국 물은 생명의 원천이면서 인간의 아픔을 용해하는데서 시름은 인간의 곁을 떠나게 된다.

물의 기능이 강화된다는 것은 강문숙 시인에게는 새로운 세계를 지향하는 임무에 다양성을 만나게 되는 또 다른 길을 유추하게 된다.

> 나의 바다는
> 늘 꿈꾸다 잠드는 소녀의 창가에
> 빈 유람선만 띄워놓고
> 철썩이며 부딪혀 오는
> 파도의 슬픈 전설만 적시고 있네요
> ──〈나의 바다는〉에서

나의 바다에 슬픈 전설이 2연에 오면 '진주'로 꿰고 있네요의 진주의 고귀한 형상으로 변모하고 다시 3연에서는 '새벽 별'의 고귀한 빛으로 데포르마시옹한다. 즉 바다가 하강적인 땅의 흐름에서 다시 진주라는 보석의 형상으로 바뀌고 다시 하늘의 빛을 의미하는 신선한 새벽별의 상승이미지로 이어질 때, 바다는 단순한 형상의 바다가 아니라 마음속을 점령하고있는 시인의 의식 일부로 느껴진다. 다시 말해서 시는 땅의 이미지이자 독자에게 감동으로 상승하기를 원하는 심리적 바램이 있고, 바다는 곧 인간의 땅에 푸른 이미지로 인간을 慰撫하는데서 인간의 고귀한 시 그리고 바다는 동일한 역할로 자리잡을 때, 구원의 의미를 소유한다. 이런 소망으로 끌어들인 바다가 시인의 소망을 달성할 수 없다고 느낄 때, 그 바다의 이미지는 슬픈 전설의 자리로 돌아가고 또 소망의 별로 잉태하기를 염원한다.

결국 강문숙의 거의 모든 시에 물 혹은 바다가 등장하는 것은 섬세한 여성심리의 일단, 스미면서 젖어드는 모성애를 보여주는 단서를 제공한다. 물은 정적(靜的)이면서 소리가 없지만 모두를 감싸는 물의 젖어짐과 다름이 없기 때문이다.

4) 思慕와 洗心

어머니는 인간의 궁극적인 종교라는 데서 사랑의 화신이다. 또 고향의 심상이고 원형으로 자리잡는 어머니는 항상 부드러움에서 영원성을 획득한다. 또한 은은한 달빛처럼 스며드는 의식을 인간에게 전달함으로써 떨어질 수 없는 고향으로의 원형을 만나게 된다.

>   무거운 발걸음
>   허리춤에 감긴 바다
>   넘쳐흐르는 피울음 삼키며
>   까만 슬픔 가득 안고
>   이승에서 저승으로 자리바꿈 하더니
>   서러움 탈세라 합장하신 그 모습
>   오늘은 달빛으로 앉았다
>   ──〈사모곡.1〉에서

어머니는 자식을 위해 고통을 짊어지면서 자식의 고통을 대신 가져가고, 고통을 자신의 몫으로 생각하고 웃음을 자식에 넘겨주는 헌신이 사랑이라는 한 마디 말로 대신한다. 이런 역할은 어느 어머니든 같은 일이지만 포근하고 아늑한 고향의 느낌을 쌓아간다. '무거운 발걸음'과 '피울음' 그리고 '까만 슬픔'을 현실에서 지불하고 이승에서 저승으로 자리를 옮긴 追想이 '오늘은 달빛'으로 환생하여 시인 앞에 나타난다. 이런 환생은 그리움의 농도를 더하면서 살아가는 시인에게 힘과 격려로 더욱 애달픔을 부추긴다. 사랑은 달빛으로 와서 달빛의 가슴으로 젖어드는 것과 같이 항상 애달픈 거리의 사랑으로 남는다. 달빛이 먼 거리와 같이 不在한 어머니를 생각한다는 것은 떨어진 부재의 거리와 그리움은 거의 비례한다는 뜻이다.

종교는 인간의 마음을 깨끗함으로 감쌀 때, 구원의 임무가 지워진다.

결국 구원은 타인의 것으로서가 아니라 스스로의 마음에서 비롯된다는 점에서 종교는 마음속에 있는 자기와의 만남일 것이다. 강문숙의 시에는 불심의 깊이가 있는 것 같다. 물론 구체적인 암시보다는 시로 나타난 흔적들이 많은 편에서 느낌의 단서가 있다. 이런 불심의 바탕은 시인의 정서를 안온함으로 채워주는 원동력이 되는 듯하다.

>이른 봄날의 수목들은 제마다 새순을 뽑는다
>환한 눈빛 가슴이 따습고
>공원의 케이블카는
>작은 설레임 실어 나른다.
>……략……
>울적하던 마음 한 자락
>버들 강아지 눈빛에 걸어두고
>서툰 길 나선 그날은
>잠시 파랑새가 되었다.
>　　　　　　　　　──〈병풍사 가는 길〉에서

풍경화를 연상하는 시이다. 울적하던 마음을 가라앉히기 위해 병풍사라는 절을 찾아가는 봄 길에 버들 강아지가 눈을 틔우고, 이런 풍경에 취해 시인은 마음을 가라앉히기 위한 위안의 심성으로 바뀌는 원동력이 병풍사를 찾아가는 의도에서 종교적인 개입이 드러나는 것이다. 이런 과정에서 깨달음의 암시가 '파랑새'가 되는 행복을 얻게 되었다. <전단향 사루어서>나 <업> 등은 불심으로 마음을 씻어내는 인생의 위안을 가질 수 있을 때, 시인의 마음은 한층 포근한 시의 얼굴을 만나는 일과 같은 궤를 만들고 있다. 강문숙은 아우성치고 괴로워하는 심성이 아니라 대상을 조용하게 안으로 삭여서 바라보는 특징이 청정함으로 나타나는 느낌을 수반한다.

5) 식물성 정서

사람의 성격에 따라 시의 특징도 비슷하게 나타난다. 즉 활동적이고 능동적인 사람에게서는 그런 이미지들이 나타나고 내면적인 사람에게서는 안온한 이미지들이 시의 성격을 결정 지운다. 이런 흔적은 소재를 이루는 재료에서 더욱 구체화된다.

강문숙의 심성은 식물성 시들이 많다는 데서 안온하고 정적인 느낌을 갖게 한다. <개망초꽃>·<안개꽃> 혹은 <금난초>·<제비꽃> 등 식물을 시화한 특성은 시인의 마음을 반영하는데서 나타나는 현상이다. 이는 역동성의 정서이기보다는 오히려 차분한 마음의 추구에서 시의 진로를 확보하는 특성과 맞물리는 점이다.

> 어우러지면
> 더욱 돋보이고
>
> 멀리서 보면
> 메밀꽃 필 무렵
> 왼손잡이 소장수
> 아련한 사랑이 걸어오고
>
> 홀로 있으면
> 꽃잎보다 속가슴 더욱 예쁜
> 풋내 나는 사랑 눈빛
>
> ──〈개망초꽃〉

꽃의 심상은 아름다움과 향기라는 두 가지의 이미지를 전달함으로써 고귀한 느낌을 생성한다. 식물은 고정되었음으로 이동의 느낌과는 달리 정지태의 따스함을 남긴다. 연상을 강화하는 <개망초꽃>은 소품의 시로는 성공적인 느낌을 남긴다. 사랑이라는 시인의 의도와 꽃의 결합에서 남기는 여운이 매우 함축적이기 때문이다. 더구나 '홀로 있으면'이라는 가정의 경우가 시인의 현실감과 일치하는 느낌을 남기고 예쁨을 유추하기 위해 '풋내 나는 사랑'의 즐거움이 개망초꽃의 모습에서 상상을 자유롭게 띄울 수 있기 때문이다. 강문숙의 시에 식물을 소재로 한 시들이 특이한 것은 시인의 성품과 어울리는 특성으로 보인다. 식물에 시인의 감정을 결합하는 감정이입의 일치는 곧 시의 대상을 아이덴티티하는 언어의 성질과 일치해야하기 때문에 시인의 感情水路와 함께 어울리는 역할을 수행한다는 의미와 같다.

3. 마무리에서

강문숙의 시는 여성적인 섬세함을 바탕으로 시의 토운을 구조화한다. 이런 발상은 자기를 진솔하게 나타냄으로 마음의 거울을 삼는 시적 진실과 일치하는 부분이다.

고독을 감내하는 시인의 섬 의식은 일정한 거리를 유지하기 때문에 여기에 도달하려는 의지와 애달픔을 엮어 아름다움으로 변형하는 역할을 확인할 수 있다. 이런 단서는 「그대」라는 미지의 대상을 하나의 공간으로 일치하려는 발상에서 사랑을 유추하게 되는 바, 상상의 일단이 남기는 정서의 여백이 마냥 화려하다.

물의 이미지는 강문숙의 시에 가장 많은 함량으로 지배하는 흐름이다. 이 또한 여성적인 모성애의 특성을 비유적으로 나타내는 방편이면서 강문숙의 시를 특징 지우는 원형으로 생각된다.

모성의 심리적인 생각이 사모라는 형태로 변형되었고 이는 현재의 시인을 간접으로 나타내는 인자가 되는 느낌도 있다.

강문숙의 시에 식물성 소재 역시 물의 이미지와 닿고 어머니의 심상을 총합으로 결합하는 이미지군들이다. 결국 강문숙의 시는 동적인 다이네믹함보다 정적인 정서를 대동하고 안온함을 꿈꾸는 여성적인 섬세한 상상의 시인이다.

9. 사랑과 의식의 전개
―金炅鉉의 詩―

1. 시를 위한 文法

시는 언제나 열려진 공간에서 손짓을 보내지만 이를 어떻게 알아차리는가는 전적으로 독자의 몫이라는 데서 한계를 설정하게 된다. 그렇다고 시는 암호 풀이의 난해한 이름으로 전락되는 것도 아닐 때 친근미를 가져야 하고 더불어 至高한 생명력의 아름다움을 호소하는 힘을 가져야 한다. 이런 전제는 시가 여느 예술과는 달리 함축의 여백이 넓다는 점에서 접근 방법 또한 다양한 얼굴로 맞을 수밖에 없다.

시는 시인의 의식을 어떻게 표현미로 換置할 수 있을 것인가에 대한 의문을 대상으로 포착한다. 이는 인간의 삶에 대한 통찰에서 길을 만들게 될 뿐만 아니라 인간에 대한 새로운 해석을 전제로 많은 길을 추정해야 한다. 물론 정신의 흐름은 일정한 궤도를 나타내는 표출의 방법이 심리적인 방법으로 주조를 이루게 된다. 인간의 경험은 達觀에 蘊蓄된 인생 체험과 어우러질 때 보다 화려한 장면을 만나게 된다. 결국 시는 시인의 체험을 만나는 방법이라는 점에서 비켜서는 일이 아니라는 말로 귀결된다. 여기엔 의식을 전개하는 일정한 형태의 문법을 갖게 된다는 뜻이다.

　김경현의 정신을 나타내는 경험의 축도는 다음 시로 특징을 삼게 된다.

　　　　잠자는 대지 위에
　　　　불을 지피운다

　　　　겨우내 싸늘하게 얼어붙은
　　　　속가슴을 풀어놓고

　　　　푸른 실비단 하늘으로
　　　　바람은 불어 오가는데

　　　　나비춤 사운 대는
　　　　노오란 개나리 언덕에는

　　　　풀빛 짙은 옷자락이
　　　　서리 서리 나부껴 운다
　　　　　　　　　　　　——〈춘삼월〉에서

　김경현의 정신적인 흐름은 어둠에서 밝음을 지향하는 형태로 시적 패턴을 유지한다. '대지'라는 이미지를 어둠으로 본다면 이와는 반대편인 '불'에서 어둠과 불이 분리되는 것이 아니라「하나」의 세계를 이루면서 실비단과 '노오란 개나리'의 꽃으로 변하는 암시를 갖는다. 이런 정신의 취향은 살고 있는 경험의 총체적인 지향으로부터 비롯되거나 살아온 삶의 특성이 결합된 것을 뜻한다. 김경현의 시는 빛을 쫓아가는 나그네의 행로를 발굴하려는 의도를 구체화하려는 발상이 시를 이해하는 단초가 될 뿐만 아니라 그의 삶을 추적하는 구체성이 될 것 같다.

2. 사랑의 변형

사랑은 인간의 특징을 나타내는 가장 진솔한 이름이다. 사랑은 인간의 면모를 나타내는 에너지를 보유하면서 살아가는 관계를 넓히는 진원으로의 작용을 감당하기 때문에 사랑의 힘에 무한의 공간을 설정한다. 물론 사랑의 힘이란 무게로 환산할 수 없고 또 어떤 변화의 징후를 갖고 있지 않지만 인간의 삶에 무한 에너지로 작용하는 추상적인 의미로 신뢰한다.

어머니의 사랑은 인생을 살아가는 평생의 에너지라면 남녀간의 사랑은 생의 질을 고귀함으로 치장하는 길을 만든다. 김경현의 사랑은 여러 형태로 변형하는 길을 확보하고 있다.

> 푸른 별빛 눈을 뜨는
> 청춘의 꽃자리에
> 그리운 당신의 모습
> 아름답게 그리면서
>
> 비울 수 없을 만큼
> 크낙한 사랑은
> 가슴으로 얻기 위하여
>
> 병든 세월 데불고
> 머나 먼 어둠길을
> 홀로 걸어 왔습니다
>
> ——〈아픈 몸을 이끌고〉에서

사랑을 얻기 위해서는 대가를 지불하는 절차를 가져야 한다. 이는 아픔이거나 고통을 수반하는 매듭에서 성숙되는 인간미를 발견할 수 있게 된다 김경현의 경우는 큰사랑을 얻기 위한 방편으로 '당신의 모습\ 아름답게 그리면서'라는 꿈을 대입하면서, 그 결과는 '사랑을 얻기 위하여'라는 소득의 목표를 위해 가슴을 채우려는 발상을 지속하게 된다. 그러나 큰사랑의 좌표가 크게 보일수록 '병든 세월'의 고통과 '머나 먼 길'의 힘겨운 나그네의 추적거림이 따라오고, 그것도 '홀로'라는 외로움을 감내 하게 된다. 결국 김경현이 추구하는 사랑의 대가는 고독과 병든 세월의 아픔과 어둠길로 상징되는 통증을 견디는 결과로 얻어야 하는 빛의 추구와 다름이 없다.

> 가슴 속에 묻어 놓은
> 사랑의 불씨를 캐내어
> 소리 없이 어두움을 사룬다
> ⋯⋯략⋯⋯
> 시름겨운 시간의 그림자
> 길어지면 길어질수록
> 못 견디게 사무쳐 그리워지는
> 꿈속의 그 사람
>
> ──〈그 사람〉에서

사랑을 얻기 위한 발상이 어둠이라는 이미지의 숲을 지나왔을 때 만나는 반가움을 뜻한다. 사랑의 의미를 포착하려는 김경현의 의도는 '가슴속에 묻어 놓은'이라는 어둠의 길에서 '어두움을 사룬다'라는 구체적인 행동으로 새로운 전환의 기회를 만들게 된다. 다시 말해서 김경현이 사랑을 위해 벌이는 작업은 그리움이라는 사랑의 전초적인 의미를 확보하기 위한 열망으로 '꿈속의 그 사람'이라는 애절함을 동반하면서 빛의 의미를 확대하려는 발상을 뜻한다. 이런 단초는 김경현이 살아가는 길에 진솔성과 이를 역동적으로 변형하는 적극성에서 상징의 의복을 입게 된다. 물론 김경현이 사랑을 노래하는 구체적인 대상을 암시와 추상의 다면적인 얼굴로 포장되었기 때문에 증명의 절차로 확인할 수 있는 방도는 마련되어 있지 않는 이유가 '가슴 속'이라는 은폐의 공간을 내세우게 된다. 사랑이란 겉으로 드러내는 것보단 오히려 감추는 은근의 미학일 때 더욱 아름다움으로 인식되기 때문에 논리적인 증명의 절차는 무익한 결과가 될 수밖에 없다.

<사랑 변주곡>에서의 문이 열리는 암시, <꽃밭의 노래>에서 아름다운 일들과 사랑의 상관성, <민들레 연가>의 이별에서 눈뜨는 사랑, <들꽃 연가>의 사랑이 빛으로 승화, <토끼풀 꽃>의 삶과 사랑 등 상당히 많은 작품 속에서 사랑의 애절함을 나타내는 감수성이 승화되는 그리움으로 진전된다. 이는 순수를 지향하는 마음의 표백이라는 점에서 김경현의 정신적인 추이를 바라볼 수 있는 상징의 대상이다.

3. 가족 사랑

김경현의 시에는 사랑의 이미지를 변용 하는 것과 가족 관계의 詩化가 상당한 빈도로 작용한다. 이는 인간성을 나타내는 징조이면서 삶의 중심을 어디에 두고 있는가를 뜻하는 대상화인 것 같다. 주로 아내와 부모 혹은 누님에서 아이들에 이르기까지 광범위한 구성원으로 가족의 소중함을 간직하려는 것으로 보인다.

가족은 인간의 삶을 이끌어 가는데 가장 소중한 예술적인 의미를 갖는다. 다시 말해서 가족의 단위에서 삶의 의미가 생성하고 가족과의 사랑에서 인생의 주요한 본질을 발견해 가는 道程이 곧 생의 아름다움이 될 수 있기 때문이다. 김경현의 작품 속에는 부모와 아내 등 사랑의 진원에서 시의 본류를 형성하는 에스프리를 포착하게 된다. 우선 가정의 분위기를 점검하면서 길을 재촉한다.

>오랜만에
>집안 가득히
>함박 웃음꽃이 피었다
>……략……
>네 살 박이
>어린 딸아이의
>천연덕스러운
>말재롱 춤놀림에
>
>　　　　　　　　——〈광명시초〉에서

　어린 딸아이의 재롱으로 집안의 분위기가 밝아지는 정경을 볼 수 있다. 이런 일은 가난과 불행의 순간이 화목한 가정의 모습으로 다가오는 구체적인 因子가 서로를 사랑하는 일 때문에 가능한 일이 된다. '오랜만에\집안 가득히\사랑의 향기가 퍼졌다'의 향기는 곧 행복의 의미를 뜻하고 이런 행복은 김경현이 살고 있는 가치의 중심을 향기로 채우는 일과 같다. 행복이란 느끼는 일이라면 김경현이 만들어 가는 가정의 화목은 '어두움'과 '가난한 살림'의 고통에서 어린애의 재롱으로부터 행복의 장면으로 전환하는 작은 행복의 의미에 초점을 간직하고 있다. 이런 일은 서로의 체온을 「하나의 공간」으로 묶을 수 있는 가정의 소중함으로부터 가능할 것이다.

　생의 동반자는 누구에게나 필요한 일이라면 아내의 의미는 자연의 원리-음양의 원리를 통합하는 이미지로 작용한다. 가정의 의미가 남녀의 결합이라는 형태를 취함으로써 비롯될 때 사랑의 대상인 아내는 곧 가정의 완성을 의미하는 것으로 인식된다. 다시 말해서 원만한 가정의 형성은 아내와 비롯될 때 행복의 근원은 시작된다.

    비워도 비워도 비워지지 않고
    채워도 채워도 채워지지 않는
    그런 신비한 사랑을
    끝없이 끝없이 펼쳐 놓고

    밤이나 낮이나 비바람 막아가며
    벌거숭이 가슴위에 내려 쌓이는
    천야만야한 슬픔의 눈덩이들
    소리 없이 녹이고

                             ——〈사랑 日記〉에서

  가난과 슬픔의 눈덩이를 헤쳐 가는 아내는 겨울—참담한 의미의 겨울을 극복해 가는 아내의 모습을 보여주는 의미의 작품이다. 매서운 겨울을 극복할 수 있는 아내의 사랑은 곧 헌신의 마음이고 이런 바탕 위에서 무한 에너지를 방출하는 아내를 위한 김경현의 마음은 따스하고 깊은 신뢰를 보냄으로써 슬픔의 눈덩이에 情感을 보내는 셈이다. '모오든 그리움의 향기\머나먼 희망의 나라를 향하여\허허벌판 힘차게 날아가는'의 용기와 신뢰의 바탕에서 아내는 김경현에게 절대의 애정을 보낼 수 있는 함량으로 대상화한다. 결국 김경현의 가족 사랑은 겨울의 이미지로 점철된 일상의 고통을 나비와 같은 아름다움으로 극복되어 가는 모습을 형상화함으로써 아내에 대한 사랑과 그리움을 보내는 애정의 눈빛으로 마무리된다.

    지금은 없지만
    그 옛날 아버지의 땅에는
    감자꽃이 하얗게 피었더랬습니다

비가 오나 눈이 오나 손발이 부르트게
자갈 많은 산밭을 일구어
석삼년 보리고개 물리치신 아버지
——〈아버지의 땅〉에서

아버지는 김경현에게 생활의 의지로 인식되고 있다. '지금은 없지만' 이라는 부재의 회상을 통해 하얗게 핀 감자꽃의 추억 속에서 아버지는 가난이라는 무게의 고통을 해결한 분이었고 의지와 신념의 에너지를 김경현에게 전달해 준 정신 지주의 암시를 나타낸다. 이런 생각을 가질 수 있는 김경현의 뇌리 속에는 아버지의 우람한 의도를 달성할 수 있는 날까지 생의 성실성-사랑의 큰 영토 '확장에 뜻을 굳히고 있다 결국 아버지로부터 생의 극복을 위한 의지를 공고화하려는 데서 산이요, 푸른 희망의 바다와 같은 상징으로써 아버지의 인식은 남고 있다.

천길 만길 수렁같이
어둠이 내려 쌓이고
잠자는 꿈의 영토 위에
궂은 비바람
억센 눈보라
끝없이 끝없이 몰아쳐도
줄줄이 딸린 자식 위해
정한수 한그릇 떠놓고
날이면 날마다
손을 모아 만복을 비는

어머니의 하늘에는
노상 별이 떠있습니다
——〈어머니의 하늘〉에서

어머니의 모습을 달의 은근함으로 상징하여 스미듯 다가오는 사랑의 안온함을 피력한다. '어둠이 내려 쌓이는' 벼랑의 땅에서나 '비바람' 몰아치는 절망의 땅에서도 혹은 '줄줄이 딸린 자식'들의 안전을 위해 정한수 떠놓고 기도하는 어머니의 마음은 헌신과 아름다움을 엮어 생을 꾸려 가는 이 땅의 어머니상을 대변한다. '달'과 '별' '태양'의 밝음을 비유로 설정한 김경현의 어머니에 대한 믿음은 어둠의 공간을 채워준 넉넉함으로 하여, 지워지지 않는 모성에 대한 감사에 시적 의미를 부여하고 있다. 이는 그만큼 다감한 정신의 일면을 나타내는 일이면서 인간미가 시적인 성실성과 상통할 수 있다는 증거를 확보하는 셈이다.

김경현의 작품에는 가족의 인자에 대한 관심이 넉넉한 이유가 그의 성품을 나타내는 것으로 생각된다. <육아시첩1.2>에서는 천진하고 다정한 마음을 볼 수 있고 <누님>에선 어린 시절의 가난과 추억을 엮어 회상하는 구조의 아득한 이야기가 들어 있다. 이는 그의 감수성을 나타내는 비유의 이미지들로 더불어 살아가는 시적 대상의 확인이라는 점에서 따스함이 깃들이어 있다.

4) 고독과 삶

고독은 자기를 확인하는 시간적인 절차를 갖기 때문에 객관적으로 개입할 수 있는 역할이 타인에게는 부여되어 있지 않다. 다시 말해서 한 사람의 고독은 그 스스로를 성숙시키는 조용한 의미로 성숙을 위한 교훈을 준다. 만약 고독의 시간이 없다면 삶의 깊이와 넓이는 매우 단조로운 표정을 연출할 것이다. 김경현의 작품에는 고독을 감내 하는 기류가 흐르고 있다.

내 안에는

          섬 하나 자리하고 있네.

                                           ──〈섬〉에서

  섬의 고독은 홀로 혹은 혼자라는 alone의식에서 자기를 돌아보는 깨달음의 시간을 확보한다. 김경현은 '바람부는 날이나\물결치는 밤이나'의 일상성을 앞세워 '외로움 겨운 날이면'의 가정을 전제로 가슴앓이 사랑을 나누는 일에 의도를 함축하고 있다. 이런 일은 그의 삶에 윤기를 더하는 작용으로 전환할 때 신념의 언어로 환생한다.

          보소
          고운 내 몸뚱이
          어디 한 군데인들
          흠잡을 곳 있나
          찾아들 보소

          가슴 안에
          피멍울지는
          수많은 세월을
          웃으며 웃으며
          살아왔다네
                                          ──〈차돌〉에서

  〈차돌〉은 김경현의 생에 대한 신념을 가장 잘 함축한 작품으로 생각된다. 생이라는 거대한 높이를 올라가기 위해서는 절망의 높이를 정복해야 하고 시련의 늪을 건너는 인내가 있어야 한다. 그런 일들이 일상으로 다가올 때 닳고닳은 차돌의 이미지는 삶의 먼 여정을 아름다움으로 전환해 주는 모습으로 연결된다. 온갖 시련 속에서도 오히려 보기 좋은 차돌로 바뀌어진 돌의 단순성은 진지하고 성실하게 살아가는 사람의 모습이 아름다움을 남기는 감동의 경우가 된다. 김경현의 생에 대한 인식은 닳고닳은 돌에서 웃으며 살아가는 긍정적인 담담함을 깨우칠 때 인상을 크게 한다.

5. 시를 위해서

시는 단순성과 명료함을 생명으로 한다. 이를 위해서는 함축이라는 언어 절제의 미를 앞세워야 하고 이미지를 통합하는 구조의 의미를 건져 올릴 수 있을 때, 시가 갖는 사상을 織造해야 한다.

단순한 언어의 나열에서는 넋두리를 만나는 무료함 때문에 시의 성은 무너진다. 김경현의 작품은 다소 진술적이고 긴축미를 결여하는 면도 있지만 진솔한 정감을 표출하는데 서는 안도감을 준다. 아울러 그의 시문법은 어둠에서 빛을 추구하기 때문에 건강성을 내포하고 정서의 균형을 감지할 수 있다. 아울러 사랑을 바탕으로 변형의 기교가 두드러지게 다양한 시적 영토를 만나는 위안도 있다. 이런 기저 위에서 가족의 사랑은 삶의 진원을 부드러움으로 포장하는 새로운 길을 만들면서 오늘에서 내일을 찾아가는 행로를 느끼게 한다.*

10. 사랑의 정서와 인간미
―민후립의 시―

1. 들어가면서

　시는 한 사람의 정신적인 그림을 언어로 그린다는 말은 이미 심리학적으로 채워진 이론일지 모른다. 그러나 시는 살아있는 생명이라는 유기체의 속성이기 때문에 항상 추적할 수 없는 정신적인 과정을 추적해야 하는 부담이 있다. 이런 단서는 시를 단순한 활자의 표정으로 치부하는데 대해 주저해야 하는 일이면서 항상 경계를 게을리 해서는 안된다는 가설을 앞세우는 일이 될 수 있다. 시는 살아있는 생동감을 위해 시가 필요로 하는 비유와 상징 혹은 시적 意匠(의장)을 갖추기 위해서는 언어의 기교에 남다른 노력을 요구하는 것도 이런 점에서 예외가 아니다. 아울러 시를 언어라는 재료를 통해 시인이 그려 가는 세계를 만들어야 의미의 공간을 구축할 수 있다. 이런 전제를 충족하기 위해 시인의 경험을 농축하는 체험의 소중한 축적은 시의 생동감을 더욱 의미의 무게로 마중하게 된다.
　의미를 벗어나는 시란 이미 생의 호흡을 갖지 못한 무미한 개성을 뜻한다. 이런 시는 궁극적으로 삶의 호흡을 감동으로 적시지 못하는 불안을 감내해야 하기 때문에 시인의 개성은 가장 독특해야하는 요망을 덧붙일 수 있다. 결국 시는 시인이 살고있는 삶의 공간을 의도로 정리하는 몫에 헌신해야 한다는 점에서 至難(지난)한 인생의 설계와 같을 것이다.

시는 대상을 하나로 통합하려는 절차에서 동일시의 세계 만들기라 말한다. 이런 절차는 대상을 철저하게 파악한 연후에 시인의 정서와 하나의 공간으로 결합해야만 비로소 감동을 잉태할 수 있는 절차를 수행할 수 있게 된다.

시인은 현실을 영위하면서 현실로부터 도피하려는 정서가 아니라 현실의 중심으로 돌진하는 피홀리는, 때로 戰士(전사)일 경우에 독자와 하나의 공간을 획득할 수 있는 방법을 터득하게 된다는 점에서 시인이 임무는 至高(지고)한 임무를 성취할 수 있게 된다. 여기서 현실이라는 요소는 항상 가변적이고 움직이는 속성 때문에 생명력 있는 탄력을 이룩하게 되기를 요망한다.

민후립의 정신은 상기에서 언급한 생활의 공간과 시인의 정신 속에 스며있는 미적 감수성이 밀착된 느낌을 주면서도 어딘가 외따로 떨어진 고독감을 여운으로 남긴다. 이런 서두는 그가 살아온 체험의 요소들과 오늘의 정신적인 추이와 연결된 느낌을 생성하는 원인을 규명하는 절차가 뒤따라야 한다.

첫 시집을 발간하는 민후립의 정신바탕을 추적하면서 논지의 길 찾기를 시작한다.

2. 이미지의 표정들

1) 존재의 형상

　비트겐슈타인은 <파리 잡는 항아리>에서 세계내 존재라는 명제를 부각시켰다. 다시 말해서 파리가 항아리 속에 들어감으로써 이를 벗어 나올 방도가 없이 오로지 항아리 속에서 일생을 보내야하고 항상 미지의 공간을 위해 염원을 투사하지만 이 또한 상상의 여백으로 마무리될 수밖에 없는 예를 뜻한다. 이런 존재의 근원은 인간의 숙명적인 현상인 바, 절망과—이 절망의 심연에서 희망의 길을 유추하는 것이 인간의 길이다. <우산 속>은 이런 단서를 제공하는 의미로 생각된다.

　　　우산 속은 아늑하다
　　　아무리 혼자이고 싶어도 혼자이지 않는
　　　훈기가 있다
　　　우산 속은 고소롭다
　　　천상을 이고서도 이지러지지 않을
　　　아픔이 있다

　　　우산 속은 넓다
　　　어두움 빗가르는 사나움 비웃 듯
　　　한 자릴 넉넉히 비워있다

　　　우산 속 우산 속이야
　　　언제나 꿈 같아
　　　밤의 깊이 따라 꿈이 익는다
　　　　　　　　　　　　——〈우산 속〉

우산이라는 공간은 비를 피하기 위한 의미를 갖지만 인간의 숙명은 우산이라는 범주를 벗어나지 못한다는 의미를 추가하면 존재의 범주로 유추된다. 존재란 일정한 공간을 점하는 개념으로써 삶의 영역을 확대하고 혹은 축소하면서 생의 의미를 쌓아간다. 이런 공간은 원하든 그렇지 않든을 불문하고 살아야한다는 필연적인 의미를 수행하지 않으면 안된다. 삶이란 '우산 속'의 범위에서 결코 자유로울 수 없는 한계내 존재라는 이름으로 살지 않으면 안된다. 이런 의미를 명확하게 설정하지는 않았지만 암시적으로 우산 속에서 자기만의 생을 영위하는 것이 민후립의 생각으로 보인다. '아무리 혼자이고 싶어도 혼자이지 않는\훈기'라는 발상에서 민후립은 비록 정리되지 않는 발상일지라도 제시된 개념으로의 의미를 전달하는데는 무리가 없다. 이런 발상은 '우산 속 우산 속이야'라는 공간의 설정에서 일정한 하나의 세계를 위해 주거를 설정한 셈이다.

>입석대 빈 초소 속에 갇힌
>하양 나비
>마알간 유리창에 몸 부딪고 버둥거리다
>깨진 창틀 사이로 퉁기쳐 오르다
>초록과 푸름 속을 팔락이며 가로지르다
>하양나비,
>초소 옆 수북한 풀더미에 한 눈을 팔았을까
>원추리꽃 향내에 아뜩했을까
>무심코 들여다 본 방심이었을까
>덫이 될 뻔한 하양나비의
>예리한 촉수의 호기심

——〈유혹〉

'입석대 초소 속에 갇힌\하양나비'는 자기의 의지로 들어온 세계가 아니라 타인에 의해 세계내 존재로 인식되는 운명적인 의미를 소유한다. 이를 일러 철학자 비트겐슈타인은 [파리 잡는 항아리]로 인간의 숙명적인 현상을 비유했지만 인간은 **태어난** 세계를 자의적으로 벗어나는 선택의 권리가 없다. 다만 주어진 삶의 공간에서 **허여된 자유와 권리**라는 부분을 향유하고 어느 날 유리창 밖으로 벗어나는 **삶이 있을** 뿐이다. 유리창을 벗어나려는 흰색나비의 몸부림은 비단 **나비만의 의미**가 아니라 인간의 원형을 뜻하는 일인 바, 무한의 동경을 덧붙이는 인간 추구의 마음과 다름이 없는 일로 추측된다. 인간은 태어난 본질을 결코 수정할 수 없다는 것을 깨달을 때 허무라는 또 다른 색채를 동원할 준비를 한다. 민후립은 세계내 존재를 인간의 문제로 생각하는 데서 철학의 본질로 눈을 돌리게 되었다.

2) 인간 표현

시는 자기를 벗어나지 못하기 때문에 자기의 모습을 시속에서는 감추려는 의도를 내장한다. 그러나 결국 현명한 독자의 시선을 벗어나는 암호란 없다. 이런 이치 때문에 어떻게 낯선 그리고 싱싱한 표현의 묘미를 위해 방법적인 선택을 계속하게 될 것인가에 시는 방랑의 길을 재촉한다는 뜻이다.

자기를 어떻게 표시할 수 있는가는 결국 시인이 체험이라는 요소들을 결합하여 - 이를 조직하여 생동감의 장면을 연출하기 위해 시인은 신명을 바치는 작업에 들어간다.

첫째의 특징은 자유인이라는 속성으로 민후립을 생각하게 한다. 물론 자유라는 말은 자제력을 갖춘 인간의 행동양식과는 크게 다름이 아닐 것이다. 자제력은 이성의 함량이 많을 때의 특성이고 이성에 의해 감성과의 균형을 이룰 수 있을 때 비로소 정감과 지혜의 인간상으로 나타날 수 있기 때문이다.

> 돌아갈 길을 안다는 것은
> 참 좋은 거다
> 혼돈의 골목길
> 두리번거림을 그만 접어두고
> 훌-훌- 나서는 길이 좀 좋으랴!
> ──〈돌아갈 곳이 있다는 것은〉에서

 돌아갈 길을 선택하는 과단성과 선택은 지혜와 이성이라는 작용에 의해 행동의 특성을 이룩한다면 '훌-훌-'이라는 자유인의 마음을 가질 때 내면으로 다가오는 속성을 접하게 된다. 이런 마음에 두려움이 없는 마음의 자유를 터득한다는 것은 농익은 경험의 축적이 필요하겠지만 민후립에게서는 성숙한 지혜의 방편으로 처리되는 것 같은 느낌을 준다.
 돌아갈 것을 안다는 것은 현명한 삶의 방편일 것이다. 이는 원숙한 길을 찾아가려는 노력을 배가할수록 삶의 현장은 더욱 치열한 내면의 '골목길'을 방황해야만 이해될 수 있는 지혜와 遭遇(조우)할 수 있기 때문이다.
 민후립은 밝음을 지향하는 시적 취향을 갖고 있다.

> 누님, 저 여기 쌍계 어둠에 슬며시 기대어
> 찌들은 몸 일으키려 합니다.
> 덕지덕지 끼인 때 벗으려 합니다.
> 끄을음 소복한 심지 매만져
> 다시금 불 댕기려 합니다.
> 쌍계, 맑은 물소리로 귀 채우고
> 시원한 별빛으로 눈 씻으려 합니다.
> ──〈끄을음 소복한 심지 매만져〉에서

내면의 정신지향이 어둠에서 벗어나 밝음으로 향하는 의지를 눈 여기게 한다. 이런 단서는 '다시금 불 댕기려 합니다'라거나 '별빛으로 눈을 씻으려 합니다'의 발상에서 '다시금'이라는 부사를 동원하여 어둠을 벗어나는 명분을 확보한 경우를 동적인 암시라면, '시원한 별빛으로 눈 씻으려 합니다'에서 靜的(정적)인 센시빌리티로 마음을 확보한다. 결국 민후립은 끄을음이라는 낡고 어두운 상황에서 벗어나 불 밝은 세계와 마음을 씻으려하는 동반의 입장을 훌륭하게 전달하고 있다. 이는 민후립의 정신에 들어있는 자화상으로 사료되는 것과 같다.

> 일천원 짜리 비닐우산을 받쳐들고 덕수궁 옆
> 다방으로 불알친구 만나러 간다. "야, 오랫만이다"
> 10년의 간격을 소주잔으로 좁힌 후 집을 찾아들었다
> 서울 하늘 한 귀퉁일 야무지게 베어 물고서 짝궁을
> 지켜온 초면의 부인이 기록을 맡아준 가운데 우리는
> 어제런 듯 고향 품을 들락이며 서른 아홉 만큼 잔잔한
> 어조로 근근히 참아 온 꿈과 아픔과 체념을 한볼떼기 씩
> 내밀어 보았다
>
> ──〈불알 친구〉에서

'일천원'이라는 액수는 가난한 현실을 뜻하고, 이런 발상에서 오랜 친구를 방문하는 친근미가 더해질 때 어린 날의 추억이 전면으로 포진된다. 일정한 시간의 간격을 떠난 뒤에 중년의 나이에서 느끼는 인생의 중심 혹은 살아왔던 과거와 현재의 것들이 즐거운 안주거리가 되어 친구와의 격의 없는 한 장면을 바라보게 된다. 이런 다정다감은 일천원이라는 액수를 개입함으로 민후립이 살고있는 현재성의 소탈한 그림을 접하게 된다. 물론 벌거벗고 먹감던 시절의 정감과 같은 따스함을 오늘에 연결하는 우정은 민후립이 살아오는 정감의 깊이를 확인하는

절차와 같다. 시는 시인의 곁을 떠나는 언어가 아니라는 점에서 느끼는 것은 증명되는 것과 같기 때문이다.

<소중한 마음>에서의 할아버지나 할머니를 위로하는 따스한 마음과, <성묘>에서의 효심을 접하면 민후립이 살고있는 마음의 향방이 부드러움과 사랑으로 이루어진 것을 읽게 된다.

3) 사랑을 위한 파노라마

민후립의 작품 중에서 가장 많은 빈도를 점하는 시어가 사랑의 암시로 보인다. 이는 그의 삶을 지향하는 요소가 여전히 왕성한 정감으로 충만되었다는 것을 읽게 된다. 왜냐하면 정신의 에너지가 일정한 수로를 통해서 분출되기 때문에 은폐할 수 없이 확연한 표정을 감지하게 되기 때문이다. 사랑은 인간의 특성을 가장 극명하게 특화할 수 있는 가능의 이름으로 의미를 탄생시킨다. 이는 사랑이라는 원소로 삶의 출발을 감행했고 또 사랑을 찾아 자기존재를 세우는 이치를 대입하면 인간의 특성은 사랑이라는 것으로 존재의 벌판을 확장하게 된다.

민후립은 사랑이라는 요소에 가장 설레이는 시의 길을 모색하는 땀을 흘리고 있다. 이런 절차는 다양한 이름으로 정감을 변형하려는 의도를 나타내면서 이별과 사랑을 하나의 축에서 출발하려는 발상을 갖는다.

> 언제부터인가
> 허물어져 내리는 마음을
> 채워보고져
> 그리움은 어느덧 기다림으로 변모해
> 우습도록 여린 맘을
> 웃고 울립니다.
>
> ──〈막차는 떠났고〉에서

사랑은 기다림을 출발로 하여 그리움으로 변모하면서 더욱 깊어지는 열망의 늪으로 진전하게 될 것이다. 이런 현상은 그리움을 채우기 위해 더욱 간절한 소망을 키우는 일과 연결되면서 생각의 탑을 높여나가는 절차를 열망하게 된다. '언제부터인가'라는 불명확한 시간을 대입함으로써 기다림의 이유가 자리잡았고 이런 무의식의 벌판에 얼굴을 그려가는 그리움의 사연이 증대된다. '그리움은 어느덧 기다림으로 변모해'의 결말은 다음의 수순을 밟으면서 사랑의 깊이에 이르게 된다.

> 달빛아래서 쓰는 편지는
> 가까스로 "그대의 사랑"이라
> 끝을 맺어도 눈을 흘겨선 안되오
> ——〈달빛 아래 쓰는 편지〉에서

민후립이 생각하는 사랑의 표정은 매우 낭만적이고 전원적인 정서를 내포하고 있다. 이런 증거는 달빛이라는 정적인 무드와 편지라는 절차가 현대적인 감성으로의 속성이 아닌—급한 현대인의 사랑 고백은 전화라는 절차로 쉽게 처리하는 양상을 띄고있기 때문이다. 더불어 그대를 위한 사랑이라는 수줍은 표현과 여린 마음의 방황을 어떻게 감출 수있는가를 생각하는 마음이 전면으로 드러나 있기 때문이다.

> 빨강, 노랑, 파랑, 초록의 색깔로
> 가득찬 아이들의 그림처럼
> 내 의식의 도화지엔 여백이 없습니다
> ——〈열애〉에서

민후립이 사랑의 전개는 기다림의 그리움으로 출발하여 편지라는 절차를 수용하면서 다시 용해하려는—둘이 결합하여 하나의 공간을 만들기위해 열애의 뜨거운 기운을 드러내면서 심각한 정서의 **표출**이 울음으로 전환된다. 이는 완벽한 하나를 위해 모든 것을 **결합하기 위한** 전제가 형성된다는 점을 상정하게 된다.

> 당신을 향한
> 마음
> 그 깊이와 넓이의 두께를
> 모두 얘기하라시면
> 난 울 수 밖에 없습니다
>
> ──〈원망〉

　당신과 나라는 이원적인 현상을 하나로 결합하는 요소는 사랑이라는 본질로의 귀환을 바탕으로 의식의 여행은 계속된다. 이는 통합을 위한 갈망이 뜨거움으로 변환하기 때문에 사랑은 항상 애타는 절차를 수용하기위해 마음의 여백을 준비한다. 다시 말해서 사랑의 순간은 누구나 온후해지고 관대한 마음을 앞세우면서 상대를 포용하는 자세로 일관된다. 민후립은 사랑의 대상을 위한 마음이 '깊이와 넓이를' 확인할 수 없을만큼 지고의 가치를 부여하기 때문에 순수한 마음의 표백을 한사코 외면하려는 마음의 자세를 소유한다. 결국 순수한 마음의 결정을 '울 수 밖에 없습니다'의 마음으로 보이는 절차를 내보이는 것도 시인의 심성을 나타내는 것과 같다. 이런 순수성은 민후립이 살아온 삶의 도정과 밀접한 상관을 생각하게 한다. 아무튼 사랑의 절차가 요란하기보다는 감추는 부끄러움으로 내면의 의도를 아름다움으로 포장하여 상대를 감동시키겠다는 심상을 우선하는 인상이다.

4) 이별과 사랑의 교차

다음 산문시<마음 벌판에 산 하나 있지요>는 아마도 민후립이 쓴 사랑의 아쉬운 감성을 가장 적절하게 시어로 포착한 느낌을 주는 작품이다.

> 내 마음 벌판에 작고 어여쁜 산 하나 자리해 있습니다. '사랑'이라 불리는 아담한 산 속에는 단물과 쓴물을 번갈아 솟아내는 새암이 있고요 계절이 바뀔 적마다 벌판을 마구 헤집어 놓는 미칠미칠한 바람기를 가득 머금은 언덕이 있지요
> 그리하여 내 마음 벌판에서는 달디단 과일과 쓰디쓴 나물을 한꺼번에 맛볼 수 있고요 철따라 울어대는 색깔 진한 바람으로 벌판은 또 늘상 수선스럽지요 그런데 따스한 햇살에 눈이 부시던 날 쫑알거리는 아지랑이 틈새를 뚫고서 크고 듬직한 산 하나가 성큼 다가오더니 마음 벌판에 뿌리 내림한 귀여운 산을 단숨에 밀어내 버렸지요 난 아욱다욱 정들여 온 몸붙이 한 짝을 잃었고요 큰 산의 위용에 내리 눌려 좁아진 어깨를 아쉬워합니다.
> ──<마음 벌판에 산 하나 있지요>에서

산문시는 형식의 자유스럼과 시의식의 분방함을 제한없이 표출할 수 있다는 점에서 특색을 갖는다. 민후립의 <마음 벌판에…>는 비교적 담담한 이미지를 구속됨이 없이-욕심을 갖지 않고 쓴 느낌을 준다. 이런 마음은 사랑의 경우에도 적절하게 대입이 되는 일이다. 욕심은 언제나 의욕을 앞세우게 되고 이런 현상은 필시 과욕으로 본질을 흐리게 되기 때문이다.

마음 한 가운데 자리한 산은 곧 사랑의 이름이었고, 이런 산이 어느 날 '큼직한 산'이 다가와 '작고 어여쁜 산 하나'를 밀어 내었다는데서 새로운 이별의 아픔을 감내하는 슬픔이 자리한다. 결국 민후립의 사랑은 이별과 동떨어진 것이 아니라 하나의 줄기에 사랑과 이별을 공존의

위치로 설정하고 애달픔을 호소하는 형식을 취하고 있다. 이제 이별의
징후를 보여주는 작품은 다음의 표정을 점검함으로써 이해를 도울 수
있을 것이다.

  눈보라 섞어치는 차운 밤
  손을 잡지도 못했네

  시방은 잠시도 머물 곳 없어
  매운 바람에 몸 맡긴 채 걷지만
  이다음 다시 태어나거든
  손 꼬옥 잡고……
          ——〈다시 태어나거든〉에서

 민후립은 적극적이고 활동적인 사랑을 구현하기 위한 용감함보다는
오히려 사랑이라는 대상에 일정한 거리를 유지하여 관조하면서 그리움
을 보내는 소극성에 있는 것 같다. 이런 징조는 '손을 잡지도 못했네'
라는 표현으로 사랑의 적극성을 다시 태어나거든 실행에 옮길 것이라
는 '이 다음 태어나거든'이라는 예비의 미래를 설정함으로써 오늘의
아쉬움을 탈출하는 기회를 만들게 된다. 이런 이별의 조짐은 <이별 연
습1.2.>를 위시해서 <미리 이별을 준비함은> 등의 작품에서 민후립의
정신적인 추이를 나타내고 있다. '미리 이별을 준비함은'이라는 단서를
마련하여 이별이 현실화할 때를 준비하는 시인의 자세는 자기의 공간
을 확보하려는 발상으로 드러난다.

  끝없는 숨바꼭질을 잊기 위함이며
  독한 술에 몽실거리는 얼음조각이
  아니고 싶어서다
  다리가 뻐근토록 아직은 달려야 함이오

그가 아무리 좋은 자리를 가졌대도
제대로 날 재워줄 수 있을까
의문스럽기 때문이다
──〈미리 이별을 준비함은〉에서

 이별을 준비하는 발상이 이외에도 헌신적이거나 사랑의 진실을 나타내는 것보다는 추위에 젖지 않기위함의 '얼음조각'이 안되려는 아집과 '아직 달려야할' 미래를 위한 발상과 '제대로 재워 줄 수 있을까'라는 의문 때문에 민후립의 사랑은 농도짙은 모험을 감행하지 못하는 주저함이 있게 된다.
 사랑은 계산이 아니고 또 따지는 일이 아닐 때라야 순수함을 **획득할** 수 있을 것이기에 민후립의 사랑은 노래하고 바라보는 사랑의 이름에 한하는 느낌을 준다. 이런 처지는 자기를 확고하게 의식하는 자존심에서 나타나는 이기적인 마음의 단편일 것이다.

5) 봄과 가을의 교차

 봄은 생성을 뜻하고 가을은 봄과는 다른 조락의 분위기를 형성한다. 인간이 산다는 것도 봄과 여름 그리고 가을이라는 계절이 교차하면서 겨울을 준비하고 또다시 봄으로 순환하는 의미에서 인간의 삶을 나타내는 상징과 어울린다. 민후립의 시에는 봄과 가을이라는 두 계절감을 앞세워 의식의 단서를 제공하고 있다.
 시는 상징의 방편을 위해 비유라는 절차를 마련하고 또 상징이라는 고급한 의복을 입고 특유의 세계를 만들기에 봄의 상징에서의 재생과, 가을의 설움이 교차하면서 엮어가는 기교적인 특징을 점검하게 된다. <단비>에서는 '고추모종 적시고 논배미 그득 채울\비가 온다'라는 소생의 이름으로 새로운 세계가 열리는가하면 '봄비 뿌린 뒤\허허로운 벌판에 새싹일어나듯\설움이 돋아나다' <봄날의 설움>와 같은 상반된 의식의 교차가 보인다. 이런 현상은 신념의 일관성 문제이겠지만 고정화된 의식이 아니라 자유를 누리는 품성으로 돌리면 이해의 문은 쉽게 열린다.

> 시월이 오면
> 산으로 가리
> 참나무 참나무 숲으로 가리
> 나무나무 보듬고 부등켜 안고
> 우-수수 우-수수 바람 맞으며
> 아-흐흐 소리 죽여
> 산울림 울리
>
> 시월이 오면
> 산으로 가리
> 솔나무 솔나무 밭으로 가리
> 나무 듬성한 양지바라지
> 가부좌 가부좌 상큼히 틀고
> 눈들어 고요히
> 웃음지으리
>
> ──〈시월이 오면〉

가을의 중심인 시월에 오면 '산으로 가리'라는 반복의 어조를 돋구어 산울림 소리에 시인의 마음을 의탁하는데서 가을의 고담한 산의 모습을 대면하게 된다. 이런 청아함은 민후립의 마음속에 간직된 정신에너지의 특징과 연결된 의식의 특색을 구성하는 점에서 투명성을 연상하게 된다.

물론 가을의 정서가 우울하거나 슬픔의 페이셔스를 나타내는 것이 아니라 담백하게 솔바람 소리를 들으면서 가부좌의 형상으로 명상의 깊이에 빠져 '눈들어 고요히\웃음지으리'라는 관조의 세계를 지향하게 된다.

> 숲이 깊을수록 산빛이 고울수록
> 떨익은 욕심은 수글고
> 새로이 찰랑이는 어른스러움
> 이 가을엔
> 비워두고 싶다
>
> ──〈이 가을엔〉에서

　가을의 이미지가 질축거리지 않고 담담한 표정으로 아름다움을 연상하고 있다. 이런 투명한 정서의 연결은 얇고 투명한 이름으로 다가오는 계절감이 '비워두고 싶다'라는 작은 소망으로 충분한 무게를 감당하고 있다. 깊은 산은 어느덧 가까워오고 멀리있는 사람의 얼굴이 다시 그리워지는 계절의 중심에서 삶의 이해를 돋구는 마음이 출렁이면 산다는 고달픔은 어느새 먼거리에서 웃고있는 모습으로 다가올 때 삶은 더욱 산뜻한 노래를 흥겨움으로 엮어가는 일만 남는다.
　이런 가을을 마음에 담으려는 민후립의 시적 진로는 언제나 무심과 무아의 경지에 취하는데서 가을은 더욱 따스함을 불러오는 이미지를 생산한다. 이는 시인의 의식의 창구를 통해서 대상과 시인이 하나의 의미를 이룩할 때 나타나는 투명한 감수성이 민후립이 살아오면서 체득된 정서의 편린들이지만 고귀한 느낌을 생성하는 것은 가을에서 연상되는 대상들의 적절한 배열에서 만나는 즐거움이자 아름다움일 것이다. 이는 전적으로 민후립의 언어기교로 돌아가야 할 몫이라는 점에서 미래를 기대하는 기다림이 남는다.

3. 나가면서

시는 언제나 고정된 이미지를 도태시키면서 활성과 생동감을 위해 언어의 기교가 필수적인 요건으로 이해된다. 민후립의 시는 언어의 생경함도 있지만 새로운 실험을 가속하는 느낌을 주는데서 시적 장치를 마련하려 한다.

인간을 바라보는 존재의 형상이 세계내 존재 즉 운명적인 삶을 받아들이는 담담함으로 본질에 접근하는 해결의 지표를 설정한다. 이는 고통의 생활모습보다는 미래를 지향하는 공간에 현실적인 의미를 덧붙인다는 의미와 상통해진다.

인간을 위한 발상은 친근미의 요소를 간직하면서 정적이고 안온한 표정을 관리하는 생각으로 인간미를 나타낸다. 이런 발상은 분주함보다는 선택적인 인간관계를 중시하는 것 같다.

사랑을 위한 마음은 직접적이기보다는 상상력을 바탕으로 노래하는 양상을 선택하고 이별이라는 느낌에서도 절실성의 상징이 아니라 투명한 의식의 카타르시스를 위한 인상을 부가한다. 이런 특색은 봄과 가을의 이미지에서도 사랑과 이별의 줄기의식을 분리하는 것이 아니라 하나의 공간에서 서로 다른 의미를 천착하는 기교로 나타낸다.

민후립은 오늘의 현란한 치장의 시인이기보다는 오히려 내일을 위해 오늘을 투박하게 살아가는 예비의 자세에서 그의 시적 성실성을 접하는 안도감이 남는 이유가 선명한 것도 가을같은 정서와 일치하고 있다는 증거일 것이다.

제3부: 어우러짐에 대한 단상

3장 어머니의 만남

1. 겨울 의식과 고독 그리고 사랑추구
―蔡漢珠의 詩―

1. 시를 위한 프롤로그

　시는 자화상을 객관화하는 언어의 기교를 필요로 하는데 소임을 다한다. 그러나 질축한 고백의 함정에 빠져서는 안되고 사람의 가슴에서 재생되는 희망의 노래를 엮어가면서 창조의 입구를 찾아야 한다. 이런 전제는 시인이 시를 쓰는 목표에 귀속될 수 있을 뿐만 아니라 시가 가질 수 있는 권리이기도 할 것이다.
　인생을 해석하는 비평자의 임무를 부여받았는가 하면 공동체의 체온을 위해 안일과 낙관의 늪을 헤쳐 나오는 길을 제시할 수 있을 때, 시인의 임무는 현실의 아웃사이더가 아닌 예언자로의 옷을 입을 수 있을 것이다. 시인의 삶은 언제나 예언자의 기능을 요구하지 않지만 오로지 그의 작품 속에서 실존의 해답을 찾아 나서는 방랑자의 처연한 눈빛 또한 벗어날 수 없는 운명적인 사람으로 남는다.
　언제나 시인은 자기를 버리면서 자기를 찾아 나서는 이중적인 모순을 합리의 노래로 가락을 바꿀 수 있을 때, 가장 인간적인 모습으로 독자 앞에 나설 수 있을 것이다. 결국 시인의 체온을 독자에게 어떻게 전달할 수 있을 것인가를 모색하는 길에 美感을 잉태하는 것—이것이 시인의 운명이다.

蔡漢珠의 시는 밝고 명랑한 소재보다 우울한 그림자가 길어진 느낌을 준다. 이런 일차적인 거론은 결국 채한주가 살아온 정신의 추이를 거짓없이 표현한데서 나타난 체감의 표정일 것이다. 검증의 길을 재촉하면서 채한주의 정신도를 펼친다.

2. 겨울의식과 불안의 변증법들

1) 겨울 의식

方位로 겨울은 북쪽의 차가운 이미지를 동원하게 된다. 이런 예를 삶의 경우로 대입하면 시인 자신의 자화상으로 좁혀들게 된다. <겨울 이야기> <겨우살이> <겨울 갈대> <나의 1월은> <겨울 나무> <겨울 들판> <겨울 나룻배> 등 많은 시에 겨울의 정서를 담고 있을 뿐만 아니라 <이 가을>이나 <가을 비> <가을 비속> 등 가을의 이미지까지 합하면 채한주의 시는 추위에 젖어있는 느낌을 준다. 이런 정신적인 흔적은 시인의 일상적인 경우와 어떤 상관이 있을 수밖에 없다. 시는 자화상을 문자로 그리는 행위이기 때문이다.

시는 시인의 정신을 대상과 일체화하려는 발상에서 일차적으로 출발한다면 결국 그가 살아온 삶의 전체적인 윤곽이 언어로 채집된 경우에 불과할 것이다. 이런 말은 곧 시인의 정신을 표백하는 양상에서 심리적일 수밖에 없다는 귀결이다. 이런 논지로 보면 채한주의 시에 나타난 불안 혹은 겨울, 이별, 방황 등의 정서는 그가 살아온 삶의 축소와 같다는 이치에 이를 것이다. 물론 채한주 개인적인 인생 道程의 고통 혹은 삶에 대한 가파름 등의 가족사적인 원인들이 엉켜진 이유가 우선하겠지만-결코 밝고 투명한 의식이 아니라는데 그의 시는 우울한 하늘이 많다.

>나의 1월은
>눈송이 한번 안아보지 못하고
>좁은 공간에 묻혀버렸고
>허한 바람 앞에
>알몸뚱아리로 서야만 했다
>——〈나의 1월은〉에서

주지하는 바, 채한주의 의식은 추위에 젖어있고 또 이를 벗어나려는 명징한 의지가 보이지 않다는 데서 운명적인 예감을 부추긴다. 낭만의 상징을 뜻하는 '눈송이 한번 안아보지 못하고'라는 핍박한 표현에서 삶의 가파른 의식을 느끼게 하면서 언덕을 올라가는 삶에의 호흡을 연상한다. 더구나 '알몸으로 서야만 했다'라는 고독한 혼자의 생각은 따스한 사랑을 느끼기에 갈증이 앞서고 있다. 추운 1월이라는 이미지는 곧 스스로의 존재가 위치하고 있는 공간적인 認知라는 점에서 겨울의식은 채한주가 살고 있는 혹은 살아온 시간의 배열을 암시한다.

>혼전해 가는 모닥불
>
>어느 아픈 생을
>토막으로 잘라내어
>식어 가는
>불씨
>불씨를 산불로 키워볼까
>——〈절망〉

1. 겨울 의식과 고독 그리고 사랑추구

'불'은 따스함이면서 생의 온기를 상징한다. 즉 꺼져 가는 '혼전'의 표현으로 볼 때, 채한주의 공간은 불안과 절망이 키를 늘이는 형상으로 다가온다. 이리하여 '아픈 생'의 부분을 잘라낼 수 있다면에서 '불씨'라는 따스함으로 바꾸고 싶은 정신의 갈증현상이 대두된다. 내면의 식은 언제나 표피를 뚫고 외부를 향해 길을 찾는 성질로 볼 때, 채시인의 겨울은 생활 속에서 터득된 자신만의 과거를 돌아보게 하는 요소로 보인다. 이런 정신의 흐름은 도처에서 만날 수 있는 표현들이다.

> 유난히 울고 싶던 날
> 바람은 어김없이
> 마음을 흔들어 버리고
> 죄책감도 하나없이
> 하늘은 통째로 춤추고
>
> 앙상하게 남은 끝의 방황
> 껍질만 남은 들판 사이로
> 부서진 날개만 구름 피어 질주하지만
> ──〈겨울 들판〉에서

'울고 싶던 날' '방황' 또는 '부서진 날개' 등의 이미지에서 시의 분위기는 자연 암담한 상황을 만들게 되고 또 이런 분위기는 을씨년스럽게 바람을 일렁이게 만든다. 시인은 거짓의 온도계가 아니라 자기를 가장 진솔하게 드러내 보이는 반응이 유다르게 예민한 사람이라 한다. 명랑한 노래를 가장해서 부를 수 없는 이치처럼 채한주에게서 들리는 가락이 우울하고 처연한 느낌을 생산하는 것도 과거의 기상도와 상관이 있는 부분으로 보인다. 어떻든 겨울 의식은 채한주에게서 벗어나야 할 감각이면서 생활의 연관이라는 점에서 우울한 의복으로 생각된다.

2) 고독과 불안

시인은 고독을 외면하지 않고 또 고독의 심연에서 자기를 노래하는 운명의 나그네로 살아간다. 채한주의 시에도 고독은 벗어나는 과정이 아니라 현재 진행형으로 작용하고 있다는 점에서 시의 표정을 관리한다.

> 방황하는 방랑자
> 길이 아닌 곳을
> 거닐고 싶어
> 바람 도는 외딴섬을
> 파초처럼 서 있고
> ……략……
> 누구께
> 전하고 싶은 것일까
> 시간도 멈추어 버린
> 미지의 외딴 섬에 살고 싶다고.
>
> ──〈섬〉에서

채한주는 광장이 고독이 아니라 혼자만의 공간을 선택하는 것 같다. 이런 단서는 '미지의 외딴 섬'이라는 동일성의 자아 즉 섬은 채한주가 되고 또 섬에서 채한주는 살게 된다는 등식의 연결은 외로움 혹은 참담한 정서의 고독성으로 이어진다. 스스로가 섬으로 존재하고 싶은 내면 현상은 피할 수 없는 존재의 형태로 크로즈업 된다는 뜻이다. 이런 상징은 곧 시인의 자화상을 무의식 속에서 그려나가는 일과 같다. 가령 '나에게\시작부터 날개가 달렸던가\\새삼\달려 있지도 않는 날개를\갇힌 얼음 속에 찾곤 있다' 〈날개〉와 같은 발성으로 밀폐된 공간의 고백이 드러난다. 그렇다면 밀폐된 공간에서 구원의 어떤 사인도 보이지 않고 또 그런 몸짓을 축적하지도 않고 있다는 점에서 탈출구 없는 모습이 남는다. '강 저편엔\그대\그리움만 접는 기처럼 숨어\앙금 되어 남을 뿐'<삶>과 같은 '뿐'이라는 한정사에서 갇힌 모습을 연상하게 한다. 이런 징후들은 결국 불안이라는 어둠의식들과 연결된다. 다음 시는 그런 예를 추스른다.

    찬서리 내리는 밤
    가슴이 저리는 전율에 눈을 떴다
    거미줄 먹이로 잡힌 듯
    어느 부위 한 곳
    감기어 조여들고
    저승 안개 길인지
    이승 먹구름 길인지
    내 작은 영혼 허공을 헤매고
    입안엔
    밤꽃빛 단침을 삼키며
    몽롱한 속에 망각의 강을 건넌다.

                                                      ——〈밤〉

  채한주의 시는 어둠으로 출발한다. 물론 어둠에서 빛을 추구하는 것이 우주의 섭리라지만 어둠에서 정지의 모습으로 인식될 때, 시의 토운은 가슴을 저미게 한다. 이런 불안은 어디에서도 구원의 상황이 아니라는 한계 앞에 절망의 원인으로 이어질 것이다. '찬서리'라는 냉엄한 이미지와 '먹이로 잡힌 듯'의 뉴앙스는 '저승과 이승'이라는 갈림의 길을 추측하게 되고─이런 죽음의 문제는 경험의 어떤 因子들과 상관이 있을 것이지만─몽롱한 의식의 포로가 되어버린다.
  채한주 시에 불안의식과 겨울이 유난히 많은 것도 내면으로 고독을 키우는 원인이 되었고 이런 상징성에서 채한주의 시는 보다 짙은 음영을 남기고 있다.

3) 방황

살아가는 인간에겐 갈등과 시련이 앞을 가로막는다. 또한 길을 서성이는 인간의 삶은 항상 미로를 헤매는 일이 빈번하게 앞을 어지럽히고 피하려는 심사는 고뇌의 늪을 피하지 못하게 붙잡는다. 자유의지로 살고 있다고 믿는 인간의 한계를 절감하는 일상사가 결코 스스로에서 만들어지지 않고 어떤 운명적인 흐름에 상관을 부여할 수는 없을 것인가. 채한주의 시에 들어있는 함량들은 이런 의문 앞에 서게 한다.

> 어디쯤 가는 길이 남아 있는걸까
> 살아 남는 사람에게
> 주위진 나날은
> 무심코 꺾어진 맞바람속 풀꽃같은
> 인생의 반 허연 허리
>
> 아—
> 날은 저물어 가듯이
> 빛이 흐려져간 나날들
> 우리 어디에서 바쁜 듯 주워드나
>
> 또 한 생이 물러가고
> 다음 생의 인연으로
> 맺는다 하더라도
> 그래도 남아있는 부분은
> 얼마나 사랑할 수 있을런지
> ——〈남아있는 나날(1)〉

인생의 길은 어디쯤이라는 가정이 아니라 어디까지인가의 무한 거리를 가야하는 일에 다름이 없다. 길은 길로 이어지고 결국 길에서 자기의 운명을 이끌어야 한다. 인생의 무게는 보이지 않는다해도 그 무게는 감당할 길 없는, 끌고 갈 수밖에 없는 자기 존재의 함량이 따라온다. '어디쯤'이라는 미지의 방향에 이르기 위한 허무를 만나고 돌이킬 수 없는 길을 다시 추적거려야 한다. 이런 道程은 끝이 아니라 항상 시작일 수밖에 없고, 시작은 마지막에 이르는 길로 통했다는 점에서 사는 일의 무게가 있다. '아)날은 저물어 가고'라는 어둠의 감각은 시인의 마음을 둘러싸고 있는 고통의 일부이겠지만 이런 고통 속에서 자기의 의미를 터득하는 삶이야말로 성숙한 사람일 것이다.

'생의 인연'이라는 연결고리에 의해 채한주의 생은 갈등과 고뇌의 일들이 이어지지만 떨어질 수 없는 인연의 연장에서 벗어날 수는 없다. 형제라거나 부모 혹은 가족과의 관계 등 이런 모든 인연의 현상은 숙명이라는 점에서 벗어날 방도가 없다. 채한주의 방황은 구체적인 조짐이나 확연한 이유가 없다.

> 세상을 떠도는 꿈을 꾼다
> 한모금의 서러움도
> 탕진하지 않으려
> 젖어오는 눈시울을 달래는
> 그네들 가슴은 이름 모를 풀꽃
> ——〈집시 여인〉에서

'세상을 떠도는' 방랑의 길에서 '이름 모를 풀꽃'으로 키를 낮춤으로 생의 里程을 설정한 느낌을 준다. 이런 면은 채한주가 살아온 과거의 시간과 밀접한 연관을 가진 것으로 보인다. 과거라는 시간은 밀폐된 자기만의 영역을 암시하기 때문에 끼여들 수 없는 미로와 같다. 이 미로를 찾아가는 일은 언어의 상징을 풀어내는 길밖에 없다면 채한주는 대상과 밀착된 개념이 아니라 거리를 가진 일 때문에 시인과 상대와의 '그네들'이라는 언어가 형상화된다.

4) 사랑의 추구

사랑은 인간이 살아가는데 원형을 이루는 정신적인 것이다. 부모와 자식의 사랑이나 형제 혹은 인간관계 사이에서 사랑은 필연의 갈증을 유발하는 요소일 것이다.

   시퍼런 칼날 위에 서서
   사랑처럼 죽음을 기다린다
   몸서리치게 못 푼 사랑 한 덩어리
          ──〈외로움〉에서

채한주의 외로움은 그리움으로 이어지고 이런 그리움은 사랑이라는 궁극의 지점을 찾아간다. 이런 시적인 추이는 곧 삶의 과정 속에서 발견되는 함량이지만 구체적인 흔적으로 나타나는 것은 아니다. <메아리된 그리움>에서도 '되돌아가는 그리움을 잡고\내 다 탄\한줌의 재만 강길 멀리 날려보냅니다'와 같이 가버린 사람과의 이별 앞에 아픔을 인내하고 있다. 그리움을 메아리로 보내는 애절한 마음을 추스를 수 없어 사랑으로 환치한 채한주의 마음은 그리움의 무게로 압축된다.

   마음이 따뜻한 사람을 만나고 싶다
   따뜻한 사랑을 지닌 사람이 그립다

   싸늘한 느낌을 받으며
   걸어야 하는
   그리움의 덫

>   황량한 거리를 빠져나와
>   모든 이들이 갈망하는
>   열정을 지닌
>   그런
>   사람을 오늘은 만나고 싶다
>
> ──〈그리움의 무게〉

　　여기서 채한주 정신의 지향점이 차가운 오늘의 공간에서 따스한 사랑의 장소로 꿈의 방향이 설정된다. 이런 현상은 그가 살아온 삶의 응축이면서 내일을 지향하는 갈망의 농도로 압축된 꿈이다. 따스함을 꿈꾸는 것은 모든 인간들의 소망이다. 예의 채한주도 그런 꿈을 사랑으로 바꾸려는 열망이 깊어질수록 오늘의 냉기 도는 현실을 극복하는 마음과 비례를 맞추게 될 것이다. 결국 채한주의 사랑은 봄이 오는 계절을 꿈꾸는 따스함을 간직한 시인의 길을 추구하는 셈이다.

3. 에필로그

　　시는 언어의 조합으로 하나의 세상을 만드는 일이다. 거기엔 바람이 있고 구름이 하늘을 채색하면서 마음의 그림을 그리는 일이다.
　　채시인의 시엔 봄과 여름 혹은 가을과 냉기도는 겨울의 정서가 마음을 뚫고 현상화 된다. 이점에서 시는 한 사람의 삶을 응축하여 상징의 숲을 만드는 작업이다.
　　채한주는 빛의 정신공간보다는 어둠의 공간 또는 겨울의 이미지에서 봄을 찾아 나서는 느낌을 생산한다. 이는 오늘보다 내일을 소중하게 생각하는 길을 찾아가는 예감과 상통한다.
　　채한주의 시정신은 고독한 바탕을 사랑으로 채우기 위해 오늘의 공간을 소중스레 다듬는 느낌을 준다. 살아가는 인간에게 현실은 항상 냉엄하고 스산한 겨울의 공간도 결국 봄을 위한 마음의 따스함으로 싹을 틔울 수 있다면 채한주의 감수성은 고독과 이별의 정서 혹은 불안을 변용하여 새로움으로 채우려는 發心의 시인이다.

2. 이동의 심상과 전원정서 그리고 추억 여행
―吳鎬泳의 詩―

1. 시의 행로―들어가면서

인간이 살아온 환경은 그 사람의 개성을 이루는 因子가 되고 이런 요소는 정신을 이루는 일부로 의식의 중추를 만들어 갈 수 있다. 다시 말해서 두루미가 태어나서 24시간안에 보고 확인한 것이 두루미의 성질을 이루는 속성으로써―야성이냐 아니면 순치할 수 있는가를 결정하는 요인이 된다는 말은 인간의 정신에도 매우 시사적인 부분이다. 즉 어려서 보고 듣고 성장한 환경은 평생동안 지워지지 않는다는 경험을 많이 가졌을 것이다. 어린날에 먹었던 음식이나, 철없던 친구들과의 놀이나 부모형제와의 추억 등 이런 기억들은 일생을 지니고 살아가는 생명력은 심리적으로 쉽게 설명이 되지 않는다. 성년이 되어서의 기억과 어린날들의 기억에 편차를 발견할 수 있다는 것은―성장기에 각인된 환경이 평생을 지배하는 개성으로 연결되기 때문이다. 이는 시에 있어서 표현의 특성으로 진출한다. 가령 도시에서 자란 사람의 감수성과 전원에서 성장한 시인의 감수성은 표현에 다른 표정을 연출한다는 뜻이다. 전자가 복잡하고 관념적이라면 후자에는 단순하고 직선적인 차별을 가질 것이지만 일률적으로 단정할 수는 없을 것이다. 인간의 경험은 다양한 총체성을 갖기 때문이다.

오호영의 시적 토양은 전원적이고 가족적인 정서를 중심으로 시의 표정을 관리하는 것 같다. 그리고 섬세하고 여린 정감으로 시의 표정을 처리하기 때문이다. 우선 오호영의 시가 얼마나 산뜻한가를 예로 하면서 다음 표정을 만날 것이다.

> 도둑님
> 도둑님
> 달밝은 밤 살짝
> 문 열고 들어와
> 이것 좀 가져가 주시오.
> 하얀 보따리에
> 넘치는 바닷빛 그리움
> 넘치는 만큼 창가에
> 담아 놓을 터이니
> 무너져 내리기 전에
> 가져가 주시오.
> 도둑님.
>
> ─〈그리움〉

시를 구성하는 요인은 여러가지이겠지만 상상력을 자극하는 농도가 없다면 시의 재미는 반감된다. 시가 삭막한 의미만을 전달한다면 이미 시의 자리는 없을 뿐만아니라 시의 특성은 다른 장르에 양보해야만 한다. 그리움의 농도가 깊다는 표현을 도둑과 연결한 것은 재치와 더불어 상상력의 극대화를 이루기에 넉넉한다. 여기서 오호영의 정신은 동적이기보다는 정적인 부두러움을 간직한 것을 발견하게 된다.

오호영의 시는 향토적인 나르시즘과 추억여행을 시의 오브제로 즐겨 다룬다. 이런 면은 그의 성장기의 과거를 돌아봄으로 정서의 편린을 확인할 수 있는 일이지만 시는 정신의 그림을 그려간다는 점에서 특성화된다. 이런 확인은 시의 의미를 이루는 점에서 **나타난**—시가 의미만을 위한다면 사상성의 길에 완고한 신세를 면치 못하게 되는가 하면 감정의 편향에서는 나른한 낭만적 이완에 떨어지게 된다. 물론 오호영의 시에서는 두 가지의 요소가 고르게 분포되어 **詩情**을 만들어 나간다는 점에서 그의 시는 앞으로의 기대치를 증가시킬 것이다.

2. 표정들의 모습

1) 이동의 이미지-물과 새

(가) 땅의 이미지-물

오호영의 시에는 물의 이미지가 시의 전반을 채우고있는 느낌을 준다. 이런 징후는 여러 분석이 가능하지만 대상과 대상을 연결하는 유동성에서 최종의 암시는 아닐지라도, 어딘가를 찾아가는 시인의 의식과 연결된다.

살아 있다는 것은 유동하는 것을 전제로하고 유동은 새로운 변화를 추구하는 점에서 시 또한 이런 이치를 추구한다. 일정한 공간을 채움으로 불변하는 것이 아니라 변화를 찾아가는 점에 시의 변화는 시인의 개성과 밀착된 연상을 파생하기 때문에 시인의 정서는 어딘가 신기루의 목표점을 찾아가는 일이다. <겨울 웅덩이>와 <장마>에서는 전원정서를, <비온 후>에서는 물과 추억, <섬>엔 안주처를 <봄비 거리>엔 비의 이미지를 <울며 걷던 길>엔 물이 울음으로 <비 오는 날에는> 물에서 과거여행을, <비 꽃> 어머니의 추억 <봄비>나 <빗소리> 등 많은 시에서 물과 연결된 이미지는 오시인의 정서를 물기로 채우는 특성으로 작용한다.

> 비가 많이 오고 난 후
> 길가에
> 모래가 쌓였습니다
> ……략……
> 길가에서
> 어린시절을 들여다 봅니다
> 참외밭 원두막 보이는
> 아름다운 풍경입니다
>
> ──<비온 후>에서

　물은 지상의 대상을 연결하고 또 생명을 키우는 역할을 감당하면서 동화의 임무를 수행하는 점에서 지상적이다. 음성적인 속성이기 때문에 보이지 않게 스며드는 작용으로 생명을 키우는 물은 인간에게 절대적인 작용을 수행한다. 오호영의 물은 그의 성품을 나타내는─내성적인 성격과 그런 성품을 연결하는 이미지로 작용한다. '비가 많이 오고 난 후'라는 결과에서 오시인의 시선은 고향의 어린 날의 정서를 불러들이면서 꿈꾸었던 시절의 감성을 회고한다. 현재 시점의 상황에서 '길가에서' 어린 시절의 원두막에 얽힌 이야기를 풀어내는 마음은 오늘보다 과거를 지향하는 여린마음에 빠져있다. '이 더러운 세상\청소하는 하늘의 허드레 물이라네' <봄비>로 생각하는 시인의 마음은 순수함을 추구하는 마음의 행로가 되고 이런 추구의 정서는 또 다른 쪽으로의 순수를 찾아나선다.

>   아름다워라
>
>   달빛에 비친 눈물
>   별빛에 비친 눈물
>
>   까만 세상
>   에델바이스
>
>   그대여
>   아름다워라
>   ——〈눈물〉

  눈물은 인간의 정서를 순화하는 기능을 할 것이다. 메마르게 슬픈 날 실컷 울고나면 마음의 평정을 찾을 수 있다는 경험은 누구에게나 공통으로 있다. 대상을 바라보는 마음을 투명한 눈으로 바라보면 대상도 여기에 동화되는 이치처럼 물(눈물)은 동화의 역할로 순수를 제조하게 된다. 오호영은 결국 눈물이 자기정화의 카타르시스가 되기도 하지만 세상의 더러움을 깨끗함으로 감싸는 의도를 투영하려는 담백한 마음을 물로 씻어내는 '그대여'를 꿈꾸는 셈이다. 이런 결말에서 '아름다워라'의 영탄이 나오게 되면서 신선한 세상의 기쁨을 만나게 된다.

>   비오는 날에는
>   우산을 펴고
>   시장 뒷골목
>   순대집으로 가자.
>   ——〈비오는 날에는〉중

  오호영의 심사는 순진함을 지니는 면에서 추억을 사랑하고 현실을 소중스레 간직하는 방도로 과거여행을 애착으로 갖고있다. 가슴이 허

한 비오는 날에 '우산을 펴고'에서 전개되는 뒷골목의 포근한 인정을 그리워하는 마음의 발동에서 순대집은 단순한 순대집이 아니라 인간의 체온을 만날 수 있는 지근한 거리로 남게된다. 순대집이 있는 시장 골목에서 소주를 앞에 놓고 옛 동무와 추억의 길을 넓히는 마음에서 하늘이 시인의 마음을 대신해주는 슬픔의 색채로 다가올 때 '고마운 하늘에\술 한 잔 올리자'라는 마음을 의탁한다. 이런 비유는 자신을 의인화하는 정서의 고급한 품격으로 보인다. 결국 물의 이미지는 시인의 마음을 대상에 연결하는 방편으로 순수를 찾아가는 내면을 대신해주는 시어로 응축된다.

    큰 아이
    생일때 쯤이면
    아카시아 꽃 달빛에 눈물 번지는
    그 길
    오늘
    별빛과 함께 걷습니다
                        ——〈울며 걷던 길〉에서

'팔달산 병무청 걷던 길은\울며 걷던 길입니다\그 길 걸으며\많이도 울었습니다'라는 표현은 오호영의 마음을 대신해주는 시어로 그의 품성이 어떤 면을 지니고 이 어지러운 세상을 살고 있는가를 가늠하는 점이다. 어둡고 더러운 세상을 눈물로 닦아내려는 안타까움에서 눈물은 정화의 역할을 수행하지만 이는 때로 소극적인 대응방식이 될 수도 있을 것이다. 어떻든 '울며 걸으면 조금은 나아지는\이 마음'의 고백에서 오호영의 정서는 눈물에서 자기의 정서를 확인하는 절차를 밟아감으로써 세상의 어지러움을 극복하는 순수지향의 길을 확보한다. 눈물에서 '별빛과 함께 걷습니다'의 빛을 찾아가는 행로에 오호영의

정서는 지고함으로 변하기를 소망하는 심성의 의도를 만나는 즐거움이
있다.

(나) **천상의 이미지-새**

  새는 천상의 높이와 땅을 연결하는 이미지로 천상은 신들의 영역이
고 땅은 인간의 공간이라면 이를 메신저로 연결하는 고귀함으로 인식
된다. 자고로 인간의 꿈은 하늘을 동경했고 결국 이런 꿈은 비행기라
는 물체로 하늘의 높이에 도전하는 지혜를 키웠던 것이다. 오호영의
시에 새들의 이미지는 물 다음으로 많은 빈도를 차지한다. 이 또한 지
상의 아름다움이 물로 세척하는 기능이라면 하늘의 무대인 새는 **至高**
함의 결정화로 남게 된다. 새는 높이에서 인간사를 조감(鳥瞰)하는데서
우러르는 대상이다.

        나는 새이어야 한다.
        이 숲 지켜줄 수 있는 텃새이어야 한다
        비오는 숲에서
        바람부는 숲,
        그리고
        봄 날의 숲에서도
        이별하지 않는
        기다림에 사는 텃새이어야 한다.
                        ——〈사색의 숲〉에서

  시인이 새로 의인화되어 '숲 지켜줄'이라는 임무를 수행-자의로 처
리하고자 하는 마음에서 오호영의 정신추이는 지켜야 할 대상의 수호
자로 남고싶은 마음이다. 이는 '이별하지 않는'이라는 점에서 인간의
숲이고 호흡이 들어있는 숲을 그리워한다. 이런 단서는 솔방울이 '**별**'
의 빛으로 전이되면서 아름다움으로 남고 싶은 뜻을 숨기지 않는다.

이런 마음은 오시인의 정신속에 들어있는 순수의 함량이면서 새로서 인간의 즐거움을 전달하고자하는 의도로 상상력을 자극한다. '나는 새이어야 한다'라는 작심은 곧 의지의 공고화로 이어진다.

새는 비상으로 고귀함을 만들게 된다면 비상은 희망의 높이와 맞먹고 오늘을 살아가는 가파른 인간에게 慰撫를 전달하는 이미지일 것이다.

   둘 넷 다섯, 여섯
   일곱마리
   참새, 겨울 나뭇가지에 앉아
   아침에 배달된
   세상사를
   이야기하고 있다.
   ......
   -'엄마
   사람들은 불쌍해'
                                    ──〈참새〉

'아침에 배달된\세상사'를 읽어나가는 새들의 소란거림은 인간에게 즐거움을 전달하는 것이겠지만 오시인은 상상력을 높이에 올려놓고 인간들의 모습을 '불쌍해'라는 말로 시인자신의 인간관을 나타내 보이고 있다. 이런 암시는 동화적이면서 순박하고, 작고 아름다움으로 전달된다. 인간사는 불법과 아우성 그리고 악머구리의 소란과 일곱 마리의 새들이 읽어나가는 새들의 목청은 일사분란한 대조에서 인간의 소란과 다른 이미지를 생성한다. <슬픈 새.1>에서는 방황하는 비유를 <슬픈 새.2>는 현상을 지속하는 이미지를 참새 연작시에는 새들의 자유로운 느낌을 전달하면서 인간 과비유의 교훈을 이동의 역할로 감당하고 있다. 결국 새는 하늘의 이미지로써 오호영의 비상의 정신을 대신하는 셈이다.

> 새들이여
> 깍쟁이가 되었다고
> 버릇없는 아이들이 되었다고
> 도둑놈, 사기꾼 세상이.
> 피홀리는 세상이 되었다고
> 새들이여
> 웃으면 정말 안된데이
>
> ────〈새들이여〉

　새가 바라보는─오시인이 느끼는 세상은 '깍쟁이' '버릇없는 아이들' 또는 '도둑놈' '사기꾼'으로 어지러움을 외면하지 않고 감싸는 휴머니티를 잃지 않고 있다. 문학은 인간미를 추구하는데서 영원한 숙제를 안고 있지만 이를 어떻게 실현하는가는 표현의 영원한 좌표인 점에서 문학의 길이 있다. <새들이여>는 오호영이 새를 바라보는 관점으로 '안된데이'의 강조를 못박음으로써 단호한 의지의 신념이 드러났다. 이런 단서는 인간의 사랑이 불합리와 모순의 근거위에서 깨끗함을 추구하는 과정에 인간사의 체온을 녹이려는 뜻으로 보인다.

2) 전원정서의 소리들

　모든 시인들의 시에는 고향의 정서가 본질적으로 응축되어있다. 이런 농도는 실제 공간으로의 출현이거나 변용으로의 어머니 등 다양한 형태로 나타난다. 시인의 의식은 땅에 발을 딛고 하늘을 향하는 추구와 같이 언제나 자기가 태어난 추상의 공간이나 실제의 공간을 잊지 못하고 그리워하는 형태로 노래를 제작한다. 시란 본질적으로 그리움이고 이런 그리움의 형태가 어떤 양상으로 전전되는가는 시인의 개성에 따라 혹은 경험의 양상에 따라 다른 모습으로 시화되기에 이를 추적하는 것은 심리적인 흐름에 따를 수밖에 없다. 오호영의 시에도 이런 고향의 정서는 많은 편이다. 주로 실제의 공간적인 형태로 나타난다. 이런 **형상**은 주로 전원적인 느낌을 부가하면서 데포르마시옹의 길을 만든다.

>싸리꽃 피는 달밤
>청색바람
>뒤꿈치 들고 지나는
>아
>황홀한 아름다움
>
>지갑있는 이는
>출입금지
>
>———〈달밤〉

오호영의 시는 본능적이고 디오니소스적인 점보다는 오히려 정적이고 몽환적 혹은 이지적인 점에서 아폴론적인 형태에 가깝다. 이런 단서는 달빛이나 보리밭 등 자연을 아끼는 마음의 일단이 넘치는 감수성으로 다가온다. 이런 현상은 〈달밤〉에서 아름다움을 황홀하게 채색하는 아늑한 분위기를 연출한다. 더구나 '지갑있는 이는'에서 탐욕에 깃든 사람은 조용하고 아늑한 교교의 무드에서는 제외된다는 무심의 마음이 불가적인 무소유의 달관에 이른다. 이런 마음은 넘치는 것도 아니고 부족함도 아닌 가장 인간적인 마음을 소유한 점에서 오시인의 시는 아늑한 분위기로 정리된다. 이런 점은 흔히 과거지향의 길을 넓히는 향내가 난다.

달밤,

> 보리밭에서
> 연애를 합니다
> ……략……
> 앞 논 개구리들
> 보리밭 도둑 있다고
> 소리소리 지릅니다
>
> 보리밭.
>
> ──〈보리밭〉에서

　풍경화를 보여주는 오시인의 정서는 달빛 혹은 별빛이 자주 등장하는 것도 그의 정서추이를 보여주는 것들이다. '보리 밭에서\연애를 합니다'라는 낭만성은 미쳐 잊었던 옛날의 낡은 필름일지라도 되돌아가고 싶은 충동이 오호영만의 전유는 아닐 것이다. 누구나 찾아가 속삭이고 싶은 풍경화를 마주하고 또 잊었던 기억들을 반추하는 아름다움이다. 더구나 보리밭에 '도둑 있다고\소리소리지릅니다'라는 재치는 시 읽는 즐거움을 전달한다. 이처럼 오호영의 시는 고향길에서 만나는 추억들을 펼쳐준다는 점에서 안온한 느낌을 생성한다.

> 감자꽃 피면
> 과거에서 소포가 올 것이다
>
> 고픈 배 가지고
> 뛰어놀던 동무들 아름 뒤
> 감자꽃 피는 달밤
> 그 마을 길
> 바람같은 기억
>
> 어머니

> 눈물 같던 시절.
>
> 나는 기다리고 있다
> 감자꽃
>
> ──〈감자꽃〉

소품의 시로 명징한 이미지를 건져올렸다. 이런 명징성은 과거공간에서 추억을 재생하게 되었고 환상적인 낭만을 부추긴다. 아울러 감자꽃으로 촉매된 어린 날들의 가난과 어머니의 연결은 화사한 그리움으로 다가오고 정 깊은 시절의 추억을 되살린다. 그렇기 때문에 '나는 기다리고 있다'라는 뉘앙스로 전개되면서 시인의 가슴에 각인된 연상들의 후경화를 전경화로 이끌어 내면서 미감의 화사한 그리움을 표출한다.

3) 동화적 정서와 자연애

오호영의 시에는 동화적인 부드러움이 있고 또 자연을 훼손하지 않는 상태로 즐기는 눈이 있다. 이런 일들은 모든 시에 일관되게 흐르는 연결성을 가지고 있고 유기적 통합을 유지하고 있다. 예술의 유기성은 부분과 전체가 전혀 어색하지 않고 생동감을 잉태할 경우 아무런 구분을 가지지 않듯, 일관성을 일탈해서는 안된다.

오호영의 시에는 식물성 정서의 대상들과 천상에서 별빛의 이미지 또는 가족의 이미지들이 많이 등장하는 것도 환상의 상상력을 부드럽게 자극하는 특징을 갖는다.

> 촉촉한 아침 꽃밭
> 채송화같은 여학생

캐롤 빠알간 겨울거리

가고 있습니다.

아침 꽃밭
맑은 햇살
가슴에
있으면 좋겠습니다.
———〈소망〉

오시인은 식물성 대상을 시인의 마음으로 끌여들여 이를 육화하면서 새로운 변화를 주기위해 비유라는 상상의 촉매를 빌어온다. 이런 비유물들은 '꽃밭'이나 '채송화' 또는 동화적인 환상미를 연결시키기 때문에 독자의 마음을 울렁이게 만드는 인자를 갖는다. 그리고 그런 장면의 전환은 언제나 밝음으로 만들기 때문에 오호영의 가슴에 젖어 잇는 슬픔도 밝은 마음으로 비춰진다. 이런 현상은 상징의 적절성이나 시의 분위기를 끌고가는 정서진행의 귀결로 볼 수 있을 것이다. 이런 단서때문에 오시인의 시적 분위기는 동화적인 꽃밭을 즐겨 연출하는 것 같다. <도둑 고양이> <잔인한 숙제>, <맹꽁이> 등 제목에서 느끼는 정서는 어린애적인 순수가 열려진다. 시가 무아경의 산물일 경우 엑스터시의 출발은 곧 어린애의 마음으로 귀환하는 절차가 순수해야 한다면 오시인은 철저하게 정적이고 동심을 벗어나지 않는 따스함이 있다.

무슨 숙제가 이렇게 잔인한가
마음속으로 생각했다

"아빠
저기 개구리 알"

> 아이는 좋아서 뛰었다
> ……략……
> 델몬트 병에 담긴
> 개구리 알은
> 고향을 떠나고 있었다
> 가스실로 가는
> 유태인처럼
>
> ──〈잔인한 숙제〉에서

　인간이 자연을 잃어버리면 자연은 자연을 외면한다는 공식은 이미 우리앞에 절실한 명제로 앞에 선다. 숙제라는 이름으로 개구리 알을 잡아오라는 미명에서 인간애의 일단을 표현한 오시인의 정신은 연민에 스스로를 제어하는 탄식이 <잔인한 숙제>로 형상화되었다. 아이가 뛰면서 좋아하는 것과 '잔인한'을 내뱉는 대비에서 남는 것은 자연을 사랑하고 동물-비록 미물일지라도-의 근원을 생각하는 철학의 깊이에 도달하는 점이다. 여기서 시는 단순한 언어의 織造가 아니라 인간사를 포괄하는 철학의 심연을 방문한다는 예를 만나게 된다. '유태인처럼'의 비유에서 인간의 자연파괴가 얼마나 심대한 해악으로 인간앞에 다가올 것인가를 예언하는 오호영의 염려는 현대를 살아가는 방법론의 일환으로 자리한다. 시인은 때로 예언자의 임무를 수행하기도 하고, 시대의 고뇌를 짊어지고 내일의 노래를 외롭게 부를 줄 아는 예지인으로 남기 때문에 다가오는 고독의 촉수는 항상 외로움으로 남게 된다.

4) 가족과의 정감

　가족의 원만한 행복은 가장 아름다운 예술일 것이다. 부부와 자식 혹은 인간관계의 행복은 조화와 타협 또는 사랑의 진원을 가져야하는 데서 영원한 예술의 주제이면서 삶의 질을 윤택하게 만드는 진원으로의 작용을 다하게 된다.
 오호영의 시에는 가족관계의 애달픔과 우정의 그리움이 섞바뀌어 나타난다.

>   술잔에 넘치는 술
>   고생하신
>   어머니의 눈물
>
>   어머니
>   어머니
>   난 왜 이러지요
>
>   비꽃이 슬프게 피고 있어요
>   ——〈비꽃〉

 어머니는 영원한 인간의 심상이다. 연연한 그리움을 표현하는 것은 비단 오시인만의 경우가 아니겠지만 절절함에는 오시인의 가슴에 모정의 소리가 충만하다. 고생이라는 단골 메뉴가 따라붙고 맹목의 사랑이 가슴 저미는 노래로 들려올 때, 스스로를 비교하게 되는 단계에서 '어머니 \난 왜 이러지요'라는 독백에 젖게 된다. 아울러 비꽃과 대비되는 아픔은 자식으로의 위치에서 회한의 자성을 발한다. 어머니의 눈물과 술잔의 등가성에서 오시인은 '비꽃'의 슬픔과 일렁이는 손을 잡고있다. 이는 깊은 정감으로 남는 이치일 것이다.

>   아버지 뵈러 오르는
>   눈 밭
>   ……랴……
>   산비둘기 마중하는

아버지의 마음
우리 발자국
작은 손자들 발자국
자랑하실 아버지

춥지 않으시지요
                    ——〈산소를 오르며〉에서

  세배돈을 받고 할아버지의 산소에 오르는 정경이 보이고, 이를 흐뭇한 마음으로 바라보실 선친의 마음을 헤아리는 자식의 마음이 객관화의 기법으로 제시한 〈산소를 오르며〉에 담겨진 애틋한 마음이 평행을 이룬다. '춥지 않으시지요'라는 물음에 담겨진 따스한 정감은 오시인이 간직한 사랑의 마음이면서 시를 이루는 안온함으로 연결되기에 그 여운은 길게 남고있다. 〈아버지 산소에서〉도 이런 정겨움은 강화된다. 술과 아버지의 연결 비록 소주 한 병이지만 그 관계를 후회의 유년으로 오버랩한 마음은 눈물로 마무리 되고있다.

아내의 눈물을 보았습니다
사랑이 단단해지기 위한
빗물같은 것임을 믿습니다
                    ——〈사랑〉에서

작은 아이가 전화를 해
피자가 먹고 싶다 하였다
퇴근 길
따뜻한 피자를 사 가지고
달리는 차안 새큼한 냄새와
환호하는 아이들 모습이
가속 페달을 누른다
                    ——〈피자〉에서

<사랑>은 아내와의 애정을 느끼고 후자의 시에서는 자식들과의 밝은 분위기를 전달한다. 아내나 자식의 관계는 모두 필연적인 관계라는 점에서 사랑으로 연결된 관계일 것이다. 이들은 조건없는 사랑을 주고 받음으로 가정의 밝음을 나타내는 모양이 헌신으로 바라보는 풍경을 만나게 된다. 오호영의 가족관으로부터 만날 수 있는 안온한 분위기는 얼마나 가족을 사랑하는가의 기준이 '가속페달'을 밟는다에서 화기애애한 정경을 느끼게 한다. 이는 인간애의 바탕에서 우정의 고귀함을 느낄 수있고 <피자>의 끝구절에서 60년대의 아득한 풍경을 연상하면서 '동전을 쥐어주시던 아버지가\그립다'로 아이들의 아버지가 된 자화상과 아버지의 먼 추억을 떠올리는 연상으로 과거와 현재의 연결점을 남기면서 시적 여운을 파생한다. 가족관계의 따스한 사랑은 오호영의 시적 진로를 형성하면서 시의 숲을 만들어 나가는 동력이 되고 있는셈이다.

3. 나가면서

시는 시인과의 아이덴티티를 궁극의 목표로 삼을 수 있고 이미지와 이미지의 상관은 유기적인 조직을 의미로 생성해야 할 것이다. 감정과 이성을 조종하는 것은 시의 표정을 명확하게 만드는 첩경일 뿐 만 아니라 시의 품위를 위한 일이 된다.

오호영은 전원적인 감수성으로 시의 배경을 형성한다. 이런 정서는 과거를 지향하는 공간의 확보가 어린시절의 인연들과 맺어지는 2차 상상력의 필요를 갖게 한다. 여기서 오시인의 시에 동화적인 풍경이 짧은 단시의 형태로 형상화하고, 전원의 기억들이 조요로운 심상으로 전면을 채색한다. 이런 단서는 무아경을 추구하는 시의 진로와 일치할 때 더욱 윤택한 모습으로 등장한다. 달빛이나 맹꽁이 혹은 보리밭의 바람소리들은 이런 일례가 될 것이다.

　오호영의 시는 일차적으로 이동의 이미지인 새와 물의 특성으로 집약된다. 천상의 이미지인 새를 통해 이루지 못한 간절함을 표백하고 땅의 이미지인 물의 스미는 상상으로 생명의 부추김을 시로 엮어내는 오호영의 정서는 휴머니즘을 실현하는 자화상을 추구하는 느낌을 준다. 결국 자연정서와 가족 혹은 자연을 사랑하는 정서들은 유기적인 맥락을 이루어 오호영의 시적 정서를 만들어 나간다.

　오호영 시인은 인생을 바라보는 시선이 즐겁고 행복함보다는 슬픔의 쪽에 눈물을 흘리고 따가운 햇빛보다는 은은한 달빛에 정을 주는 점에서 그리움의 시인이고 슬픔을 삭이는 정감의 시인이다.

3. 앤트로피 법칙과 존재의 양상
―김지원의 시―

시를 위한 프롤로그

　시는 항상 인간의 곁으로 와서 다시 인간을 떠나려는 **발상**으로 시인의 가슴을 태운다. 다시 말해서 시는 항상 시인과의 일정한 거리를 유지하면서 독자를 위한 또 다른 공간을 여백으로 남겨두는 특성을 갖는다는 뜻이다.
　그렇다면 시는 언제나 시인을 위한 몫으로 기다림을 심기보다는 오히려 독자라는 未知의 얼굴을 위해 더욱 **화려한 외출**을 도모하려는 점에서 시인은 고독한 작업을 외면할 수 **없다**. 물론 시인의 고독은 생래적이고 선택적인 면도 있지만 창조의 특징이 혼자만의 **환경**을 떠나서는 이루어지지 않는다는 뜻을 첨가하게 된다.
　시인은 자기를 위해 노래를 부르지 않는다. 설혹 들판을 장악하는 여름 매미의 울음소리조차도 자연과의 **조화**를 위하여―헌신에서 시인의 임무는 인간의 가슴을 적셔주는 발상에서, 시는 결코 시인만을 위한 독백으로 끝나서는 안된다는 점이다. 그러나 시인주변의 일상들이

詩想의 모태를 이룰 것이고, 이런 특성이 객관화의 길을 확보할 때, 시의 창조는 화려한 외출을 감행하게 된다.

김지원의 시는 일단 주변사의 소재가 중추를 이루면서 독자의 편으로 옮겨지는 조짐을 보인다. 아울러 시의 패턴은 이원적인 형태로 구조를 만들어간다. 이런 방법은 선과 악 혹은 행과 불행의 대조라는 상반적으로 시상을 명확하게 분간하는 점에서 장점이 있을 수 있지만, 자칫 평이한 이미지의 대칭을 이루는 위험도 감수할 수 있다. 아울러 시인 자신을 삶의 중앙에 놓고 객관적으로 바라보는 내면의 혼적들을 미감으로 포장하는 기교적인 정서를 만날 때, 김지원의 시적 출발은 기대감을 전면으로 내세우게 된다.

엔트로피의 법칙과 존재 그리고 자기정화

미국의 문명비평가 리프킨은 오늘의 과학메커니즘의 세계를 이원적인 구분으로 말하고 있다. 과학의 발달은 필연적으로 인간에게 편리는 주지만 또 다른 고통을 가져다주는ー고도한 오늘의 문명은 공해라는 무서운 재앙을 예상하게 하고 질서라는 편리는 무질서의 함량이 더욱 크게 다가오는 이원적인 특징을 벗어날 수 있는 방도가 없다는 이론의 한계 속에 살고 있다. 과학의 편리가 인간을 행복함으로 만들지 못하는 우울은 결국 자연을 찾고 추구하는 자연주의 현상이 대두될 조짐들이다.

김지원의 시는 이원적인 대칭을 이루는 시상이 대부분을 차지하고 있다.

　　영농의 기계화
　　이제 이십일세기를 눈앞에 두고 있다

정말 살기 좋은 세상이다
그런데도 찜찜한 마음 한 구석,
너무 많은 것을 잃어 가고 있다
  ——〈어느 눈부신 봄날에〉 중

　얻는 것과 잃은 것이 균형을 이루는 것이 아니라, 얻는 것 보다 잃어지는 것이 많을 때 인간의 재앙은 시작된다 오늘의 문명은 이런 예언을 적중시키는 비극의 참혹성에 위험을 감지하기 시작한 것이 최근의 일이다. 과학의 발달로 인해 쾌적한 환경을 잃어가는-공기와 땅과 쓰레기의 몸살은 결국 인간에게로 다가오는 부메랑의 화살과 같다. 김지원은 이런 문명의 위기를 조심스레 시의 몫으로 챙기는 일면을 가지고 있다.
　세상은 조화를 위해 서로 다른 일면을 내세우는 창조의 문법이 있다. 가령 동양 사상을 이루는 음과 양이나 하늘과 땅 혹은 남과 여 등 헤아릴 수 없는 대칭은 분리하기 위한 것이 아니라 하나로 통합 혹은 조화에 이치를 갖고 있다. 김지원의 시는 이런 문법에 매우 충실한 느낌을 갖는다. <천둥 번개는 밤새껏 우리의 가슴에서 울부짖었다>나 <경천애인>등 많은 작품들이 이런 대립의 구조를 지키면서 이미지의 숲을 이루어 간다.

모든 살아 있는 것들은
주검 위에 서 있다
아침은
어둠의 토양을 뚫고 솟아나는
찬란한 기쁨이다
  ——〈천둥 번개는……〉에서

　살아있는 것들은 결국 주검 위에 있고 찬란한 아침은 어둠의 토양에서 시작된다는 암시는 동양적인 사고의 진폭을 생각하게 한다. 이는 독선적인 것이 아니라 이미지를 상대화함으로 평등을 이루면서 조화의 세상을 염원하는 특징으로 돌아가기 때문이다. 어둠과 빛 혹은 주검과 살아있음의 구분은 인간의 것이지 자연의 법칙은 아니다. 아무튼 김지원은 상반된 이미지가 따로 독립하는 것이 아니고 결합하여 하나의 공간을 형성하는 여백을 남기기 때문에 삶의 커다란 폭을 연상하게 한다. 이는 앞으로의 출발에 좋은 느낌을 생산할 수 있다는 뜻과 같다.

시는 자기 정화를 위한 구도의 길을 만들어 나간다. 김지원의 시적 면모는 이런 일에 관심이 집중된다.

> 나는 오늘
> 눈물처럼 아름다운
> 어떤 이야기를 보았다
> ……략……
> 한 떨기 눈물의 꽃 가슴에 품고
> 더런 놈의 세상을 유린하리라
> 그리하여 눈물에 고이는
> 영롱한 세상을 노래하리라
> ──〈아름다움에는 눈물이 있다〉에서

김지원은 아름다움의 반대편에 보이는 더러움을 보는 분노가 아니라 그 반대, 더러움에서 보이는 아름다움을 발견하는 방도에서 전자와 후자의 차이가 있다. 전자는 부정의 접근이라면 후자는 긍정의 접근에 차이는 삶의 질을 다르게 형성하는 일일 것이다. '한 떨기 눈물의 꽃 가슴에 품고'라는 아름다움의 소재로써 더러운 세상을 정화하려는 시인의 마음은 그만큼 인내와 아픔을 감내하는 정신의 美感을 보이는 부분이다. 이는 순수를 찾아 나서는 고달픈 행로일지라도, 삶을 아름다움으로 채색하려는 나그네의 근엄한 모습이기 때문이다. 자기정화 혹은 자기순수를 모색하려는 김지원의 시의 행로는 그만의 독특한 문법으로 보인다.
 또 다른 점에서 김지원의 시에는 순리를 찾아가는 삶의 깊이가 유난하다

> 밀고 왔던 것은
> 반드시 밀리어 나는 것을
> 밀어 올 때야
> 밀려날 일 생각이나 했으련만
> 제대로 한 번 밀어 보지도 못한
> 세월이 아쉬워
> 주춤거리는
> 해변의 몸짓은 얼마나 초라한가
> ──〈조수〉에서

 밀려가는 것과 밀려오는 것을 벗어나는 이치란 없다. 이는 삶이 곧 죽음이라는 이치와 같고, 이런 순환은 순리를 찾아서 생존을 이어가는 인간의 본질을 암시한다. 김지원은 오는 것을 오는 것으로 생각했고 가는 것을 가는 것으로 생각하는 달관의 사고를 보인다. 이런 조짐이 명확한 상을 형성한 것은 아니지만 원숙한 사람만이 도달할 수 있는 입구를 찾았다는 말과 같다. 거역의 참혹한 형벌이기보다는 순리를 쫓아 삶의 자리를 펴는 동양적인 사고는 곧 철학의 본원을 이루는 길이기 때문이다. 김시인은 이런 시의 얼굴로 그의 정신을 채색하는 시인이다.
 인간이 자기 존재를 바라본다는 것은 그만큼 깊은 생을 이끌기 위한 의미가 될 것이다. 김지원의 시에는 이런 존재의 근원을 탐색하는 시들이 흔하다. <횟집에서>나 <겉과 속>·<허상>·<벽>과 같은 시에는 자기 삶의 천착을 통해 상징의 숲을 확충한다.

시인은 자기에 공간을 독자에 열어주는 삶이다. 이는 삶의 통찰을 통해 가능한 인격이자 예술혼의 발현일 것이다 김지원의 시는 사물을 바라보는 분간이 명확할지라도 統合에서 하나의 공간을 위해 땀을 흘리고, 자기정화의 방도를 통해 순수한 세계를 찾아 나서는 나그네의 품위를 만날 수 있다. 아울러 존재의 확충을 위해 화해의 눈빛으로 세상을 감싸는 따스함을 갖춘 시인의 면모도 보인다.*

4. 삶의 흔적들과 시심
―유병우의 시―

1. 들어가는 말

　시가 마음의 거울이라는 말은 시와 시인의 정신적인 교감이 하나로 조직화된 시의 특성을 뜻하는 말이다. 즉 시인의 정신을 내보이는 방법이란 뜻이지만, 결국 말이란 허무한 바람이요, 잡을 길 없는 허무로 남게 된다. 그러나 시란 시인의 정신을 상징과 비유라는 수법으로 포착하여 문자화할 수 있기 때문에―세계를 가장 포괄적으로 나타낼 수 있는 인간의 방도란 없다. 가령 그림으로 인간의 마음을 그린다해도 결국 부분적인 일정의 공간을 채색할 수밖에 없다는 사실은 시의 영역이 얼마나 넓은가를 보여주는 뜻일 것이다.
　시는 자화상을 만드는 내면적인 것과 이를 이루는 일상의 외면적인 생활의 결합에 의해 한 시인의 시는 총체성을 갖게 된다. 이런 특징을 시인의 경험의 다양성과 또 삶의 통찰력에 의해 확고한 시의 표정을 연출하게 되고 이런 基底위에서 언어의 美感을 시적으로 나타내는 기교를 갖추었을 때, 시의 특징을 얼굴을 구체적으로 만들게 된다. 시란 단지 시인의 마음만을 만드는 작업이 아니라 내면과 외면을 결합하여 한 인간의 총체적인 상을 창조한다는 점에서 가장 至難한 인간의 작업으로 남게 된다. 어떤 시인은 자기 주변의 소재를 단순화하는가 하면 더러는 사회적인 분야를 주요 재료로 언어의 옷을 입히는 시인도 있다. 문제는 다양함과 단순이라는 관심의 범위가 우열로 평가될 수는 없지만 다양성 위에 광범위한 영역을 커버한다면 시의 색깔은 선명한 기억을 남길 수 있게 될 것이다.

시는 단순한 기억의 그림이 아니라 과거와 현실을 결합하여 미래의 그림을 織造한다는 점에서 입체적인 특성을 갖는다. 유병우의 두 번째 시집에 들어있는 시들은 이런 精神圖의 입체성을 위해 헌신하는 몸짓을 축적하면서-단순한 딜레땅드가 아니라 정서를 집중하는 공간을 위해 그만의 몸짓을 투영하고 있다. 이제 그런 조짐들을 만나는 걸로 논지의 대강을 말할 일이다.

2. 시의 몸짓

1) 마음이란

인간에게 마음이란 무엇인가? 이를 명확하게 설명한 철학은 없다. 결국 精緻한 이론으로도 마음의 해답을 구하는 것이 아니라 또 다른 질문으로 귀환하는 속성이 인간의 마음일 것이다. 인간은 이런 질문의 난해성을 알고도 포기할 것이 아니라 끈질기게 또 다른 길을 찾아 나서는 속성을 갖는 것이 인간의 반복적인 행동성이다.

유병우 시집의 목차에 1부를 「마음에서」라는 항목으로 배열한데서도 그의 시적 본질의 추이를 짐작할 수 있는 근거를 제공하고 있다.

마음은 인간이 인간일 수 있는 속성의 명확한 증거일 것이다.

    아마
    내 꼴 닮은
    내 마음 같아

    누우면 코가 높고
    서면 머리카락 솟는
    둥근 얼을

    옆으로 벌리고
    위로 추켜올려
    가슴 위에 꽂아본

    정말
    내 꼴 따른
    내 마음이오

                                     ——〈얼굴〉

    마음은 인간의 내면을 구성하는 요소이지만 이를 볼 수도 또는 확인할 수도 없는 「없음이 아닌 있음」으로 인간의 의식을 조종하고 이를 행동으로 옮기는 작용을 다한다. 이런 마음은 언제나 변화를 위한 조짐을 보이지만 의식을 통제하면서 행동양식을 이루어 나간다. 결국 행동이란 마음의 조종에 의해 특성을 마련하게 되고 그 특성은 존재라는 거대한 장면을 이루는 動因을 만들게 된다. 유시인은 이런 마음을 '내 꼴 닮은'으로 정리하여 내면의 마음과 '꼴'을 닮은 동일성을 이루어 '정말\내 꼴 따른\내 마음이오'를 발성하는 근거를 이룬다. 이런 동일성은 곧 유시인의 의식에서 확고하게 자리잡은 마음과 행동의 통일을 위한 내면과 외부의 특성을 하나의 좌표로 집합시키는 시적 모티브로 생각된다. 마음의 힘은 얼굴의 특성을 만들게 되고 얼굴의 특성은 마음의 부드러움을 이룰 때, 시의 형태는 독자의 가슴으로 전달되는 절차를 완수할 수 있게 된다. 이런 이치를 다소 애매하지만 특성화의 이치로 생각한 유병우의 감수성은 그만의 자리를 확보하려는 의지를 느끼게 한다.

2) 토속성의 정서

자기를 안다는 것은 곧 시의 행로를 쉽게 확보하는 절차를 익힌 것과 다름이 없다. 이런 이치는 시의 흐름이 정서적인 동일화를 향해 조종되는 시인의 마음과 다름이 없다는데 근원을 확보한다.

시는 정서의 근원을 가져야 한다. 이런 말은 흔히 자기개성을 확보한 뒤에 비로소 자기 시를 익히는 절차와 같다는 말이다.

인간은 모두 자기의식의 고향을 갖고 있다. 이런 말은 의식의 집중현상을 이루어 시의 行步를 다양성으로 채우는 역할을 하게 되면서 확고한 시의 心志를 이루는 시의 행로를 만들게 된다.

> 절구에다 찹쌀 찧고
> 다시 콩을 빻아 넣고
> 송화가루 뿌려 섞어
> 조청에 반죽하여
> 이기고, 다지어
> 예쁘게 빚어내어
> 정성껏 보시기에 담아
> 제사상에 고이 올려
>
> ──〈다식판〉에서

시는 전통으로 회귀하려는 속성을 갖는다. 이런 본질은 인간의 의식적 고향이 항상 어머니의 의미와 상통하듯 고향의 정서는 곧 자기화를 이루는 암시와 닿기 때문에 떠나와 버린 고향의 이미지에 열성으로 정서를 투영하게 된다. <다식판>은 이미 젊은이들에게는 생소한 기구이지만 이를 되새겨보는 유병우의 마음 구석에는 고향으로의 혼적을 찾아 길을 재촉하는 나이든 의식을 엿보게 한다. 어머니의 생각은 비단 실제적인 암시가 아니라 상징성을 띠기 때문에 다양성의 얼굴로 출몰하게 된다. 이런 예는 <부지깽이>나 <굴렁쇠>에서도 매일반이다.

    동그랗게 굴러가는
    세상에 흔한 토막을
    꼬누는 작대기가
    내손에 쥐어진 까닭을
    나는 잘 아는데
    너는 왜 모르느냐

              ——〈굴렁쇠〉에서

 '나는 잘 아는데'라는 전제 위에서 '너는 왜 모르느냐'라는 의문은 시대의 강을 거슬러도 설명할 수 없는 한계를 절감한 유병우의 고민이다. 장난감이 없던 아득한 시절에 더불어 놀았던 굴렁쇠는 유병우에게 낭만과 추억의 물건들이지만 요즘의 아이들에게는 생소하고 낯선 설명으로밖에 들리지 않을 것이다. 이런 이방성 때문에 나와 너라는 존재에 간격이 확인되고, 이런 낯설음으로 추억의 깊이는 더욱 哀調를 나타내는 감성으로 자리잡는다. 결국 시간의 거리를 좁혀 본다는 것의 어려움을 전통과 과거라는 공간성으로 볼 때, 유병우의 나이에 간직된 안타까움이자 그리움의 요소로 자리잡는다.

    지난 겨울 앞산

불여우 굴 속에다
장작불 지피며
동댕이치자 들고와
……약……
아지랑이 피는 봄날
뒤뜰 장독대 옆에
꽉 꽂아 놓으니
버들싹이 돋아나네

———〈부지깽이〉에서

  전원정서가 주조를 이룬 때에 태어난 유병우의 정신 속에 들어있는 아련한 부지깽이는 불과 보조를 맞추어 시의 특성을 보여주는 이미지의 대상화로 인식된다.
  장작불을 지피는 임무로 소임을 다하는 부지깽이는「잘 태우는 목적」으로 볼 때, 별로 쓰임이 소중한 물건은 아니지만 유시인의 정신을 검증하는 단서를 제공하고 있다.
  '아지랑이 피는 봄날'이라는 생성의 계절을 바탕으로 장독대 옆에 꽂아 놓으니 '버들 싹이 돋아나네'라는 재생의 암시는 단순한 상징성을 넘어 유병우의 정신영역을 상징하게 된다. 아무런 쓸모 없는 물건에서 새로운 싹의 생명을 발견하는 시적 변화는 곧 시인의 정서에 간직된 정신의 추이를 나타내기 때문이다.
  재생 혹은 환생으로 바라보는 통찰은 시인에게 가장 필요한 정신문법이자 시의 새로운 영지를 확보하는 요인으로 작용하게 된다는 암시이다. 이런 추이는 과거라는 요소를 불필요한 것으로 치부하는 것이 아니라 오늘을 낳고 있는 절대요소로 생각하는 연결된 시간의식으로 생각하는 유시인의 창조문법일 것이다. 결국 전통은 오늘을 잉태한 어머니의 정서요 이를 되새긴다는 것은 소중한 자기 찾기의 일환이 된다는 점에서 정신의 건강으로 이어진다.

3) 생의 의미

시인은 살아있는 정신을 포착하는 절차에서 시의 생동감을 잉태하고, 또 살고 있는 삶의 고달픔에서 벗어나려는 의지를 확산할 때, 시의 의미는 더욱 선명한 자리를 확보하게 된다. 살아있는 시인은 삶의 확고한 의지를 마련해야 하고 여기서 시의 힘을 소유하게 되면서 시적 개성으로 길을 만든다.

유병우의 시에서 가장 흔한 소재가 삶의 소리들로 이루어졌다. 이런 관심의 주조는 오늘을 어떻게 살고 있는가의 심리적인 단서인 동시에 생의 철학을 엿보는 단서를 만나게 된다.

>   모두 떠나버린
>   빈 방을 지키며
>   흐르는 시간과
>   내리는 허기를
>   샅샅이 훑어보고
>   혹심한 고갈 속에
>   좀처럼 떠나지 않는
>   아픔에 취하여
>   ……랴……
>   아무도 없는
>   기쁨으로
>   넘겨지는
>   온통
>   어둠이다.
>
>   ──〈늦은 밤〉에서

시는 삶을 해석하는 방편이고, 시는 이를 위해 새로운 암시와 의미를 만들기 위해 고심하는 인간의 마음이 깃들이는 작업이다. 또한 살

아있는 의식을 투영하기 위해 정서를 한 곳으로 집중하는 방도에서 시적 전달은 화려한 암시를 남긴다. '늦은 밤'이라는 시간의 깊이에서 홀로 고독한 자기를 발견하는 때를 깨닫기 때문에 삶의 허기를 자각하는 순간을 소유하면서 '아픔'을 깨닫게 되고, 결국 그 아픔은 타인의 것이 아니라 나의 소유라는 자각에서 삶의 본질을 터득하는 시간으로 귀환하게 된다. 그러나 이런 어둠에서의 발견은 '기쁨'이라는 상징으로 변모하기 때문에 유병우의 어둠은 불행이나 칙칙한 상징의 옷을 입지 않는다. 이런 정서는 어둠에서 밝음으로 향하는 문이 열려있음을 뜻하고 정서의 지향이 낙관적인 것을 의미한다.

사는 일은 모순이자 치열한 전쟁을 방불케 한다. 가령 차를 몰고 길에 서면-이 극명한 비유는 모순과 시기와 아집 그리고 질투의 人間事가 보이게 된다.

　　　계룡산이 저 멀리 보이는
　　　육교 내림턱 길 어깨에서
　　　가벼운 접촉 사고가 났다

　　　車는 車끼리 부딪쳤고,
　　　운전하던 남편은 서로 멱살잡고
　　　잘했다고 소리치며 싸우는데,
　　　조수석의 마누라도 뛰쳐나와
　　　잘났다고 할키 듯 밀고 당긴다.

　　　지나가던 사람들이
　　　차창 밖으로 고개를 내밀고
　　　어디선가 많이 본듯한
　　　場面이라고 깔깔 웃네
　　　　　　　　　──〈국립공원 가는 길〉에서

이 시는 3연에서 객관적인 눈으로 1연과 2연의 상황을 관조하는 기법으로 이루어졌다. '접촉사고'를 당해서 서로가 잘했다고 싸우는 주장을 제3자가 판별할 때, 실소를 자아내는 일들이지만 진지하게 자기주장을 싸움으로 대신하는 모습은 인간의 삶에 치열한 전쟁의 처지와 근사함을 느끼게 한다.

 自己를 객관화할 때 자기의 부족과 자기의 왜소함을 깨닫게 될 터인데도 우선 이겨야한다는 승부욕에 자기를 버리는 불행을 유병우는 '깔깔 웃네'라는 적당한 거리의 확보로 단안을 내린다. 자기 삶을 객관화하여 본다는 것은 곧 자기 삶의 본질에 이른다는 암시를 나타낸다.

 사는 일이란 자기의 주관으로 판별하기 때문에 정당성을 망각하게 되고 이런 일 때문에 삶의 진리를 逸脫하는 불행을 가져야 한다. 이런 에피그람적인 비유는 자동차라는 도구를 통해 바라보는 거울의식이 매우 선명한 형식으로다가 올 때 유병우의 정신은 생의 일상성을 통해 고양(高揚)하는 절차에 관심의 양이 매우 다양하다.

 <주차비>에의 이상한 계산법과 <생존경쟁>에서의 마지막이라는 말의 허구성, 사는 일의 조직성을 나타낸 <주민등록번호>등에 들어있는 관심들은 유병우의 삶을 대변하는 시들로 보인다.

4) 종교

 시와 종교는 다른 것이 아니라 하나이다. 아름다움을 추구하는 것은 종교의 순진무구를 추구하는 것과 같고, 시의 아름다움은 인간의 마음에 사랑을 찾아 나서는 일과 다름이 없을 것이다.

   첫 십년은 공부하느라고
   두 십년은 연애하느라고
   세 십년은 먹고사느라고
   온맘에 거덜난 삼십년후에야
   겨우 그 뜻을

알 수 있었다

———〈IRNI〉에서

　진리를 발견하는 것은 쉽게 오지 않는다. 시련과 방황과 고통을 지불한 뒤에 진리의 불빛을 마주할 수 있다는 극명한 비유가 '유대인의 왕 나사렛 예수'라는 약어 <IRNI>로써, 젊음이 지난 30대에서야 그 진정한 의미를 터득하게 되었다는 고백이다. 물론 사전적인 의미야 젊은 시절에 몰랐을 리 없지만, 참뜻을 깨닫는다는 진리에의 길을 발견하는 기쁨은 이보다 훨씬 지난 뒤에 알게 되었다는 뜻이다. 여기서 삼십 년은 숫자적인 의미이기보다는 온갖 시련과 아픔을 보상하고 난 후에 터득된 자기발견의 의미와 같다. 이런 단서는 경험의 축적이 인간을 성숙하게 만든다는 이치에서 유병우의 종교관은 갈등과 우회의 길을 돌아 참의 인간 이치를 알아차린 성숙의 경우와 같다.

　'나를 초대하여 주신\당신의 모습을\ 두려워하지는 않습니다'와 같은 진실의 표백 <키로>와 <타데우스 신부님> 등 신을 향한 유병우의 관심은 진실과 진리를 위한 방편으로 좌표를 설정한 참 인간의 길과 상통하고 있는 종교관이다.

3. 나가면서

　유병우의 시는 생활의 영역을 포착하여 自己化의 방편으로 상징의 의복을 입힌다. 여행 시나 삶의 비전을 다룬 소재에서는 공감의 폭이 넓고 깊은 전달의 요인들을 내포하고 있다. 이런 단서는 추억의 정서를 포장하여 오늘의 장면으로 재생한 기교적인 암시를 우선할 수도 있지만, 유병우가 시를 위한 몫에 떨어질 수 없는 진실에의 절대성을 열망하고 있다는 점으로 확인할 수 있다.

5. 환경과 정서의 통합성
―신익선의 시―

1. 프롤로그

　시를 위시해서 인간사의 모든 일들이 저마다의 자족적(自足的)인 운행법칙을 가지고 있기 때문에 아리스토텔레스는 문학의 특징을 유기체라는 이름으로 생각했었다. 문학의 표정이 읽는 사람에 따라 서로 다르게 인식되는 이유가 곧 살아있다는 기능 때문에 표현의 다의성―애매성(ambiguity)을 함축하면서 진로를 확보하는 셈이다. 특히 시는 이런 자족적인 역할에서 가장 광범위한 영역을 커버하기 때문에 시가 문학의 앞자리에 설 수 있는 자격을 갖고 있을 것이다. 이는 시의 영역이 인간 삶의 3차원을 위시해서 우주라는 4차원의 두 영역을 통합하는 것 때문에 애매성의 옷을 입어야 하고 하나의 얼굴이 아닌 다면성의 모습을 띠어야 한다는 뜻일 것이다.
　특히 시는 대상을 통합하는 일에 일체의 임무가 부여되어 있다는 점에서 자칫 진부한 넋두리에 떨어질 염려도 있지만, 응축이라거나 비유 혹은 상징의 숲을 만들면서 인간의 폐부를 자극할 수 있는 이미지 결합에 탄력적인 힘을 가져야 한다. 여기서 탄력적인 에너지는 적어도 두 개의 암시를 내포하여야 한다. 첫째는 시인자신이 끝없는 정서의 함량을 보충하려는 의도-메마른 감수성을 붙잡고 매달리는 것이 아니라 물 많은 수원지를 확보하려는 노력이 우선되어야 한다. 가령 詩作의 초기에는 반짝거리다 나이가 지긋하면 낡고 퇴락한 인상으로 메마른 정서의 나열에 시의 힘이 감동을 남길 수 없는 처지니 이는 자기성찰이라는 노력으로 해결될 일이다. 둘째는 이미지와 이미지의 생동감을 연결할 수 있는 기교의 개발에서 변화의 실감을 제조해야 한다.똑같은 시어의 반복은 한 권의 시집으로 마쳐야 한다. 요컨대 두 가지의 요구는 적어도 시인에게 노력이라는 평범한 공부를 주문하는 일이라는 데서 시인의 명칭은 명예나 여타의 장식적인 이름이 아니다.

3번째 시집을 상재하는 신익선의 정신 質感은 그만의 환경적인 바탕에서 일정한 영역을 구축하고 있다. 즉 농장을 경영하면서 바라보는 농촌의 현실에 대한 아픔 혹은 불만, 그리고 풀잎 하늘거리는 자연을 가슴에 넣고 삶의 일상을 채색하는 일들이 선명한 파노라마를 형성하면서 시의 진로를 행진한다. 물론 그의 시에 칭찬이 따라붙는 요소에 상쇄되는 칼칼한 언어의 생경성은 극복의 과제가 남아있음도 사실이다.그러나 시는 운명적인 길을 앞으로 재촉하는데서 아름다운 얼굴보기를 마칠 수 있기 때문에 오늘보다는 내일을 앞세우는 건강성을 주문하기도 한다.

시집『우리들의 덩굴』에는 1부「아가, 슬픔은 식구란다」와 2부「근거지 확보를 생각함」과 3부「서해의 뻘밭」4부에「개미의 노래」등 60여 편의 식구들을 거느리고 발성의 절차를 기다리고 있다.

2. 환경과 일치하는 정서들

1) 농촌의 표정

　農者天下之大本이라는 말을 음미해보면 봉건시대 생산의 주체였다는데서 가장 극찬으로 올렸던 이름이 아닐까 의심한다. 물론 생산의 계획주체-지배자들은 결코 땀을 흘리지 않았고 다만 독려의 의미로 농자천하지대본이라는 표어를 격려의 의미로 앞세웠는지 모른다. 이는 시대의 요구와 시대를 이끌어 갈 중요한 바닥을 충족할 수 있는-먹어야 산다는 문제는 농민들의 노력에 의해 해결할 수 있기 때문에 칭찬의 말은 필요했다는 일이다. 그러나 오늘의 시대는 과거와 다른 가치의 변화를 요구하고 있고 삶의 질에 대한 문제도 과거와는 다르게 변했다.

　1차 산업의 중요성이 3차 산업의 중요성에 압도당하는 요즘에 농촌의 현실은 텅빈 공허를 만나는 우울이 탄식으로 연결되기 때문이다. 이런 아픔을 신익선이 바라보는 일상에서 자연스레 농촌 소재의 시를 만드는 이유가 있게 된다.

>　　땀에 젖은 채
>　　외양간에 든 두렁갈의 황소여
>　　노을 털며 이제 갓 초승달 뜬다
>　　올해 농사는 어떠할랑가
>　　단지 먹고사는 문제만으로 휘청거리는데
>　　평강도 없고 안온도 없고 안식도 없고 고난만 임하였구나
>　　　　　　　　　　　　　　──〈황소에게〉중

　신익선의 눈에 들어온 농촌의 현실-어느 분야에서나 비판의 말은

있을지 모르지만, 농촌의 아픔은 점차 생기 잃어 가는 현실을 부인할 수는 없을 것 같다. 이런 고단함을 황소를 통해 시인의 마음을 비유하는 점에서 '단지 먹고사는 문제만으로 휘청거리는데'의 여운은 슬픔을 자아낸다. 이런 현실을 더욱 아프게 하는 말 '평강도 없고 안온도 없고 안식도 없고'라는 「없고」의 행진이다. 없다의 이면에 들어있는 문제는 먹고사는 문제보다 더욱 심각한 평강과 안식이라는 행복추구의 궁극적인 문제가 없다는 부정에 들어있기 때문이다. 이런 문제는 가난이라는 문제가 아니라 농촌의 거점이 삶의 공간으로 제몫을 상실하고 있다는 고백이 된다. 이는 오늘의 사회가 발전이라는 미명에서 파생된 필연적인 현상으로써 밝은 전망으로 채색할 수 있는 어떤 조짐도 없다는 데서 심각한 현실성을 내포하고 있다.

> 빈집이 우나보다 얘
> 똑똑히 들어봐라 빈집이 운다 얘
> 솔걸불 일렁이던 아궁이 끄을음 삭고
> 아이 크던 마룻장 상한 이웃의 빈집에서 들어봐라
> 소 외양간 하늘 보는 빈집에서 소리난다
> 벌써 칠팔년 비어있는 마당 이웃 빈집에서
> 덜컹대며 무슨 소리 난다고
> 어머님은 말씀하신다
> 농장 큰 집에서 혼자 조석 끓이며 사시게
> 어머님을 모시는 것은 저의 불효입니다
> 안타까움과 포근함의 밀물 들고
> 고향을 비울 리 있어요 어머니?
> 어머니를 찾듯 돌아올 거예요 어머니
> 꿈을 꾸면 고향마당 빈집이 보이는데
> 때로 당신을 폐농한 이웃의 빈집이라 여기실까
> 젖가슴에 키운 자식들이 떠난 빈집
> 모두 떠나고 울타리만 썰렁한 빈집

비바람에 덜컹대는 빈집이라 여기실까
갈 노을 젖는 저녁나절에 쓸쓸히
들어봐라 빈집이 운다 얘
                    ──〈빈집이 운다 얘〉

이 시는 편의상 두 개의 의미군을 거느리고 있다. 어머니를 전면에 내세우고 농촌의 빈집을 거론하지만 실상은 시인의 생각을 어머니라는 대상을 통해서 덜컹거리는 농촌의 빈집-폐허의 실상을 공간적으로 포진하는 것이라면 두 번째는 시인과 어머니와의 관계에 불효를 거론하므로 따스한 바람을 불어오게 하는-폐허의 농촌에서도 인간미의 숨소리가 살아나야 한다는 뜻을 감지하게 된다. 이런 절차는 곧 신시인 정서에 잠겨진 생각이지만 오늘의 농촌 실상을 '썰렁한 빈집'이라는 아픔으로 설정하고 있는데서 참혹한 풍경화를 대면하게 된다.

오늘의 농촌은 이미 산업화라는 파도에 밀려 낭만도 즐거움도 또는 고향의 아늑한 추억을 묻어야 하는 어쩌면 절박한 현실을 어떻게 극복할 수 있는가의 방도가 묘연한 실정이라면 이를 지키기 위해 빈집을 지키는 일은 용기요 전통의 줄기를 이어가는 사람들일 것이다. 빈집의 울음소리를 들을 수 있는 마음의 허무는 절망의 중심에서 내면의 문을 열어 놓음으로써 가능한 일이다. 그러나 신시인의 농촌에 대한 신념은 무너지는 것을 절망으로 정리하는 노래가 아니라 새로운 지평을 위해 또 다른 신념을 포착하는 이야기가 있다.

생애를 달려온
곤한 그의 기운들을 불지펴
그를 태우지만……그는
그는 다시 산다
                    ──〈두엄더미에서 그는〉 중

잠들었다고 생각하는 大地에서도 새로운 생명의 숨소리는 들려온다. 이런 징조는 보이지 않는 태초의 숨소리를 안으로 지피는 창조의 문법이면서 내일에 대한 신념의 공고화를 의미하게 된다. 다시 말해서 죽어있는 것 같은 고요 속에서 태동되는 생명의 씨앗은 '그는 다시 산다'라는 확신의 어법으로 미래를 예견하게 될 때 비유의 폭은 넓어지고 상상력에 증폭을 자극하게 된다.

2) 식물정서와 땅

환경은 시인의 정서를 일정한 색으로 정형화된다. 다시 말해서 시인이 살고 있는 분위기에 따라 정서의 일정한 특색을 형성하면서 비슷한 시의 토운을 유지하게 된다. 이런 징후는 경험이 시의 주요한 요소를 이루는 형태를 갖는다는 뜻이다. 가령 바다에서 삶을 지속하는 사람은 바다의 비유가 勝하고 산에서 사는 사람은 산에 대한 시의 중심이 언어로 이루어진다. 반면에 농촌에서 자연을 벗삼아 사는 사람은 아무래도 농촌의 문제를 시의 중심에 놓고 이미지를 구성하게 된다. 신익선의 시에는 주로 식물정서가 주조를 이루는 것도 그가 살고 있는 삶의 터전에 대한 경험을 詩化의 방도로 삼고 있기 때문이다.

얼마나 좋으냐 떼구르르 구르르
늙으면 늙을수록 단단하게 여물어
네 활개치며 살아온대루
얽매임 없이 우리는 친구다 네가
허물어진 담장의 깨진 기왓장이건
채마전에 뻐쩍 솟은 까시덩굴
측간에 얽어 올린 말목이래도
우리는 친구다 휘감겨 온 자리에
귀한 정분 쌓인 일가를 이뤄

떼구르르 구르르 깨지지 않는
　　　늘그막까지 든든한 믿음이 된다
　　　　　　　　　　　　——〈늙은 호박〉

　늙은 호박의 안정감, 허물어진 담장이나 깨어진 기왓장, 채마전 혹은 까시덩굴. 그리고 변소인 측간의 냄새나 抹木 등 농촌의 정취나 물건들이 널려있는 모습은 시골의 아늑한 모습을—퇴락하고 허물어진 우리의 고향을 연상한다. 이런 정서는 신시인의 시에 가장 흔한 모습으로 다가온다. 더구나 '우리는 친구다'라는 개념을 개입함으로 시의 색채는 늙은 호박과 대립적인 배치로 친근미를 부여한다. 오래된 친구와 시골의 정취와 늙은 호박의 배치는 결국 따스한 정감을 자아내는 이름으로 재생된다. 이런 식물정서를 앞세운 시는 도처에서 나타나지만 <호박넝쿨>은 이런 징조를 더욱 심화시킨다.

　　　시골 밭둑 타고 올라
　　　땀냄새 풍기는 시골아낙 좀 보아
　　　거친 풀밭 덮으며
　　　푸짐한 넝쿨 뻗어 온통 먹거리로 크는
　　　저 든든한 성장을 보아
　　　지금 누가 달 그늘에 숨어 드는겨
　　　대청마루 할아버지 너털웃음 공급하는
　　　시골아낙의 푸르디푸른 넝쿨이
　　　거친 풀밭을 덮는디
　　　큼직한 잎에 튼실한 꽃내며
　　　튼튼하게 아이를 키우는디
　　　　　　　　　　　　——〈호박 넝쿨〉

　아마도 호박은 시골의 정취를 가장 잘 나타내는 식물일 것이다. 친근미를 주는 또 다른 이유는 쉽게 반찬으로 먹을 수 있는 것과 흔한 꽃으로의 다감성을 주는 호박이 농촌의 정취를 말하는 가장 대표적인 이름일 것이다. '시골 아낙'이나 '푸짐한 넝쿨'과 튼튼하게 성장하는 끈기와 강인함은 우리의 삶을 나타내는 '너털웃음'의 할아버지와 어울리면서 호박의 다감성이 여전히 살아있는 우리의 체취를 뜻한다. 아울러 거친 들판을 뒤덮어 열매를 맺으면서 '큼직한 잎'과 '틈실한 꽃내'의 비유가 '튼튼하게 아이를 키운다'라는 미래의 지표를 앞세우는 신익선의 시에는 풋풋한 자연의 냄새가 난다. '아카시아' '청개구리' '살구꽃' '달개비꽃' '땅을 둘러보며' '첫물고추' '황소에게' '올챙이' '밤나무 혹파리' '두엄더미에서 그는' 등 식물정서가 주조를 이루어 신시인의 정신에 가득한 시골 정취를 자아낸다.

땅은 인간의 원형이 깃들이어 있고 땅으로부터 삶의 진원을 풀어 나가는 공간이면서 벗어날 수 없는 고향의 암시를 갖는다. 물론 환기적인 의미의 상징뿐만 아니라 인간이 인간의 이름으로 살 수 있는 공간적인 절대성의 필요가 있고, 태어남과 죽음의 이중성을 통합하는 땅은 인간의 생명을 일으켜 세우는 면과 **흡수**하는 기능을 공유하면서 신익선시인의 표정의 근거를 갖추고 있다.

> 땅을 둘러보며
> 잡초 무성한 땅을 보며
> 한층 더 주름살을 늘리리라
> 그러면 나는 행복하여
> 더 이상 어떤 것도
> 바라지 않으리라.
>
> ──〈땅을 둘러보며〉

매우 간명한 단형의 시이다. '잡초 무성한 땅'과 '주름살' 그리고 '행복'이라는 세 개의 시어에서 엮어지는 암시는, 잡초의 땅을 땀으로 일구노라면 고통스러운 대가를 지불하고 얻어지는 진실은 배반의 이름을 남기지 않기 때문에 주름살의 숫자에 비례한 행복의 지수는 더욱 늘어날 것이라는 상징으로, 진실의 가치가 어디에 있는가를 확인하는 일이면서 인간사와 다른 가치의 문제를 땅에서 발견하는 **교훈**을 암시하고 있다. 결국 행복의 크기가 문제가 아니라 행복을 어떻게 느낄 수 있는가의 선택은 곧 삶의 만족에 도달하려는 정신적인 가치와 같게 된다. <오늘도 뗏장을 일구다>나 <서해의 뻘밭> 등은 땅의 의미를 되새기는 암시로 시의 모티브를 삼고 있다.

뗏장을 일구다

숱한 지산을 거느린 봉수산에 오르는 길
산마을 지나 구비구비 산중턱에 이르면
등에 업은 아낙 옆에서
웬 떠꺼머리 사내가
추스린 돌은 니어커에 실어
섬돌 아래 한 뼘 마당을 넓히며
왼종일 내내 뗏장을 일구다
　　　　　　　　——〈오늘도 뗏장을 일구다〉에서

　인간이 자기의 본거지를 만들기 위해서는 땅이라는 공간을 벗어나서는 이름을 결정할 수 있는 방도가 없다. 이런 확실한 일은 땅으로 의식의 문을 열 수 있으며 땅에서 삶의 애환을 엮어 나가는 길을 만든다. '뗏장을 일구다'라는 종결어미의 단호한 마음은 곧 시인의 의식 속에 담겨진 땅의 신념을 구체화하는 신념의 일단을 '산중턱'에서 아내와 더불어 삶의 터전을 일구기 위해 헌신하는 풍경화를 제시하고 있다. 더구나 '떠꺼머리 사내'라는 젊은 나이의 개입은 한층 희망적인 느낌을 배가하면서 땅을 넓히는 일이 곧 인간의 삶을 위한 필연적인 일이라는 암시로 시를 이끌고 있다. 이는 '왼종일 내내'라는 긴 시간과 땅과의 싸움은 곧 삶의 필연적인 조화를 의미하기 때문에 오늘의 농촌 풍경의 공허와는 다른 상징의 세계를 확인하게 된다.

3) 땀과 결실

땅은 결실에 거짓을 말하지 않는다는 점에서 진실의 표본으로 생각한다. 노력의 결과와 결실의 양은 항상 일정한 비례를 형성하면서 인간에 진실을 강조하는 임무를 비유로 생성한다. 더불어 농부는 땀을 투척하면서 결실에 만족을 표출하는 일로 생애를 건다. 신익선의 시는 이런 비유에 가장 합당한 이름을 소유하고 있다.

> 가까운 이에게 나를 보낸다
> 많이 미련하고 둔한 껍질을 익혀
> 처음이다
>
> 장마를 견뎌내고
> 처음 처음 처음 처음 처음 처음 딴
> 첫 손길에 녹아드는
> 금빛 사원의
> 톡 쏘는 맛
>
> 나를 올린다
>
> ——〈첫물고추〉

고추를 따기 위해서는 한낮의 뜨거움과 여름 작렬하는 긴 태양의 터널을 지나 비로소 열매로 나타난 고추는 농부의 마음을 가장 진솔하게 나타내는 식물이다. 이런 땀의 결실을 '가까운 이에게 보낸다'라는 암시는 농부의 진솔한 진실을 가까운 사람에게 보내는 상징이면서 사심

없는 헌신의 마음이 된다. 더구나 '처음'이라는 강조의 6번 반복은 정성 들여 따낸 소득에 대한 애착을 뜻하면서 이런 애착의 물건을 흔연스레 보낸다는 無心한 경지의 이름을 뜻하게 된다. 비록 받는 사람에게는 보잘 것 없는 환가적인 가치일 지 모르지만 열과 성을 바친 고추를 보내는 마음은 돈이라는 가치로 바꿀 수 없는 소중한 사랑의 마음이라는 강조가 된다.

 '첫 손길'과 '금빛 사원'이라는 고귀한 암시 그리고 '나를 올린다'라는 고추와 나의 관계를 귀중한 것으로 설정한 것은 곧 시인의 자존심을 나타내는 것과 고추라는 비유가 결코 시인과 무관한 것이 아니라는 상징성을 갖는다.

> 얼핏보면 분노의 핏발 같으나
> 도대체 숲은 유연하여 조용히
> 줄기 뻗고 이파리 키운다
>
> 밝혀지지 않은 신비로
> 유월이면 그렇게 숲이 커간다.
>
> ──〈유월이면〉에서

 가령 숲을 농부로 바꾸고 보면 숲이 푸르고 넉넉한—보기 좋은 모습으로 변모한 모습을 바라보는 행복이 땀과 눈물을 바쳐 소득의 기쁨을 맛보는 비유와 같게 된다. 그 숲을 이루기 위해 한 여름을 보낸 분노—핏발 같을지라도 숲은 분노를 내세우기보다는 오히려 아름다움으로 보이는 이치를 위해 '줄기 뻗고 이파리 키운다'라는 소명에 헌신할 뿐이다. 이런 일을 '신비'로 換置한 신익선의 마음은 뜨거운 유월의 농촌 풍경을 '숲이 커간다'라는 암시로 정리한다. 이런 조화는 그 가 살아온 삶의 전 道程이 스며있는 경험의 농익음을 뜻하는 것 같다.

4) 풍자

인간이 살아가는데는 소외의식을 가질 수밖에 없다. 소외란 결국 삶의 중심에서 자기를 어떻게 건사할 수 있을 것인가를 가늠하는 일에서 분기하는 의식의 종류일 것이다. 신익선의 시에는 농촌에서 파생되는 온갖 불합리한 일들에 대결하려는 내면의 심리가 보인다. 다시 말해서 좌절하려는 나약함보다는 오히려 맞서 싸우려는 기백을 내면으로 저장하면서 강한 집념을 나타내는 인상을 발견한다는 뜻이다. 이런 증거는 풍자로 현실을 포장하는 시의 특색으로 드러난다.

윤봉길을 詩化한 <울음의 힘>이나 외국문물이 무작정 들어오는 것을 풍자한 <어지럼증>, 철저한 패배의 뒤에서 다시 일어나는 <찢어질 거 다 찢어져서야>와 <청개구리>, <멍에>, <도가니탕>, <덕산의 몸>, <아가 슬픔은 식구란다> 등 많은 작품에서 시대와 인물에 대한 풍자를 담고 있다. 이런 현상은 결코 만만한 의식의 뿌리가 아니라 때로는 굽어진 것에 분노를 표출할 수 있다는 정신의 일면을 발견하는 일이다.

> 골고다의 창끝을 치며
> 밀려온 마파람에
> 찢어질 거 다 찢어져서야
> 새로이 몸덮는 비닐하우스 보라
> 골골에서 싹트는 씨앗들을 감싸며
> 목동의 목덜미 돌아 돌아
> 찢어질 거 다 찢어져서야
> 새벽 안개 헤치며
> 세상 첫날의 빛
> 동산 중앙의 흰빛을 풀어
> 잎새잎새에 연초록 봄을 단다.
> ──〈찢어질 거 다 찢어져서야〉

90년대 이후 외국의 문물이 무작정 문을 밀고 들어온다. 마치 사나운 북풍에 어떻게 견딜까를 염려하는 것처럼 위기의식이 고조했지만 절망을 맞이하면 도 그 절망의 표정은 실제로 두려운 존재는 아닐 수 있다. '창끝'의 서구적인 암시와 '마파람'의 냉기가 다가올 때 불안의 심연에서 어떻게 헤어나올 수 있을 것인가의 방도-'찢어질 거 다 찢어지는'철저한 절망에서 다시 솟구치는 희망의 얼굴을 대면할 수 있게 된다는 신념이다. 이는'새벽 안개'와 '첫날의 빛' 그리고 '연초록 봄'을 만나는 기쁨을 만날 수 있기 때문이다. 결국 절망에서 희망을 만나는 절차는 철저하게 가라앉아 그 절망과 대결함으로써 승리자의 길을 선택하려는 신념과 의지에서 삶의 원리를 대입하려는 것이 신시인의 작심으로 보인다.

> 나의 원래 옷은 불이었단다 아가
> 곪아 문드러진 상처의 치료는
> 불이어야 한단다
> 사슬이 녹아지는 힘은
> 몸 태우는 불이어야 한단다
> ──〈나는 원래 불이었단다〉에서

　내면의 의식에 간직된 신익선의 마음은 화산이기를 소망하면서도 이를 결코 전면으로 내세우지 않는 것 때문에 불을 불로서 바라보지 못하는 것뿐이다. '배달원 해직근로자'의 비유에서 사회적인 관심을 직접적인 시어로 바꾸는 것이 아니라 이를 익혀서 내뱉는 절차를 취하기 때문에 은근하게 매운 맛이 오히려 안으로 감추어진 특징을 나타낸다. 원래 불이었지만 불을 안으로 감추고 태연한 모습으로 일상을 살아가는 자세는 인고의 미덕을 감내할 줄 아는 정신의 일단으로 보인다. <4

개의 엄숙한 노래>에서는 '누군가 누군가 일어서고 있구나'와 같이 의식의 깨어남을 노래하는 형태로 잠자는 농촌이 아니라 깨어나는 것으로 인식을 전환하려는 생각들이 보인다.

물론 신익선의 시에서 농익은 자취는 그의 시가 번쩍이는 재치나 함축미를 발견할 수는 없지만 끈질긴 정신의 맥을 발견할 수 있는 타당성이 있다. 引喩라거나 비유를 언어에 접합함으로 새로운 의미를 창출하려는 노력이 집착으로 계속할 때 신시인의 세계는 일정한 영역에서 다양성의 숲으로 나갈 수 있을 것 같은 느낌도 내면의 에너지에서 느끼는 감수성의 모두일 것이다.

3. 에필로그

신익선의 60여편의 시는 식물정서가 주조를 이루어 다양한 얼굴표정을 창조하려는 발심으로 출발한다. 물론 어느 시인이나 자기 시에 대한 욕망을 갖지 않을 수 없지만 시는 욕망만으로 아름다움을 창조할 수는 없을 것이다. 결국 시는 대상과 시인의 관계를 동일성으로 응축하려는 기교적인 면과 의미를 만들어 가는 과정에서 시인의 사상적인 표현미를 궁극으로 설정하게 된다.

신익선의 시는 농촌문제와 거기서 파생되는 체험의 요소들이 다기하게 엮어진다. 환경에 따른 식물성 정서와 농촌의 문제에서 느끼는 감수성이 땅이라는 근원적인 문제로 접근하려는 천착성, 그리고 농부의 마음을 애써 담으려는 진지성, 절박한 현실의 불합리를 풍자라는 그릇으로 담아 표현미를 앞세운다. 물론 대상을 육화하는 기교적인 면과 대상을 하나로 통합하는 리얼리티의 진부성 등의 과제는 앞으로의 길에서 신익선의 몫이라는 점을 부가하면서 논지의 책무를 벗는다.

6. 그리움으로 만나는 사랑의 이미지
―金美廷의 詩―

1. 프롤로그―사물의 객관성과 이미지

　시는 인간의 존재를 확립하고 또 살아가는 일들을 세련미로 포장하는 임무를 수행하면서 삶의 총체적인 표정을 관리하는 한편, 아름다움의 한계를 나타내는 임무에 헌신한다. 아름다움이란 어휘는 화려하다 혹은 깨끗하다라는 속성을 뜻하는 것만은 아니다. 담백하고 투명한 것이 아름다움이라면 그것은 마음을 움직이는 상상력과 현실의 결합에 의한 가치를 뜻할 것이다. 그렇다면 현실이란 항상 유동적이면서도 가변적인 속성 때문에 이를 어떻게 상상력으로 포착할 수 있는가에 대한 문학적인 변용에서 대상을 생동감으로 대상화할 수 있게 될 것인가의 여부는 곧 창작의 본질로 들어가는 일이다. 문학의 표현은 살아 있는 대상을 포착하여 탄력 있게 상호 작용할 수 있는 이미지화의 여부에 따라 변용의 미학을 도출할 수 있게 된다. 시의 언어는 직접적인 언어 즉 이미지를 취급하는 언어라면 항상 다양한 의미를 포괄하고 있는 가능의 문을 열어 놓아야 한다. 다시 말해서 시의 언어는 하나의 의미를 위해 희생하는 것이 아니라 우주를 포괄하는 다소 모호하지만 다양성의 얼굴로 변용할 수 있을 때 표현미는 생동감을 나타낼 수 있다는 뜻이다.

시인은 현실을 바라보는 대상과의 진실에 눈을 맞추어야 한다. 즉 사물을 얼마나 리얼하게 포착하는가는 시인에게 절대적인 진실의 추구와 같기 때문이다. 이런 절차는 항상 주관의 늪에 빠진 흐릿한 눈이 아니라 명료하게 바라보는 객관적인 눈에서 섬광을 포착하면서 이미지의 숲을 만들게 된다는 점에서 시 쓰기는 곧 자기를 어떻게 바라보는가의 훈련과 같을 것이다.

사물을 객관적으로 바라본다는 것은 至難한 일이다. 대상과 시인과의 거리 조정의 문제를 위해서는 너무 가까이 다가가서도 안되고 또 너무 멀리 떨어져서도 안되는 이치와 같이 사물의 실체를 명료하게 포착한다는 일과 이를 이미지로 전환할 수 있는 일은 분리된 것이 아니라 하나로 통합되는 총체성에서 시의 언어는 생동감의 이미지군을 거느려야 하기 때문이다.

시의 이론은 결국 언어의 이론으로 귀결된다. 더구나 현대인에게 잠재되어 있는 무기력과 나태의 영혼을 깨우는 임무가 단순한 리듬이나 아름다움으로 향하는 정서이기보다는 오히려 큰소리가 혹은 절규의 몸부림이 오히려 정적미를 앞서는 효과가 있을 지 모른다. 이는 무기력을 깨우는 일이 조용한 언어의 표정에서가 아니라 흥미를 유발하는 신랄한 자극에서 감동의 도달점은 오히려 빠를 수있을 것이기 때문이다. 그러나 저급하지 않고 또 오만을 앞세우면서도 고급한 언어의 문제는 이제 과거의 시적 패턴을 拮抗하는 반역에서 새로운 시의 소비가 촉진되어야 할 것이다.

첫 시집을 上梓하는 金美廷의 시를 위한 프롤로그는 한국 시의 정체성의 이유가 사물을 포착하는 객관성의 확보와 이미지의 조립에 따른 만네리즘을 극복해야 한다는 소명을 위한 전제이다.
 김미정은 동화와 수필과 시를 섭렵, 탄탄한 언어 훈련—시인은 산문의 속성을 알아야 하고 산문을 쓰는 사람은 시의 언어 감각을 알아야 한다는 것은 결국 서로 다른 속성을 통해서 뚜렷한 개성을 확보하기 위한 길이 될 것이기 때문이다. 이런 조건에 합치하고 있는 김미정의 시는 일단 안도감으로 출발하는 위안을 제공하는 요인이 된다. 이제 검증의 길을 마련하면서 김미정의 정신을 만나기로 한다.

2. 정신의 부유물들

1) 언어의 에스프리

 시는 일차적으로 언어라는 재료를 통해서 사물의 형상을 조립하는 과정을 거쳐야 한다. 어떤 경우에도 시는 언어의 표정을 어떻게 관리할 수 있는가를 셈하는 시인의 腦髓에서 새로운 세계를 만들어 가는 길을 확보해야 한다는 뜻이다.
 김미정의 시 중 언어 감각에 비교적 감각적인 <진달래>나 <팔월의 船上에서>는 두드러진 표현미를 나타내고 있다.

>   첫 계절의 이름표다.
>   지워지지 않는
>   그리움의 지문이다.
>
>   하늘에 손 허적이시며
>   누우신 내 할아버지
>   하얀 수염 속의
>   빠알간 기침 소리

봄바람이 문지를
연분홍 소녀의 입술
고운 뺨의 설렘이다
　　　　　　——〈진달래〉에서

　언어의 감각은 결국 타성적인 언어를 버리는 작업에서 시작되고 또 언어를 새롭게 구축하는 길은 언어에 대한 자각을 새롭게 변형하는 일에서 생명력을 불어넣는 일이다. '이름표'를 첫 계절과 연결시킨 에스프리는 시의 맛을 부추긴다. 이런 감수성은 할아버지와 기침 소리를 고리로 하여 색채감각이 '빠알간'을 결부시킨 데서 진달래의 이미지를 더욱 신비감으로 작용하게 한다. 이런 작용은 시의 신선감을 더욱 높이는 색채감각과 봄의 이름이 소녀와 결부함으로써 청순한 암시를 전달한다.

　'싱그러워라 하아얀 치아(齒牙)\푸른 물살 성큼성큼 베어무는 파도\끈적이던 성하(盛夏)의 계절은\칼칼한 해풍에 전라(全裸)로 투신하고' <팔월의 船上에서>에서 '하아얀'의 색감과 김미정의 시는 상상력의 확산을 전개한다. 팔월의 푸른 파도를 하아얀으로 바라보는 유다름으로 하여 '全裸'라는 상큼한 이미지가 물과 결합하여 더욱 자극미를 발휘하는 묘미는 김미정이 언어를 다루는 기교가 어느 수준에 이르렀다는 위안을 주는 표현미들이다.

2) 삶을 위한 시선

　산다는 것은 궁극적인 좌표를 어떻게 실현할 수 있는가의 미지수를 해결하기 위한 방도를 찾아 나서는 일이다. 물론 살고 있다는 것에 대한 신념이 무엇을 이룩하는가에 대한 것보다는 어떻게라는 방법론에서 삶의 질은 다르게 형성된다.

김미정의 시에는 인생을 바라보는 시선의 특이성이 있고 이를 융합하는 자세가 진지함을 갖추고 있어-다양한 경험의 요소들이 시 속에 용해된다. 인간이 태어난 공간을 어떤 시점으로 투시하는가는 전적으로 체험들이 결합하여, 정신 내부에서 현실의 공간으로 나올 때, 더욱 깊은 의미를 부각하여야 한다. 여기엔 체험이라는 道程이 현실적인 요소들과 결합하는 과정을 겪으면서 시의 의미를 확산하는 기교가 부수되어야 더욱 생동감을 추가할 수 있다.

    그리 오래 머물지 않습니다
    이 간이역 허름한 역사(驛舍)
    홈집난 의자에 앉아 보는 것도
    우리는 거미줄 얽힌 천장을 바라보며
    보이지 않는 하늘을 꿈꾸지만
    모르시나요 아직
    별들은 그대 가슴에만
    빛나는 것을
                        ──〈사랑을 위하여〉에서

인생은 잠시 머물다 돌아가는 나그네의 운명이라면 이런 되풀이는 언제나 숙명적으로 따라오는 그림자와 같을 것이다. 허름한 간이역에서 잠시 머물다 떠나면 다시 돌아오기 어려운 길이 삶의 길이라면, 떠나고 돌아오는 것이 결국 한 줄에 얽힌 슬픔과 기쁨을 섞바꾸면서 길을 재촉하는 과정이 살아가는 모두의 의미일 것이다. '홈집난 의자'는 고달프게 살아가는 인간의 형상을 의미할 것이고 보이는 운명의 아픔이 하늘이라는 구원의 공간을 바라봄으로 인해 전환의 암시를 상징하게 된다. 이런 패턴은 '모르시나요 아직' 이라는 의외의 발문을 설정하여 '별들은 그대 가슴에만' 이라는 한정을 앞세우면서 지상의 이미지에서 천상의 이미지로 공간 이동을 설정하게 된다. 이런 변모는 고귀한 삶의 의미를 상징하는 김미정의 정신적인 변모를 보이는 문법에 해당된다. 그렇다면 '사랑을 위하여'라는 공간에 「그대」를 포스트로 설정하면서 시적 화자-감추어 있는 나와 조우하는 셈이다. 다시 말해서 '그대 가슴에만'의 한정적인 의미와 '내가슴에만'이라는 '만'의 한정에서 둘이 하나로 결합하는 사랑의 공간은 누구도 범접할 수 없는 약속의 땅이 되는 절차를 수행한다. 이런 절차는 곧 살아가는 사람만이 느낄 수 있는 상징을 전제로 할 때, 삶의 의미는 다양한 표정을 관리하게 될 것이다. 정처없는 나그네가 간이역을 통과하면 언제 다시 그 자리로 돌아올 것이라는 약속이 없듯-가버리는 길이 곧 영원으로 이어지는 표랑의 방랑이라면-그 길에 쌓이는 인연들의 연결은 그리움과 사랑의 흔적들과 만나게 된다. '인간은 꿈을 깁고\ 또 깁는 신기료 장수\움켜쥔 주먹 사이\모래알로 빠져 달아나는 나날. 일상아' <일상>과 같이 꿈을 꾸면서 살아가는 길에 허무를 채색하는 나날들의 의미가 인간을 그리워하는 노래로 변모된다는 데서 삶의 처연한 느낌을 만나게 된다.

> 잊지 않고 삽니다
> 양파꽃 같은 산발머릿대
> 촘촘히 안개빛 그리움 묻고
> ──〈안부〉에서

인연의 줄기는 순간으로 찾아와 평생을 떨어지지 않는 관계로 이어지면서 그리움이라는 병을 만들게 된다. 벗어나고 싶어도 벗어날 수 없는 관계로 끈질기게 숙명을 만들면서 존재의 형상을 이끌게 될 때 사는 일들의 고통과 愛憎을 떨쳐 버릴 수가 없게 된다. 그리움이란 이름이 살아가는 일의 일상으로 따라오고 이를 벗어나려는 노력만큼 슬픔의 농도는 더욱 짙게 마련이다. 김미정은 이런 일상의 그리움에 대한 곡진한 마음을 간직하면서 생의 중심을 일탈하지 않으려는 뜻으로 '잊지 않고 삽니다'의 의도를 강화하기 위해 '그리움 묻고'라는 뜻으로 詩心을 표출하고 있다. '안개빛 그리움'이라는 파스텔화적인 시어의 아득함으로 잊지 않고 살아가는 마음을 위해 김미정은 남다른 의지를 심고 삶의 중심을 유지하는 인상을 남긴다.

> 등뼈 하나로 버틴다
> 아름다운 팔과 다리
> 세월에 내어 주고
> 윤기 흐르는 풍성한 머리칼
> 거센 비바람에 다 주었어도
> 사장(死藏)될 수 없는 순수
> 그리움 하나
> 단단한 등뼈 되어
>
> ──〈갈대〉에서

인간의 의지는 목표를 가질 때 더욱 공고화된다. 이런 절차는 목적을 향하는 열망이 더욱 깊으면 깊을수록 목표를 향하는 집념과 에너지는 강화된다는 뜻이다. '등뼈 하나로 버틴다'라는 의지의 불꽃이 세월의 흐름과 비례하면서 늙어 가는 자화상을 「순수」로 일관하기 위해, 아울러 그리움의 대상이 변함없다는 신념을 다시 확인한다. 인간의 삶은 가변적이고 유동적인 상태를 고정화시키기 위해 노력하지만 노력의 양만큼 변화를 재촉하게 된다. 결국 김미정은 거센 바람과 세월의 흐름에서 변모하는 안타까움─순수한 그리움을 목표로 설정하고 인고의 세월을 살아가는 변함없는 뜻을 삶의 지표로 설정한 셈이다.

3) 물의 이미지와 詩心

물은 생명의 원형이면서 인간이 살아가는 동력을 제공한다. 물을 떠나서는 삶의 길을 찾아갈 수 없을 만큼 절대적인 요소로 생명을 키우는 역할을 감당하기 때문에 물은 곧 인간의 존재를 연장하는 진원으로 인식되어진다.

김미정의 시에는 바다 혹은 물의 이미지가 번다하게 출몰하면서 변용의 시 풍경을 연출한다. 이는 마산이라는 바다의 정경과 물이라는 심상이 깊은 각인으로 연결되었음을 뜻하는 체험적인 요소와도 뗄 수 없는 연관일 것으로 생각된다.

   오랫동안
   바다를 바라보았네
   마음에 들어와 눕는
   작은 목선 한 척

   갑판 위
   몇 개의 젊은 꿈들이
   젖은 에올배처럼 물 번져
   나란히 눕고

   찰랑이는 물살에
   노도 없이
   머언 항해를 시작하는
   그리움
          ――〈바닷가 산책〉에서

1연은 작은 어촌의 풍경화를 연상한다. 푸른 물살이 찰랑이는 바다를 배경으로 한적하게 물살에 흔들리는 작은 목선 한 척의 모습이 인간의 숙명적인 존재를 느끼게 하고, 삶의 허기진 나그네에 방랑의 마음을 부추기는 길을 연상하기도 한다. 이런 더불이미지의 배치는 곧 시의 의미를 다양성으로 채우는 역할을 수행하면서 신선미를 유발하게 된다. 바다를 응시하는 눈으로 추억과 사랑의 일상이 젖어드는 바다로부터 김미정의 생은 새로운 에너지를 공급받는 역할을 부여받는 느낌도 예외는 아니다. 의식으로 떠나는 여행이기 때문에 '노도 없이'라는 관념으로의 항해가 상상력을 자극하면서 그리움의 공간으로 떠나는 길을 만들게 된다. 김미정의 시는 그리움을 본질로 하면서 어딘가 여행의 수로를 찾아 나서는 길 만들기의 절차로 물의 이미지를 생성하는 느낌을 주고 있다.

  비 속에 불빛이 젖고 있다
  떨면서 젖고 있다
  젖은 불빛은 집을 떠나 고개를 넘고
  바다를 건너
  가고픈 어딘가로 걸어서 간다
  ——〈비의 창가에서〉중

비내리는 밤에 시적 화자는 길을 소요하면서 젖어있는 불빛에 축축한 심정을 나타낸다. 더구나 '떨면서 젖고 있다'라는 서글픔의 요소와 불빛이 결합하면서 상상으로의 여행이 시작된다. 집을 떠나 고개를 넘어 가고 싶어하는 마음의 여정은 결국 넓은 '바다를 건너'라는 광막한 공간으로 이동하게 된다. 불빛과 비와 밤의 이미지들이 저마다 이질적인 요소가 하나로 결합하는데서 김미정의 정서는 바다라는 넓이에 이르러서 하늘로 이어지는 별, 즉 수직 상승의 고귀함으로 옮겨갈 때 물로부터 새로운 세계로의 진전이 시작되는 인상을 남긴다.

4) 창조 혹은 재생의 뜻

창조는 새로운 얼굴을 만나는 순간으로부터 기쁨을 남긴다. 이런 진원은 어디서 오는 것인가? 이런 물음표를 놓고 보면 김미정의 시에서는 자연스레 도출되는 답안이 다가온다.

> 日沒의 번뇌
> 검은 구름 다 안고
> 오감의 살을 태워
> 天地에 門을 연다
> ……략……
> 만상의 뿌리 깊이
> 혼으로 유전하며 타오르는
> 해여.
>
> ──〈해돋이〉에서

어둠에서 빛을 잉태하는 것은 동양문화의 본질이다. 김미정의 시에는 일몰의 번뇌 속에서 창조의 순간을 맞게된다. 이런 절차는 어둠이 단순한 어둠으로의 역할이 아니라 어둠이 창조를 수행하는 구체적인 수태 공간으로 작용하기 때문에 엄숙한 순간을 창조로 전환하는 조짐이 '검은 구름 다 안고\오감의 살을 태워'라는 행위의 상황이 연출된다. 태워라는 열망과 검은 구름의 결합은 곧 창조를 위한 행위를 암시하면서, 이런 결말이 천지에 문을 열게 됨으로써 '해여'라는 마지막 감동의 순간을 맞게된다. 문을 열고 태어난 性은 무엇일까?

> 두 개의 엎딘 섬 사이에서
> 얼굴을 묻었던 한 사내 아이
> 번쩍 고개를 들었다.
>
> ──〈南海 日出〉에서

바다는 김미정의 의식에 창조를 마련하는 장소라면—바다로부터 에너지를 수급 받아 시의 행로를 창조하는 시인의 정신을 뜻한다. 두 개라는 상반의 **性**으로부터 태어난 존재—한 사내아이라는 개념은 시인의 뇌리 속에서 생명으로 부여받은 존재를 뜻하고—번쩍 고개를 들었다는 의외의 행동은 곧 득의로운 창조의 순간을 뜻하는 셈이다. 섬—물로 둘러싸인—물과의 관계에서 태어난 상징은 인간이 양수로부터 잉태를 맞이하는 것과 하등에 다름이 없다는 사실을 대입하면 김시인의 시는 곧 인간의 창조와 다름이 없는 비유를 심고 있다.

5) 사랑

시는 궁극적으로 인간을 사랑으로 감싸는 방법을 제시하는 일에 다름이 아닐 것이다. 인간을 사랑한다는 것은 신의 뜻이자 인간이 삶을 유지하는 본질의 뜻을 구현하는 일이기 때문에 어떻게라는 구체적인 방법론에서 삶의 질은 각기 다른 유형을 형성하게 될 것이다.

사랑은 꿈꾸는 일로부터 시작된다. 물론 그 꿈은 투명하고 아름다움을 연상하는 상상력의 깊이에서 발원하면서 새로운 의미의 전개를 꿈꾸게 된다. 김미정의 사랑 단계는 다양한 의미 영역을 감당하면서 향기를 발하는 절차를 수용한다.

> 아름다움일거야
> 기막힌 아름다움
> 그 속에 갇히기 위해
> 끝까지 꿈꾸기 위해
> ——〈鐘〉에서

꿈은 현실이 아니라 차원을 달리하는 공간을 설정한다. 그 공간은 도달되는 것보다는 상상으로의 길을 만들기 때문에 아름다움으로 치장되는 속성을 갖는다. 김시인은 아름다움으로 치장된 속에 갇히기를 소망하는 포로 의식을 버리지 않고 즐겨 사랑의 노예가 되기를 열망하는 진솔한 뜻을 표현하면서 사랑은 더욱 至純함으로 진전된다.

사랑이 생명의 잉태를 위시해서 존재를 이끌고 가는 구체적인 因子로 작용한다면 여기에는 사랑을 형성하는 보다 명확한 작용으로부터 시작된다. 이제 그 작용의 구체성을 만나는 일로 들어간다.

눈 하나에 눈을 보태면

불꽃이 되는 일
사랑이 되는 일

나는 몰라라

눈 하나에 눈을 보태면

기쁨이 넘치는 일
슬픔이 고이는 일

나는 몰라라

오늘도 마음 빗장
굳게 걸어도
어느 덧 마음 마루턱에
훌쩍 다가서는 그대
당당한 막아섬

──〈모르는 일〉에서

사랑의 시작을 논리적으로 해법을 삼는다면 이는 사랑을 모르는 일일 것이다. 어느 순간에 다가와서 기쁨을 만들고 또 슬픔을 잉태하면서도 애태우는 그리움으로 사랑을 아파하는 일이라면 사랑은 단순한 선택의 일이 아니라 숙명적인 그림자일 뿐이다. 피하고 싶어하는 것보다 오히려 사랑의 포로가 되기를 바라는 마음이 우선하는 것은 사랑이 인간의 본질을 통괄하는 원형이라는 점에서 생명의 근원에 닿는 신기루와 같은 이름일 것이다. 김미정은 '눈 하나'와 또 다른 눈을 합하면 비로소 사랑이 탄생되는 절차를 눈과 눈으로 시작하고 있다. 그러면서도 이런 절차를 아는 일이 아니라 모르는 일이라는 의외성을 나타내기 때문에 사랑은 신비감을 포장할 수 있는 구체성을 나타내게 된다. 결국 사랑은 기쁨과 슬픔을 교차하면서 고통을 수반하지만 인간은 결코 이를 외면하기보다 선택하려는 의도를 버리지 않는 이유에서 사랑의 절실성이 곧 존재의 본질이기 때문일거라는 추정이 가능하다. 사랑은 마음의 빗장을 굳게 걸어도 '어느덧'이라는 순간을 뚫고 '훌쩍 다가서는'으로 막아설 때 외면할 수 없는 당당함에 굴복하는 시인의 마음이 남고 있다,

> 비내리면 흠씬 젖고
> 바람이 불면 흐느적거리며
> 그대 앞에 풀잎처럼 살래요
> 가장 자신을 읽는 한 잎 풀잎
> 새벽이면 우리 사랑의
> 눈물 같은 이슬이
> 반짝 가슴에 안기운 풀잎 되어
> ──〈그대 앞에 풀잎처럼〉에서

김미정의 사랑은 비에 젖고−흠씬 젖는데서 진솔함을 추구하는 사

랑인 듯하다. 이런 열정성은 곧 진실한 사랑을 추구하는 마음으로부터 사랑의 아름다움을 건져 올리는 역할을 다하고 있다. '흠씬 젖고'와 '흐느적거리며'라는 깊은 상태를 유지하기 위한 본심은 '그대 앞에 풀잎처럼 살래요'라는 작은 소망을 구현하려는 의도에서 김미정의 사랑은 크고 우람한 사랑의 發心이 아니라 작고 아름다운 풀꽃으로의 사랑을 추구하는 것 같다. 아울러 풀잎의 사랑이 승화될 때 '이슬' 같은 투명성으로 변하여 사랑하는 사람의 가슴에 안기는 따스한 체온의 사랑을 갈구하는데서 거리감 없는 사랑을 소망한다.

그러나 사랑은 즐거움으로 채색된 화려한 그림만은 아니다.

> 누군가를 사랑한다는 일은
> 매우 쓸쓸해지는 일이다
> 고독의 탈출로부터
> 더 심한 고독에
> 붙들리는 일이다.
> 보이지 않는 사슬에 묶여
> 스스로 투옥되어
> 지글지글 심장을 단근질 당하는
> 오, 사랑이라는 죄명은
>
> ──〈사랑은〉에서

김미정의 사랑은 헌신을 넘어 즐겨 포로가 되려는 생각뿐만 아니라 고독의 심연에서 헤어 나오지 못하는 아픔조차도 감내 하려는 뜻을 갖고 있다. 이런 발상은 사랑의 진솔함에서, 생명을 투척해서 빛을 건져 올리기 위해 몇 단계의 과정을 지난다. 다시 말해서 헌신적인 사랑의 성립을 위해 '고독'과 '쓸쓸함'을 지나 더 '심한 고독'에 빠져 마침내 '사슬에 묶이는' 가혹한 단계를 넘어 '투옥'과 '단근질'이라는 고문을 당하고 다시 '투옥'되는 절차에서 사랑을 이룩하고 싶은 열망을 나타내는 점층법적인 사랑을 용기로 실현하고 싶은 내면 심리를 간직하고 있다.

6) 허무와 자화상 찾기

허무는 고독의 입구를 지나오면 만나게 되는 얼굴이고, 허무를 알고 나면 고독은 더욱 친근한 모습으로 다가오는 발걸음 소리를 들을 수 있게 된다. 이를 외면하려는 인간의 노력은 언제나 피할 수 없는 외길에서 만나 돌아오는 동반자가 될 때 고독은 인간의 곁을 떠나는 것이 아니라 인간의 곁으로 돌아오는 친구와 같은 것이다. 고독은 스스로를 알게 되는 과정에서 만나는 일종의 자기 찾기의 처방일 수도 있다. 그러나 이를 적대감으로 생각할 때 고독은 무서운 복수의 칼날을 준비하고 인간을 침몰할 계략을 꾸미게 된다. 인간은 고독과 맞서서 침몰하거나 승리하거나의 결과에 따라 두 가지의 예상을 상정하게 된다. 즉 전자에서는 위대한 인간의 승리를 개인의 위업으로 돌릴 수 있고 후자에서는 패배의 인간으로 낙인찍힌다. 결국 고독은 인간을 성숙시키느냐 아니면 위축의 팻말을 걸게 하는가의 시험 무대인 셈이다.

> 내 절망이 네게로 가서
> 한 점 해소 기침도 되지 못하고
> 허기와 허기끼리 살 부비지 못한
> 우리들의 寒氣는
> 보다 두터운 외투가 되네
>
> 껴입을수록 가슴 관통하는
> 저 겨울 들녘 한가운데의
> 입술 퍼런 바람살
>
> ──〈타인〉에서

김미정의 절망은 따스함을 추구하는 생각으로 '네게로'가지만 결국 허기와 허기로 살을 맞대지 못하고 '우리들의 寒氣'가 되어 해결할 길 없는 방도로 떠도는 슬픔의 진원이 되고 있다. 두터운 외투를 입어야 하는 일이 아픔으로 남고 이런 상황은 껴입을수록 추위를 느끼는 서러움으로 '저 겨울 들녘 한가운데의 \입술 퍼런 바람살'로 떠도는 아우성을 연상하게 된다. 김미정의 허무는 추위와 아픔 그리고 처절한 형상의 고독을 삭이는 모습이 투영되어 자화상을 찾아 나선다.

나는 어디에 있는가? 이런 물음은 곧 자기의 존재를 확립하는 절차를 수행하는 셈이다. 인간은 영원히 자기를 찾아 나서는 삐에로의 운명이고 설사 자기를 찾았다 하더라도 마침내 달아나 버리는 자기의 모습을 평생 동안 수소문하고 다니는 일이 인간의 숙명이기 때문이다.

> 슬픈 날은
> 거울 앞에 섭니다
> 또 한 사람
> 슬픈 여자가
> 슬픔의 이유를 물으며
> 조용히 미소 지을 때까지
> ──〈슬픈 날〉에서

김미정은 슬픔의 중앙에서 자기찾기를 시도한다. 거울 앞에서는 일이 「슬픈 여자가 왜 슬퍼야 하는가의 이유를 묻기 위해」 거울에서 자기를 찾는 이유가 자기의 미소를 만나기 위해 어디쯤 내릴지 모르는 기차표를 들고 방황하는 일을 계속하는 것과 같다. 이는 무엇을 찾아야 하는 인생의 목표와 상관을 맺고 있을 뿐만 아니라 삶의 형태를 엮어 보는 道程의 요소들과 연계를 맺고 있는 것들이다. 물론 삶의 총체성과 관련이 있고 또 삶을 이끌고 있는 과거의 체험들과 연결되는 것들이다.

> 유심히
> 거울 앞에 서면
> 낯모르는 여자이고 싶은
> 한 여인과 만난다
> ……략…….
> 거울아. 이 세상
> 가장 행복 하려는 길 묻고 서면
> 어느덧 거울 뒤안의 길에서 다가서시는
> 노을의 내 어머니의 음성
> 나는 아주 조그만 점인양
> 부끄러워하며 거울을 닦는다
> 결코 무심하지 않는 거울을.
>
> ──〈거울 앞에서〉중

거울 앞에서 김미정은 새롭게 변신하려는 생각을 갖고 접근한다. 이는 '낯모르는 여자'처럼 변심을 꿈꿀 때, 어머니의 교훈이 새롭게 다가오고 또 '가장 행복 하려는 길 묻고 서면'에서 행복을 찾기 위해 어머니의 가르침은 오늘의 행복 찾기에 인도적인 역할을 뜻한다. 여자는 거울 앞에서 부끄러움을 느끼기 전에 자랑스러움을 발견하기 위해 스스로의 파멸을 부른다. 왜냐하면 거울은 진실이라는 추구에 존재의 가치가 있지 위선이나 가식에서는 왜곡의 상을 만들기 때문이다. 그러나 부끄러움으로 거울을 닦는 시인의 마음은 거울을 닦는 노력만큼 '결코 무심하지 않는' 보답을 주는 기대치로 거울은 곧 김미정의 삶을 이루는 원형으로 작용하고 있다. 행복이란 노력과 땀이라는 요소를 뜻하는 말이기 때문이다.

7) 마산의 혼

마산은 3.15 부정선거에 분노를 앞세운 자랑스런 도시이다. 흔히 이 땅의 정치가는 가장 위선의 가면을 쓰고 단 열매를 가장 빨리 따먹는 사람들이면서도 정의를 앞세우는데는 달변의 혀를 휘두른다. 부정선거에 제일 먼저 항거한 사람들은 정치가가 아니라 학생들이었고 이름 없는 시민들이라는데 한국 정치의 비극이 있었다. 마산은 그런 전통을 간직한 고장이다. 김미정은 마산에 대한 자긍심이 대단한 것 같다. 이는 시로서 그런 마음을 표출하고 있기 때문이다.

> 그대의 깃발은 바람에도 찢기지 않아
> 그대 말씀은 눈비에도 젖지 않아
> 살아서 피 속으로 살아서
> 은어처럼 펄펄 뛰는 순금의 문자(文字)
> 다발다발 영혼의 꽃 피워내며
> 휘지 않는 뼈대, 굳건한 이 땅의 파수꾼이다
> ——〈마산의 노래.1〉에서

아마도 마산의 정의를 말하기 위해 연작시 1번에 놓고 정통의 혼을 불러오는 노래와 같다. 찬란한 정의의 깃발이 휘날리고—가슴에서 가슴으로—이런 전통을 꺼지지 않는 불꽃으로 영원히 살아남을 기억의 이름이어야 한다. '순금의 문자'는 영원을 새기는 뜻이고 '이 땅의 파수꾼'은 정의를 지켜야 하는 사명을 상징하는 시인의 의도로 보인다.

시인은 마산에서 아버지의 손에 이끌리어 무학산을 올랐던 추억에 젖기도 하고 무학산정에 올라 정기를 생각하는 김미정의 정서는 마산에 대한 자긍심으로 추억과 미래를 연결하는 현실 공간으로 애정을 갖고 사는 셈이다.

3. 에필로그─재생의 땅과 창조

시는 살고 있는 존재를 노래할 뿐 존재의 방도에 대해서는 무기력할지 모른다. 그러나 사랑의 노래가 삶의 질을 윤택하게 꾸미는 역할을 다할 수 있다면 시는 그 자리의 중심에 있어야 한다. 김미정의 시는 공허한 메아리를 옮겨오는 것이 아니라 살아 있는 혹은 살아온 공간을 하나로 통합하는 총체성에 열성을 바치고 있다.

그의 시는 섬세한 감수성으로 시의 맥을 짚어 나가면서 인생을 관조하는 명상의 길을 추적하고, 물에서 빛을 건져 올리는 상승의 이미지를 별로 환치할 때, 아름다움이 다가온다. 사랑은 창조를 예비하는 어둠의 공간에서 숨쉬는 재생의 땅을 밟게 독자를 인도한다. 김미정의 시는 사랑을 재료로 하여 어떻게 하면 대상을 시적 화자와 결합할 수 있는가를 생각하는 이미지의 결합으로 빚어지는 노래로 일관한다. 그 방도는 화상과 파스텔화적인 색감으로 처리할 때 아득한 그리움의 상상력을 발동할 뿐 구체적인 메타퍼는 보이지 않는다.

그가 살고 있는 마산에 대한 애착은 시의 액튜알리티─일찍이 사르트르가 '자기의 시대가 작가의 유일한 기회다'는 말처럼 역사적이고 현재성을 미래와 연결하기 위해 과거를 바라보는 눈을 갖고 있다. 이런 모든 특징을 감안할 때 김미정의 시는 따스하고 아늑한 봄날의 햇살 같은 느낌으로 사랑이 스미듯 다가든다.*

7. 사랑을 위한 변주곡
―김순덕의 시―

1. 시를 위한 프롤로그

　시를 논리적으로 말하는 순간 시는 이미 시가 아닌 형태로 변모해 버리는 특징을 갖는다. 이는 시를 바라보는 대상으로 생각하는 단순한 개념으로서가 아니라 살아 있는 유기체로 생각하는 점에서 시의 생명력을 거론하는 근거가 있기 때문이다. 살아 있다는 것은 정의할 길이 없고 또 논리라는 것도 결코 과학이라거나 합리적인 방도가 아니기 때문이다.
　시와 인간을 등식으로 연결하는 이유는 주로 이런 근거 위에서 논하는 입장일 것이다. 인간이나 시는 살아 있다는 것―이런 근거 위에서 시의 아름다움을 거론하는 이유가 주로 전체라는 통합성에서 비롯되는 개념을 뜻하게 된다. 흐르는 물―살아 있는 물을 손으로 움켜쥘 수는 없다. 그러나 물을 노래하고 바라보는 시점의 확보는 언제나 가능하다는 점에서 노래할 수 있는 근거를 확보하게 된다. 여기서 시점의 확보는 곧 사물을 객관화할 수 있는 중요한 모티프를 제공하게 된다. 어디서 어떤 관점을 만들 수 있는가에 대한 측정은 곧 정확하게 사물을 바라볼 수 있는 근거를 마련할 수 있을 뿐만 아니라 진실에 접근하는 **빠른** 길을 마련하기 때문이다.

시를 쓰는 행위도 궁극적으로는 사는 일을 노래하면서 진실을 말하는 방법을 뜻한다. 그렇다면 진실이란 무엇인가? 인간에게 무슨 의미와 무슨 힘을 가질 수 있는가를 요량한다면, −이를 계량적으로 말하기는 어렵지만−보이지 않는 에너지를 분출하는 현상을 목도하게 된다. 예를 들어 무당이 작둣날 위에서 맨발로 걸을 수 있는 힘−시는 이런 힘을 발휘하는 위력을 가질 수 있다는 것 때문에 인간의 역사 위에 시가 존재를 형성하는 집을 마련했다. 시는 확실히 엑스타시라는 황홀경의 경지에 들어갔을 때, possessed, 즉 '미친', '홀린'이라는 경지를 다녀와야 한다. 시인은 인간의 정신 에너지를 발굴하는 力士라는 말이 옳은 의미라면 시의 힘은 인간을 곧추세우는 가장 강력한 힘을 갖고 있기 때문에 유사이래 시를 인간의 곁에 두었다는 점이다. 그러나 이를 쉽게 증명할 수 없는 현상은 시의 위력을 과소의식하는 무지에서 현대인의 삭막한 정신의 황폐를 거론하게 된다.

확실히 현대는 과학이라는 공룡을 길들이기에 시의 힘은 무력감을 느낀다. 여기서 현대시의 위기는 심각한 현대인의 위기와 연결되는 이유가 있게 된다. 다시 말해서 시의 위기는 곧 현대인의 정신적인 위기 −물질의 풍요와 반비례하여 고독의 심연에서 헤어 나오지 못하는 운명적인 처절함을 벗어나지 못하는 사실이다. 그렇다면 현대인의 각성은 곧 현대인을 구원하는 이상한 모순 앞에 스스로를 구원해야 하는 파멸과 구원의 두 개의 의미를 해결해야 하는 것이 현대인의 소명이 되었다. 그렇다고 발달한 과학의 문명을 퇴보쪽으로 발길을 돌리자는 뜻이 아니라 발달에 따른 인간의 회복이라는 명제를 어떻게 수행할 수 있는가를 숙고하는 시인의 자각에 치료의 일단이 될 수 있다는 암시를 덧붙인다. 시인은 이상한 힘을 분출하는 능력을 갖고 있고 이를 치료의 재료로 사용할 수 있을 때 그 사회의 어둠은 밝은 빛으로 환치하는 계기를 마련할 수있기 때문이다.

김순덕의 시를 거론하는 앞자리에 시의 힘을 내세우는 것—비록 연약하고 무기력할지 몰라도—시인은 한 편의 시로 세계와 맞서는 위력을 갖고 있기 때문에—한 권의 시집은 곧 세계를 치료하는 방법론을 발견할 수 있다는 가설은 허구가 아니기 때문이다. 이제 김순덕의 시에서 무엇이 감동을 줄 수 있는가에 대한 검증의 입구를 찾아 길을 떠난다. 우선 시의 형태가 어떻게 되어 있는가를 알아보는 스캔션(scansion)으로부터 시작한다.

2. 대상에 대한 어프로치

1) 사랑과 우정을 펼치는 마음

김순덕의 시에는 사랑이라는 마음을 바탕으로 정감의 세계를 확보하는 공간이 넓다. 이런 증거는 곧 시가 **휴머니즘**을 실현하기 위한 방편으로 생각할 때 문학의 본질을 이룩하는 길을 만드는 가장 **빠른** 방법이 될 수 있을 것이다.

사랑을 위한 프롤로그로부터 길을 마련하는 김순덕의 정신 질감을 다음 시로 확인의 절차를 감지하게 된다.

      사랑이란
      그리워하는
      모든 이의 기다림
      둘이 하나가 되기까지

거대한 무대를 오르내리며
위대하게
일렁거린다
　　　　　　　——〈사랑은 예술품〉에서

　김순덕은 사랑을 하나의 예술품으로 인지하고 그 세계는 커다란 무대로 설정하여—이 거대한 공간에서 펼쳐지는 파노라마의 풍경을 분리하는 것이 아니라 통합하는 총체성의 작품으로 인식한다. 이런 절차는 둘이라는 개체가 하나의 본질로 귀환하기 위해 '기다림'을 심고 또 바라보는 일정성을 남겨 놓으면서 행복이라는 사랑의 에센스로 귀환하기를 열망한다. 물론 사랑을 이룩하는 방도가 편하고 안락한 것만으로 이룩되는 것이 아니고 때로는 고통과 아픔을 수반한다는 것도 예외는 아닐 것이다. 이런 과정을 넘겨야 하는 순간마다 사랑의 매듭은 성숙을 위해 길을 만들게 된다. 이리하여 '사랑은 둘이 하나가 되어 상승무대를 타고\출렁, 출렁\곡예를 하는거야' <사랑은 곡예사>와 같은 아슬한 순간들을 어떻게 넘길 수 있느냐의—지혜는 사랑을 성숙시키는 확실한 재료가 될 때가 있게 된다.
　사랑이 주는 것인가 아니면 빼앗는가 저마다의 개성으로 판단할 수 있는 일이지만 결국 모든 것은 주는데서 헌신의 애정은 탄생할 것이다.

어느 날
너의 모든 것을
빼앗아 온 줄 알았다
………약………
꽃 지는
슬픈 잎 보며
돌고 도는

>   너와 나
>   영원히 빚쟁이
>   값지 못할
>   사랑은 빚쟁이야
>
>   ──〈사랑은 빚쟁이야〉에서

　사랑을 계량적으로 환산할 수 없고 또 그런 일의 무모성을 깨달을 때면 더 높은 키로 사랑의 숭고성을 역설하게 된다. 사랑은 '빼앗아 온 줄 알았다'에서 사랑은 소유하는 것보다는 오히려 소유하지 않고 봉사하는 일에서 빛나는 길을 마련할 수 있다는 김순덕의 사랑학은 정상적인 여정을 소유하게 된다. 물론 사랑은 '영원히 빚쟁이'라는 단언적인 정의로하여 소유하는 욕망이 아니고 베풀어 감싸는 마음이라는 길로 사랑의 의미를 확정한다.

　우정은 살고 있는 인간에게 더없는 삶의 질을 고양시키는 요소로 작용한다. 김순덕의 시에는 이런 함량의 순수함이 돋보이고 있다.

　인간은 혼자 사는 것이 아니라 어울려 살아가는 운명적인 길을 선택하는 道程을 외면할 수는 없을 것이다. 비단 홀로라는 고독을 위로하기 위한 공리적인 이유에서가 아니라 더불어 살아야 하는 운명적인 것이 인간의 길이기 때문이다.

>   한가한 한나절
>   작은 의자에 앉아
>   너를 그린다
>
>   내마음 속 한 구석에
>   또아리 틀은
>   그리움 하나
>
>   ──〈친구에게〉에서

김순덕이 친구에 대한 그리움은 생래적인 것처럼 단순하고 절실함을 내포하고 있다. 이는 '늘 가까이서 속삭이며\노래하던 친구'라는 부사 '늘'을 앞세우는 마음속의 절실성이 김시인의 삶에 대한 따스한 체온을 암시하며 情으로 엮어진 삶의 표정을 감지하는 부분이 명징한 개념으로 문을 두드리기 때문이다. '한가한 한나절'만이 아니라 일상으로 잠재된 마음 속 한구석에 떠날 줄 모르는 常情을 소유하면서 살아간다는 것은 곧 질박한 인정미를 내포한 마음의 여유를 뜻하기 때문이다.

'삶의 빈자리에서\늘 함께 함을 그릴 때\내 친구 연옥이의 진한 삶을 그려본다' <자명종 소리>와 같이 함께 따라오는 친구―연옥이라는 친구를 회상하는 마음이 작은 추억의 길을 벗어남이 없이 항상 자리잡은 정감으로 다가든다. 이는 연옥이라는 친구가 시인의 마음에 깊게 刻印되었기 때문이지만 결국 의식의 주체는 연옥이가 아니라 김순덕의 정감으로부터 풀려 나오는 감성이라는 점에서 시인의 몫으로 돌아가는 인정인 셈이다. 친구를 생각하는 김순덕의 정서는 넘치는 인간미를 나타내는 따스한 감수성으로 비롯되는 느낌을 준다.

> 영원히
> 아주 영원히
> 너를 놔주지 않을 것 같던
> 너의 이름아
>
> 너를 향한
> 그리움 하나
> 나에게 슬픔으로 이른다
>
> ——〈친구의 노래〉에서

그리움이란 무지개는 인간을 위한 감정의 채색이라야 더욱 선명성으로 떠오른다. 떠나 버린 사람이거나 아니면 마음속에 나무로 자라는 한 사람의 그림자를 애달파하는 정서는 곧 시적인 무드를 충분하게 아름다움으로 간직할 수 있는 여백을 만들게 되는 힘을 갖는다. '아주 영원히'라는 불변의 마음을 투영하면서 그리움을 키우는 김순덕의 우정은 진솔하고 투명함에서 그의 사랑의 노래와 상통하는 느낌을 예외로 하지 않는다. 그리움 때문에 다가오는 슬픔을 느끼는 마음은 선명하고 깨끗함을 추구하는 인간미에서 비롯될 수 있는 투명함을 요소로 하기 때문이다.

2) 남편과 자식을 위한 마음

한 사람이 살아가는 데는 그를 떠받치는 사람이 있기 때문에 곧게 살아갈 수 있는 방법을 마련하게 된다. 김순덕의 시에는 남편과 자식들을 위한 마음이 스며 있는 시들을 많이 제작하고 있다. 이는 가정이라는 단위에서 행복의 지수를 발견하는 현명함이면서 삶의 원리를 터득하고 있는 사람의 마음이라야 한다. 여인에게서 지아비라는 의미는 하나의 의미가 아니라 생을 성숙으로 엮어가는 절대의 의미를 갖는다. 김순덕의 시에서 남편의 역할은 삶의 절대성과 같이 필연적인 의미를 암시하고 있어 시의 중심을 마련하는 것 같다.

> 식어 버린 찻잔
> 늘어뜨린 어깨
> 살포시 기대고 싶은
> 측은한 내 남자
>
> ——〈내 남자〉에서

소유권을 갖는다는 것은 의무를 수반할 때 생기는 감정일 것이다. 아울러 내 것으로 주장할 수 있는 마음은 곧 삶을 지탱하는 연유를 가겨야 하고 또 삶의 애환을 함께 소유할 수 있는 의미를 상징하게 된다. '측은한 내 남자'라는 측은지심이 아니라 연민과 사랑을 진솔하게 표현하려는 김순덕의 發心은 남자의 앞에 나서려는 의도가 아니라 남자의 뒤에서 힘을 돋구어 주려는 의도를 내장하면서 사랑의 또 다른 측면을 보여주는 기법을 뜻하고 있다. 이는 '살포시 기대고 싶은'이라는 소망에서 남자는 자기보다 더 큰 의미를 뜻하기 때문이다.

>따스한 그늘에
>배부름
>모자람을 몰랐을 때는
>당신의 사랑이 얼만큼인지
>진정,
>몰랐답니다
>
>　　　　　　　　　　——〈남편에게〉에서

　남편—큰 나무는 항상 김순덕을 지켜 주는 그늘이면서 보호자의 임무를 수행하고 김시인은 그 나무 그늘에서 표정을 관리하는 관리자의 역할을 충실하게 이행하는 느낌을 준다. 이런 마음들의 결합이 한 가정을 행복의 공간으로 설정할 수 있는 근원을 이룩할 수있게 만드는 요인이 된다. '당신의 사랑이 얼만큼인지'라는 무한의 크기에 감동할 수 있는 깨달음의 量이, 비단 양으로의 가치가 아니라 '진정'을 덧붙이는 至高한 순수의 뜻에 따라 남편을 향하는 사랑이 아름답게 다가오기 때문이다. 순수함은 항상 감동을 수반한다. 이런 견지에서 김순덕의 사부곡은 진실의 길을 따라 이미지를 축조하는 기량을 다음 시에서는 더욱 확실하게 보여주고 있다.

>여보세요?
>솔거싸롱 김 마담입니다

오셔서 매상 좀 올려 주세요!
오늘 밤
짙은 칼라의 입술이
보고 싶지 않나요?

———〈술거싸롱입니다〉에서

　남편에게라는 부제가 붙은 작품으로 재치와 익살을 동원하여 시적인 묘미를 동원하고 있다. 살롱의 김마담이 곧 시인 자신을 뜻하는 시적 화자이지만—낯설게하기라는 방법으로 흥미를 동원하기 위해 전화라는 방도로 유인하는—질축한 유혹의 암시가 남편과 부인이라는 관계를 확인할 수 있을 때 독자의 뇌리엔 재미라는 요소가 남게 된다. 김순덕이 남편을 생각하는 마음은 곧 가정의 행복을 만드는 함량과 항상 비례하고 있다는 점에서 그의 시는 건강과 행복을 동시에 포착하는 느낌을 준다.
　자식을 사랑하는 마음은 어느 어머니에게서나 공통의 정감을 불러오게 된다. 희생이라는 말이 부족할 정도로 비교를 허용하지 않기 때문이다. 김시인에게서 아들을 생각하는 뜻은 헌신이라는 의미로 키재기를 한다.

맞서지 못하는
지식에 밀려나도
아들 몰래
뒷전에 서 보며
발꿈치 살짝 들고
키재기 해본다

———〈키 재기〉에서

　아들과 키재기라는 상징은 실제의 높이가 아니라 사랑의 감정으로 바라보는 어머니의 마음을 뜻한다. 모정은 사랑이라는 의미와는 좀더 다른 공간에서 마음을 바친다. 남편과의 사랑이 기다림의 사랑이라면 자식을 생각하는 마음은 찾아가는 어머니의 마음이라는 점에서 다르다. 물론 둘의 비교가치는 무의미하고 또 그럴 이유도 없다는 점에서 사랑의 차이를 갖는다. '맞서지 못할' 이라는 체념으로부터 자식을 바라보는 시선은 모정의 극치를 나타낸다. 깊어가는 시간에 책장을 넘기는 아들을 대견함으로 바라보는 깊은 밤이 있고, 졸음을 참으면서 아들을 위해 애정을 쏟고 있는 시간을 지루함으로 생각되는 것은 아니다. 이런 마음의 여백은 곧 사랑이라는 자식에 대한 순수함의 표백이기 때문이다.

>깊숙히 젖어 드는
>깨알같은 꿈
>알알이 맺히어
>빠알갛게
>아주 빠알갛게
>골고루 영글게 하소서
>
>　　　　　　　　　——〈아들 옆에서〉중

아들을 바라보는 마음은 꿈을 꾸는 시간이다. 꿈을 이룬다는 것은 인내와 고통을 견디면서 맞게 되는 숙성의 시간을 필요로 하기 때문에 김순덕이 생각하는 간절한 소망은 영글게되는 '깨알같은 꿈'으로 의식을 집중하게 된다. 이런 상징은 '빠알갛게'라는 색채를 동원함으로써 꿈의 간절함과 연결되는 어머니의 감수성이 동원된다. 결국 아들 옆에서 꿈을 바라보는 어머니의 애타는 마음은 상상력만으로도 충만함을 자극하게 된다. 김순덕의 시는 이런 일상의 감정을 포착하는 길에 그의 시는 싱싱함을 남기는 인상을 자극한다. 두 아들을 바라보는 김순덕의 눈은 '블라우스\아끼는 화장품\스타킹까지\마음에 들면 제 것으로 축내 버리는 딸' <어미의 굴레> 에서 행복한 가정의 풍경화를 그려 가는 시인인 셈이다. 이런 감수성을 확인할 수 있는 것들은 <어머니>를 회상하는 마음에서도 넉넉한 삶의 짙은 표정을 감지하게 된다.

3) 자연과 정감

김순덕의 시에서 깊은 관심의 양은 주변 사람들의 사랑이 주를 이루었고-용약하는 삶의 에너지의 역동성보다는 靜的이고 조용한 느낌으로 시의 숲을 엮어 간다. 자연은 인간의 생명이 비롯된 원형으로의 공간이면서 인간의 존재를 확장해 가는 구체적인 공간이기 때문에 인간과 자연의 상관은 필연적인 연결로의 의미를 갖게 된다. 이런 성품은 시의 특성에 깊은 묘미를 전달하는 특성을 어떻게 시적인 함량에 용해할 수있는가에 시인의 재능이 표출된다.

      맑은 가을 하늘
      솜같은 구름
      여기저기 모여
      주인없는 벤치에
      지붕을 엮는다

      언덕바지 갈대꽃은
      바람결에
      파도처럼 춤을 추고
      계절이 익혀놓은
      하늘과 땅 사이
      코스모스 요염히
      가을을 유혹한다

                      ——<가을 하늘>에서

시의 표현은 시인과의 심리적인 교감을 마련하면서 언어로 환생한다. 다시 말해서 시적인 표현은 곧 시인의 마음을 상징이라는 절차로 솟아나온 것이지 전혀 다른 표정으로 언어화한 것은 아니다. 가을의식은 <가을 비>와 <가을 하늘> 등에서 시인의 의식을 대변하는 역할을 수행한다. 이는 김순덕의 정신속에 담겨진 투명성을 나타내는 것과 그가 살고 있는 나이에 비례하는 정서를 뜻한다. 푸른 하늘과 갈대와 그리고 바람이 때로 쓸쓸한 정경을 연상하면 삶의 달관은 한층 아름답게 다가온다. 이런 풍경화는 김순덕의 아름다움을 변용하는 마음을 바라보는 즐거움과 같다. 가을의 정서는 곧 김시인의 靜的 감수성을 에피세트한 표정과 같다는 점에서 의식의 선명성으로 이어진다.

김순덕의 의식은 자연으로의 귀환을 꿈꾼다. 흙의 내음을 그리워하고 삶의 고독을 바라보는 선연한 눈빛이 길을 만들고 있다는 뜻이다. '안개가 깔린 듯\잔잔하게 어우러진\하얀 들꽃' <들꽃>을 그리워하기도 하고, 봄날의 약동성을 바라보면서 깊어지는 삶의 잔잔함을 바라보는 눈이 있다.

>희뿌연
>콘크리트 벽을 깨고
>흙 위에 앉고 싶다
>
>한 걸음씩 물러나는
>이 시대
>나는
>흙 냄새가 그립다
>
>———〈나는〉에서

위의 시는 '나는'이라는 다소 의외의 강경한 제목을 쓰고 있다. 시적 화자를 숨기면서 독자앞에 나타나는 것이 아니라 얼굴을 전면에 등장하여 용감하게 주장하는 형식을 취했기 때문에 확실한 전달의 뜻으로 의미를 설정하게 된다. 오염으로 찌들어진 환경의 문제는 인간의 삶을 절망으로 몰고 가는 이 시대의 해답을 위해 김순덕은 '흙으로 돌아가고 싶다'라는 설득력을 강조하기 위해 '이 시대'의 상징과 콘크리트의 도시적인 삭막함을 벗어나기 위해 흙은 곧 인간적인 호흡의 땅이라는 의미로 전환하기 때문이다.

>여기저기 둘러 보아도
>잔치는 시작인데
>나는!
>어디로 가고 있는가
>——〈초대장〉에서

인간은 본질적으로 고독한 존재일 것이다. 어디서 오라는 초대장이 있는 게 아니고 그냥 숙명적인 삶을 살고 있기 때문이다. 화려한 척 치장한 사람들도 내면으로 들어가면 질펀한 고독의 함정에서 허우적이는 사람들이기 때문이다. 김순덕의 시에는 이런 인간본질에 대한 고독을 내면으로 삭이고 있는 양상을 쉽게 발견하게 된다. <송사리>에서의 고독감, <초대장>, <6월의 어느 하루>에서 만나는 고독은 담담한 이름으로 다가온다.

>겹겹이 걸쳐보고 색칠하여도
>마음은 고독하다는 걸
>아무도 모를꺼야
>——〈6월의 어느 하루〉에서

본질적으로 인간은 혼자라는 것에 이의가 없을 것이다. 부모가 있고 자식이 있고 또 남편이 있다하더라도 「혼자」라는 시간이 다가올 때 고독은 크게 함정을 만들고 다가온다. <6월의 어느 하루>는 혼자에서 오는 김순덕의 깊은 내면과 쓸쓸함의 그림자를 만나게 된다. 숙명적인 고독의 그림자를 벗어던질 수 없을 때, 고독을 차라리 성숙을 위한 자양이 된다는 점에서 김순덕의 고독은 오히려 생을 키우면서 자화상을 발견하는 길의 의미로 인식된다. 특히 <노점상 할머니>나 <골목길>에는 김순덕의 인간 사랑과 정감을 느끼는 휴머니티를 발견하게 된다. 이는 넓은 허용치의 암시를 간직하면서 상징의 임무를 완수하기 때문에 깊은 인상을 남기는 서민적인 체취를 느끼는 이유를 담고있어 진솔한 정을 자아내는 여성미를 발견하는 이유도 되는 작품이다.

3. 에필로그—시를 위한 자화상

시는 자화상을 그려가는 심리적인 圖學일 뿐만 아니라 삶의 표정까지도 담을 수 있다는 가능성에서, 아름다움을 창조하는 다양한 영역을 확보하는 기교를 필요로 한다.

김순덕의 정신속에는 사랑이 많은 함량으로 채워져 있고 여기서 아들을 생각하는 정서의 줄기와 딸 그리고 남편을 바라보는 따스하고 다정한 가정의 풍경화를 만나게 된다. 가정의 건강이 곧 인간의 행복을 마련하는 원천이라는 발상은 비단 누대에 이른 선인들의 주장으로서의 의지가 아니라 자기를 확인하고 새롭게 출발하는 원형으로의 공간이라는 점에서 김시인의 시는 건강한 표정을 관리한다. 아울러 우정의 애달픔과 자연을 바라보는 시선은 투명하면서도 깊이있는 장면을 만날 때 감동을 위한 배려가 깨끗하고 담담한 의미를 생성한다. 이런 논지를 취합할 때 김순덕의 시에는 사랑의 안온함을 원형으로 하여 비유의 숲을 만들어 가는 정감의 시인이다.*

8. 사랑의 원형과 세 개의 표정
―윤지영의 시―

1. 들어가는 말

1) 시적 발상을 위한 진원으로부터

시인의 경험은 얼마의 순수 함량이면 인간을 감동으로 이끌 수있는가? 이런 물음을 놓고 어떤 방도를 동원해도 시와 인간의 상관을 명백한 논리로 구분한다는 것은 사실상 불가능한 일이다. 그러나 시는 이런 구분에 대해 하등 개의하지 않는 태도를 보임으로써 그 임무를 다한다.

시인은 언제나 아름다움을 창조하기 위해 진력을 다하지만, 항상 역부족의 탄식을 발하면서 시인의 의도는 도전이라는 용기를 버리지 않는다. 시를 이루는 요소는 다양하지만 대체로 경험이라는 요소와 상상력을 제외할 수는 없을 것이다. 경험이라는 요소와 상상력이 결합하여 아름다움을 추구하는 길을 아득할지라도 결코 포기할 수 없는 이유는 주로 사랑이라는 이름으로 대신하면 설명은 시작과 끝을 만나게 된다. 아름다움을 추구하면 할수록 아름다움의 열망은 키를 높이게 되기 때문이다.

윤지영의 시는 아름다움에 길들여진 다양한 경험의 층을 상상력으로 포장하는 기교가 돋보인다. 아무리 좋은 상품이라도 포장의 아름다움이 없다면 상품의 질－低價의 평가를 모면하기 어렵다. 물론 윤지영의 시는 내용과 포장－기교에서 일단의 안도감을 준다는 점에서 아름다움을 소유하게 된다. 그 아름다움의 원형은 사랑을 재료로 변용하는 절차를 갖는다.

첫 번째의 사랑은 그대라는 미지의 대상을 설정하여 삶의 윤택성을 이룩하고자 했고, 두 번째의 사랑은 어머니를 절대 심상으로 시인의 삶에 대한 본질을 추구하고 있다. 세번째는 종교적인 갈망을 순수와 투명성으로 엮어진다. 세 가지의 변주곡은 사랑이라는 추상성에서 출발하지만 이를 실현하는 방법론에서는 다양성을 이룩하는 수단으로 볼 때 윤지영의 시는 맛을 담고 있다.

  2) 감각과 더블 이미지

 윤지영의 시를 일별하다보면 감각적인 에스프리와 이미지를 결합하는 유연한 감성을 접하는 화려함을 만날 수 있게 된다. 이는 수식사를 많이 사용하는 마리니즘(marinism)－분칠하는 것도 아니고 억지로 과장을 부추기는 것도 아닌 점에서 윤지영의 시는 보다 선명한 표정을 개성으로 내세우는 일면을 갖는가하면 언어를 운용하는 재치에서 여느 시들과는 다른 느낌을 생성하고 있다. 이런 단서를 확보하기 위해서는 인용으로부터 길을 만들게 된다.

    봄은 제풀에 힘을 보태면서
    빈 나무가지마다 초록을 풀어냅니다.
    곁눈질 한 번에도 모란 꽃잎은

벌써 서럽기만 합니다.
노랑뿐인 개나리가
어느 사이에 울타리에 앉아
흉한 가지에 분칠합니다.
초록의 틈새를 비집고 들어온 것이
어디 하양 노랑뿐인가요.
겨울 옷가지들은 이미 빨래가 되어
제 몸무게를 줄이기에 바쁘고
고양이 하품 끝에
햇빛도 따라 졸리기만 합니다.
초록이 넘쳐 나는 내 유년의 연안에
봄의 소리가
희망처럼 정박해 있습니다.

———〈봄의 소리〉

 매우 감각적이고 신선함 美感을 자아내는 표현미를 완성하고 있다. 봄이라는 생동감을 다양한 눈으로 포착하는 기교적인 이미지의 결합에서 이 시를 더욱 역동적인 느낌으로 전환하는 이유가 '초록을 풀어냅니다'의 섬세한 눈으로부터 '모란꽃의 서러움'을 대비하는 것과, 노랑 개나리가 흉한 가지에 '분칠합니다'의 재치와, 겨울의 무거운 무게를 줄이기에 분주한 생명체들의 왕성한 상상력에서 봄의 신선도를 높이는가 하면, 고양이의 졸음에서 또 다른 정적미를 유발하는 정경을 제시함으로써 작고 친근미를 유발할 수 있게 했고, 이런 요소들이 시인의 어린 시절과 연결할 때 시의 전체적인 구도가 화려한 발상으로 아름다움을 연상하는 기교를 보이고 있다. 더구나 봄이 '희망처럼 정박해 있습니다'를 삽입함으로써 모란꽃의 서러움이나 개나리의 단순한 치기의 색채 감각 등이 신선하게 결합하는 계기를 만들게 된다. 이런 마무리는 바로 윤지영의 시적 재능과 연결될 뿐만 아니라 미래를 밝히는 조짐으로 생각되는 인식을 심는다.

그러나 '초록을 풀어냅니다.'와 '서럽기만 합니다.' '분칠을 합니다.' '노랑뿐인가요.' '졸리기만 합니다.'와 '정박해 있습니다.'의 서술 종결 어미에 마침표를 남발하는 이유와 2연으로 연을 나눈 이유가 설득력이 없다는 것은 지적되어야 한다. 시는 마침표나 쉼표 또는 행과 연의 구분조차도 의미를 위한 재료라는 말은 시를 위한 기초에 속하기 때문이다.

다음 시는 더블 이미지를 구사하여 의미의 증폭과 상상력의 확산을 가져온 좋은 작품의 경우다

> 단 둘이서만
> 속삭이고 싶다.
>
> 하늘이 파란 날이면
> 바람 한 점 데려와
> 취몽속에서 살지만
>
> 노을 빛이 수줍은 저물녘에는
> 아무도 모르게
> 몸 부비고 싶다.
>   ──〈코스모스 戀歌〉

코스모스는 시인 자신의 이미지를 담고 있고 사랑의 대상은 전면으로 나타나지 않고 숨어 있기 때문에 상상력의 극대화를 이룩하고 있다. 이런 이미지의 겹침은─한 이미지에 다른 이미지가 겹쳐 이중이 되는 것, 이른바 이중 노출로 인해 상상력의 증폭을 가져오는 기교적인 표현미는 시를 더욱 신선감으로 포장하는 근거가 된다. '단 둘이서만'이라는 한계를 설정함으로 '하늘이 파란 날'과 '바람'의 생동적인 느낌

이 수줍은 노을과 결합하면서 '아무도 모르게\몸부비고 싶다'라는 관능적인 발동을 강조하지만 그 느낌이 아름다움에 접근되기 때문에 화려하고 기교적인 인상을 남기게 된다.

이런 표현미는 윤지영이 시적인 가능을 더욱 넓힐 수 있는 재산이라는 점에서 개성의 문패를 달아도 좋은 이름이 될 것 같다.

2. 사랑의 이름에 담겨진 함량은 무언가?

1) 무지개와 꿈의 사랑

사랑을 부르면 사랑은 더 먼 거리에서 애달픔을 부추기는 몸짓을 보이면서 또다시 거리를 만드는 것이 명백한 속성일지 모른다. 물론 사랑을 손으로 움켜쥐면 그 사랑은 전혀 다른 모습으로 다가와 표정을 짓지만 결코 갈증을 해소시켜 주지 못하고 또 다른 요구로 이름을 만든다. 사랑이란 어휘는 아마도 가장 많은 접촉과 가장 많은 용어의 빈도로 사용하지만 정작 이 어휘의 근원적인 물음에서는 어느 누구도 피상적인 용어의 혼란을 부추기는 걸로 만족해야 할만큼 추상적이고 포괄적인 혼란에 만족해야만 한다. 윤지영의 사랑은 그런 갈증에서 일차적인 출발의 단초를 마련한다.

> 사랑한다는 그대의 귓속말에
> 나는 황홀의 늪에서 헤어나지 못했습니다.
>
> 오직 나 하나만을 사랑한다는 말에
> 가슴은 노을 빛으로 불타고 있었습니다.
>
> 두 손을 꼭 잡고

'영원히'라는 말을 건넸을 때
나는 차라리 고개를 숙였습니다.

이윽고 두 눈을 마주했을 때
나는 그대로
장승이고 싶었습니다.

——〈新사랑가〉

 사랑은 하나의 목표와 대상을 선택해야 한다는 것은 애정이라는 한계를 갖는다. 가령 모든 사람을 사랑하는 종교에서는 다수를 뜻하지만, 남녀의 경우에는 오로지 하나만을이라는 엄격함을 설정하는 도덕적인 룰을 설정한다. 이런 편의성은 언제부터 인간의 땅에 뿌리내렸는가에 대한 이기적인 사연도 없지 않을 것이다. <新사랑가>는 한 사람만을 선택하는 것과 선택받는 양방간의 의미가 소통되었을 때 감격을 떠올리게 된다. '오직 하나만을'이라는 것과 '영원히'라는 선택의 개념과 공간적인 확장에서 「사랑」이라는 개념은 아름다움으로 환치된다. 이런 선택 앞에 시인은 '고개 숙였습니다'라는 감격에 취하게 된다. 아울러 이런 감동을 더욱 고조하는 '장승'의 경지에서 할 말을 잃게 되는 엑스타시의 경지로 접근하게 된다. 윤지영의 사랑에 대한 고찰은 이런 분위기를 최상의 가치로 설정하고 변용하는 여러 경우를 바라보게 된다. <사랑에 이르기 위하여>에서는 투명성을 전제로 하고, <감춰 둔 말>은 영원성을 지향하면서 <꽃의 이미지>는 연가적인 무드를, <악수>는 별로 상승하는 사랑의 이미지를 <弓手의 손>엔 포로 의식을 담고, <이별 頌歌>는 허무의 사랑에 대한 노래를 담고 있다.
 사랑은 이유로 설명되지 않고 精緻한 논리의 그물로도 포착할 수 없다는 점에서 미지수의 얼굴 찾기이고 신기루의 환상을 좇는 작업일지 모른다.

사내의 손은
하나의 힘이었다.

그 사내의 손은
눈의 結集이었지만
과녁이 멀어가면서
활은 더욱 강했다.

홀연히 흩날리는 깃털의 반점까지도
침묵으로 남겨 두고

마침내
그 사내의 응시 속에 잡힌 것은
不動의
갈채였다.

——〈弓手의 손〉

    날카로운 눈을 가진 포수에 의해 잡힌 짐승을 연상하면 된다. 힘이 센 포수의 손에 잡힘으로써 벗어날 수 없는 운명이 불행이기보다는 오히려 행복한 선택인지 모른다. 이는 '갈채였다'라는 화려한 소리로 돌아오는 메아리의 뉴앙스가 아픔을 수반하지 않고 행복된 이미지를 풍기기 때문이다. 더구나 '不動'이라는 어쩔 수 없는 상황에서 사랑의 「이룸」이 달성되기 때문이다. 이런 포로 의식은 이내 '이번에는\ 지워지지 않는 말들만 모아\돌碑로 새겨 두고 싶다' <감춰 둔 말>라는 영원의 문을 두드리게 된다. 사랑은 궁극적으로 돌비라는 영원성을 이룩할 수 있을 때 至高한 가치의 개념으로 찬사를 받게 된다. 그러나 사랑은 결코 화석으로 굳어지는 것이 아니라 변하는 생물체의 운명으로 쇠락을 맞게 되거나 아니면 스러지는 비운의 운명도 예외가 될 수는

8. 사랑의 원형과 세 개의 표정 349

없다. '그대의 모습이 낙엽임을\이제야 깨닫습니다.\초록빛 예감이 잎을 틔웠으나\ 우리의 이별을 위해\잎새는 저 혼자 떨어집니다' <이별 송가>와 같이 조락의 운명을 벗어날 수는 없다. 이런 처지에서도 사랑은 빛으로 승화되기를 열망할 때 지고지순한 아름다움으로 길을 만들게 된다.

    손을 마주 잡으면
    아득히 꿈이 보입니다.

    눈을 맞추면
    환희로 다가오는
    한아름 꽃 무리들.

    노을보다 더 고운 音色
    떨리며 범람하는 속을
    새벽별 하나
    하얗게 기운다.

                ——〈악수〉

  윤지영의 사랑은 악수라는 접촉의 형태로 시작되고 또 이로부터 꽃이라는 향으로의 상승적인 이미지를 부추기게 된다. 물론 별이라는 공간으로의 고귀한 의미를 수반하는 하늘의 이미지를 추가할 때 사랑의 의미는 한층 높이로 솟아오르는 암시를 구유하게 된다. 이런 절차는 새벽별이라는 다소 생기를 잃어 가는 의미에서 훼손되는 의미도 있지만, '그대는 항시 꿈보다 먼 곳에 떠있는\별입니다.\혹은 별만 보이는 창입니다'<꽃의 이미지>로 환치되면서 사랑이 별이라는 빛의 구원적인 상징을 더한다. 윤지영의 사랑은 꽃의 향이나 별의 상승에서 아름다움과 고상한 높이의 품위를 갖추기에 심혈을 경주하는 양상으로 의식을 채우고 있다.

 사랑은 정성과 희생 그리고 끝없는 연민의 정을 보내는 데서의 응답이라면 윤지영의 사랑은 다소 애매한 감정의 투영이 보이는 것—상상력의 한계에서 오는 절실성의 문제는 누구나 갖고 있는 감수성의 문제일 것이다.

2) 그리움의 집

 살아 있다는 것은 변화를 실감한다는 의미를 갖고 있으며, 변화에 대한 애달픔이나 또는 원상을 회복하고 싶은 열망이 자리잡을 때 그리움의 발동은 시작된다. 여기엔 잡을 수 없는 거리감으로부터 그리움의 체온은 더욱 절실성을 부추기면서 안타까움을 나타낸다. 다시 말해서 가까울 때는 사랑이라는 요소가 우선하고 떨어진 거리에서는 그립다는 형태로 나타난다. 그리움은 접촉을 위한 전 단계라면 사랑은 접촉의 단계라는 점에서 그리움은 사랑을 이룩하기 위한 예비적인 느낌을 갖는다. 윤지영의 그리움은 사랑의 형태와 다른 측면으로 인식되는 것이 아니라 오히려 하나의 공간을 점하는 형태로 인식되는 바, 유동적인 특징을 갖는다.

> 쫓기어 달아나기만 하는 강물에
> 먼 종소리 하나 띄우고
> 천년 후에도 살아날
> 그리움을 남긴다.
>
> ——〈戀慕記〉에서

 강물과 그리움의 결합은 시인의 내면을 공동의 공간으로 만들기 위한 시적인 의도를 나타내면서 유동성의 흐름에서 시인의 마음을 유동성에 맡겨 놓으려는 윤지영의 고귀한 뜻을 담고 있다. 마음을 의탁하는 시간 극복의 절차로 인식을 남기는 작품이 <연모기>에 들어 있는 심상이다. 종소리와 강물과 천년이라는 결합은 곧 영원성을 지향하려는 내면 미학으로의 시적 심성이라는 점이다.

   그대 떠난 날 부터
   밤마다 신열이 찾아옵니다
   대숲에 앉아
   비로소 서걱이는 바람결에도
   그리움이 묻어 납니다
           ——〈그대 떠난 후〉에서

 움직이는 그리움은 곧 시인의 의식이 지향 공간으로의 좌표를 설정하고 있기 때문에 그리움의 절실성은 더욱 고조되는 양상으로 다가온다. '한강로 3가, 이쯤에서\그리움 하나를 키운다' <저물녘 한강로 3가>에서와 같이 그리움을 바라보는 것이 아니라 키우고 숙성시키는 것 때문에 '쫓기어 달아나는 강물'에 그리움을 풀어놓기도 하고 종소리에 실리워 어딘가 먼 곳으로 떠나는 형태로 마음을 접속시킨다. 더불어 '대숲'이라는 바람의 촉매에 의해 그리움의 속성이 한층 절실한 형태를 좌우하게 된다. 결국 윤지영의 그리움은 바람이나 강물이나 <호수>와 같은 투명성을 보장하기 위해 이동의 심상을 배치하는 이유가 되는 것 같다.

 3) 어머니의 사랑

 어머니는 자연과 같고 원초적인 삶의 고향으로 인식되는 바, 삶의 근원을 이루면서 상징의 넓이를 채우게 된다. 자연이 인간의 고향이라면 어머니는 모든 삶의 자양분을 공급하는 원천으로의 상징을 나타낸다. 인간은 누구나 어머니의 근원을 벗어날 수 없다는 점에서 숙명적인 관계를 벗어날 방도가 없다.

  젊은 날에 어머니를 그리워하는 것과 부재한 어머니를 그리워하는 것은 다른 감정의 기복을 갖기 마련이다. 윤지영의 어머니 상은 후자에서 애절한 마음의 표백을 담고 있어 심금을 자극한다.

>어머니,
>생각만 해도 마음을 적시며 다가서고
>풀기 서걱이는 당신의 치마자락 끄시는 소리가
>바람결에도 묻어납니다
>>——〈사랑의 因子〉에서

  윤지영의 어머니에 대한 회상은 다양한 변용의 절차를 마련하면서 자칫 테마시의 형태에서 느끼는 단조로움을 모면하는 넉넉한 수원지를 갖고 있다. 이는 그의 시적 재능으로의 안도감일 뿐만 아니라 어머니에 대한 곡진한 감정이 노래로 풀어지는 것과 같은 심리적인 요인이 된다. <사랑의 인자>는 소리로 어머니의 회억을 불러오는 시적인 묘미를 나타낸다.

  소리는 살아 있음을 알리는 전달의 기능을 수행하지만 막상 확인할 수 없는 적막함에서 시인의 마음을 적시는 물기로 젖어 든다.

>이제 당신은 멀리 떠나시고
>내게 사무침만 남겨 놓았으나
>당신의 따뜻했던 품과
>회초리 같은 가르침과
>한톨 피붙이에 대한 그런 끝없는 사랑을
>오늘도 잊지 못하여
>이렇게 밤을 하얗게 새웁니다
>>——〈사랑의 인자〉에서

부재라는 공허는 항상 실제의 공간보다 크고 넓을 뿐만 아니라—어머니를 회상하는 마음은 더없는 페이셔스를 자극하게 된다. '멀리 떠나시고'라는 거리가 멀어질수록 '사무침'의 농도는 짙고 아슬한 슬픔을 자극하게 된다. 여기엔 과거 공간의 기억들이 애상을 부추기는 충실한 역할을 보조적으로 완수하기 때문에 '밤을 하얗게 새웁니다'라는 슬픔의 색감으로 재현된다. <흰 눈 회상>이나 <손수건이 되어서> 등은 윤지영이 어머니에 대한 절절함을 백색으로 환치하여 내면의 슬픔을 채색하고 있는 시들이다.

윤지영의 어머니에 대한 회상은 소리와 바람과 바위 혹은 흰색과 허무 등의 다양한 얼굴을 보임으로써 먼 거리에서 들려 오는 환상을 되찾으려 하지만 그 공허의 거리는 더욱 멀어지는 눈물에 젖어 흘러야 한다.

　　　　두 갈래 물줄기가 하나로 만나는
　　　　양수리에 갔다.

　　　　보이는 것은 안개에 젖어 있고
　　　　풍진이 되어버린 어머니의 넋은
　　　　안개 밖에서 떠돈다.
　　　　　　　　　　　——〈피울음 小曲〉에서

어머니에 대한 시인의 마음은 결국 '피울음'이라는 시어로 마무리될 수 밖에 달리 도리가 없다. 이는 不在라는 먼 거리감을 인간의 힘으로 단축할 수 있는 방도가 없기 때문에 눈물과 한탄 혹은 서러움의 표현 이외에 달리 길을 찾을 수 없다는 점에서 한계를 갖게 된다. '양수리' 유택을 찾아도 결국 회상의 길을 추적거려야 하는 아픔을 소화할 수 있는 길이 없기 때문에 삶의 지표를 '안개'라는 흐릿함으로 시인의 마음을 대신하고 있을 뿐이다.

4) 기도-또 다른 사랑

인간은 동물 중에서 불가능에 도전하는 특유한 문화를 이루면서 역사의 켜를 쌓아 간다. 눈부신 문명의 진전은 낳았지만 결국 허무는 과학의 발달에 비례하면서 커지는 것도 벗어날 수 없는 운명적인 한계를 절감하게 된다. 불가능과 未知에 끝없이 도전하지만 궁극적으로 탈출할 수 없는 한계를 스스로 깨닫고 원점으로 돌아갈 줄 아는 지혜를 가졌다. 결국 원점에서 절대의 또 다른 세계를 想定하는 것이 종교의 공간이다. 그렇다면 삶의 공간과 절대의 공간은 따로 떨어진 개념이 아니라 하나로 통합된 공간이지만 이를 미쳐 깨닫지 못하고 분리해서 생각하는 것이 일단의 「문제」로 부가될 때 인간은·신의 음성을 찾아 길을 떠난다. 인간사에 모순이 없다면 신의 음성은 필요할까?

윤지영의 시에 종교는 곧 생활과 분리된 것이 아니고 하나로 통합된 의식을 갖고 있어 때로 엄숙하고 근엄하면서도 조용한 미소를 대신한다.

> 무엇이 오만이며
> 무엇이 겸손인지를 겨우 알겠나이다
> 즐거움이 쌓이면 슬픔을 제압할 수 있고
> 그 즐거움은 사랑 속에서만 태어난다는
> 참으로 위대한 진리를 깨닫겠나이다.
> ──〈주께 기도함〉에서

모든 종교는 사랑을 말한다. 그리고 어떻게 사랑을 베풀 수있는가를 가르치는데 본질이 있다. 석가의 慈悲나 공자의 仁이나 기독교의 博愛

등 타인을 사랑하라는 가르침은 인간 자신을 위하는 부메랑으로 돌아가는 길을 깨우치기 위함이다.

>당신은 원래부터
>사랑과 평화의 은은한 향기를
>누리에 펼치기 위하여
>이 땅에 오셨습니다
>――〈거룩한 이름이시여〉에서

윤지영의 기도는 피묻은 戰士의 형상이 아니라 담담하고 조용한 호소력으로 채워져 있다. 이는 설득하려는 것보다 스미듯 은은함으로 다가드는 물기 젖은 호소력을 가졌기에 안온하고 따스함으로 평화를 일깨우는 특징을 간직하고 있다는 뜻이다. <고백을 위한 서시>나 당신을 만나기 전>에는 자각을 일깨우는 호소력과 <묵도>에서의 빛으로의 승화 <주님의 의지 속에>나 <당신 앞에 서면>의 의지와 크기에 <거룩한 이름이시여>에서의 예수가 이 땅에 온 이유 등에 들어 있는 절절함은 웅변의 설득력을 능가하는 잔잔함으로 감동의 누선을 자극하고 있다.

3. 나가는 길에―사랑의 목소리

사랑은 소리가 아니라는 점에서 행동의 함량을 더욱 많이 요구할 것이다. 더구나 진솔한 사랑의 이름은 아름다움의 극치를 넘어설 수 있는 가능의 길을 만들면서 평화와 행복이라는 염원의 땅에 도달하게 된다. 사랑을 시로 노래한 역사는 인간의 역사와 함께 했지만 여전히 고갈됨이 없이 시인들의 가슴을 적시는 이유가 바로 행복과 상통하는 점에서 일 것이다. 살아 있는 인간은 누구나 사랑의 공간에서 행복을 꿈꾸기 때문이다.

  윤지영의 시는 사랑이라는 포괄 속에서 세 개의 축으로부터 시의 길을 확보하고 있다. 플라토닉 러브와 같은 순수한 사랑의 염원이 투명하고도 담담한 향기를 특징으로 한다면 어머니에 대한 사랑의 회상은 절절하고 눈물 짙은 진솔성과 조우하게 된다. 이런 특색들은 신념을 공고화하는 종교적인 사랑에서도 신을 향하는 순결함으로 진리의 문에 들어서려는 의지를 확인할 수 있다.

  윤지영의 시는 아름다움과 순수를 위해 흰색의 꽃을 피우려는 열망으로 시의 길을 찾아 나서는 조용한 모습을 연상하게 하는 시인이다.*

9. 인간을 위한 시적 페러다임
―김수일의 시―

1. 특징―정감의 시

　시는 시인의 정신적인 감수성을 표현하는 언어의 미학이라는데 이론이 없을 것이다. 다시 말해서 시의 의미는 곧 시인 자신의 정신적인 총체성을 나타내는 언어의 미감이라는 점에서 자화상을 만들어 가는 셈이다. 즉 시인이 살아온 삶의 도정이 작품이라는 형태로 형태화 할 때 시인의 의지는 심혈을 기울이면서 자기화를 꾀하게 된다. 즉 시인의 생각을 위장하는 방도를 시의 경우는 상징이나 비유라는 절차로 수행하기 때문에 소설과는 달리 시의 표정에서 이면의 껍질을 벗겨 본다는 것은 至難한 일일지라도 시인의 정신 상태를 거짓없이 투영하게 된다. 이런 진실성은 시의 아름다움을 감동으로 환치하는 구체적인 방법이 되기에 시인의 가슴은 언제나 진솔한 고독 속에서 자기를 찾아 나서는 방랑의 여행객일 수밖에 없다. 언어를 통해 빚어지는 한 편의 시는 이런 유추를 증명하게 된다.
　김수일은 아마도 일직선으로 다가가는 성품인 듯하다. 아울러 인연의 소중함에 깊이를 담고 또 다른 길을 모색하는 성실함에 접하게 된다.

  김수일의 첫 시집에 나타난 감수성은 총합적인 자기 의지를 투영하면서 한 편의 시를 위해 헌신하는 아름다움의 느낌을 준다. 그 단서를 위해 논지를 옮긴다.

        도회지의 먼지 바람 속에서도
        메밀꽃 하얗게 피는 언덕
        그립다던 그 동산에
        서른 다섯 생애로 누웠구나
        아우야, 밤 되면
        검은 빗장 열고 나와서
        흔들리는 나뭇가지 사이로 뵈는
        저 꿈같은 하늘의 별을 세거나
        은실 같은 달빛 어깨에 걸치고
        이슬 맺힌 풀밭길 혼자 걸으면
        넌 참 쓸쓸하겠네
        내 잠 못 이루는 밤에
        외로운 너를 위해
        대문 활짝 열어 두었으니
        찾아오게나 옛날같이
        빙긋이 웃는 얼굴로
        저승의 너를 만나도
        내 진정 눈물 보이지 않겠네
                ——〈그리운 달빛-아우에게.1-〉

  위의 작품은 매우 성공적인 시어의 구사와 상징으로 빚어진 이미지의 신선감 그리고 비유에서 생성되는 의미의 깊이는 감동을 자극한다. 이런 단서는 김수일이 어느 만큼 시인의 길을 열성으로 걸었는가를 가늠하는 단서를 제공한다. '달빛'이라는 정적인 이미지를 동원하여 스미듯 다가오는 부재의 아우가 시인에게 얼마나 깊은 상흔으로 다가오는가를 서글픔으로 마무리된다. 가령 아우성과 악머구리의 도시에서 살아온 아우를 연상하면서 '메밀꽃 하얗게'라는 흰색의 이미지를 동원하여 달빛과 상통하고, 하늘의 별을 셈하는 아우의 성실한 연상, 그리고 은실 같은 달빛을 걸치고 다가오는 아우가 이슬 맺힌 풀밭 길을 홀로 쓸쓸히 걸을 것이라는 염려는 시인의 마음에 담겨진 인간미를 관찰하게 한다. 이런 징조는 '내 잠못 이루는 밤'에 고독한 너를 생각하는 마음이 대문의 문을 열어 놓고 기다리겠다는 형의 심사에서 애절함과 그리움을 연상하게 한다. 아마도 김수일은 내면으로 찾아가는 마음에서 슬픔과 고독의 질펀함으로 생의 교접을 계속하는 시인으로 생각된다.

이런 마음의 여백은 그가 즐겨 소재로 다루는 시의 전체적인 현상— 아버지나 어머니 그리고 아내 혹은 아들이나 누이에 이르기까지 김수일과 상관을 맺은 사람들은 모두 시의 전면에 등장하는 것도 그의 인간미를 조감할 수 있는 구체적인 현상을 바라보는 것이다.

2. 그리움과 자화상 그리기

김수일의 시는 능동적이기보다는 수동적인 면에서 가슴 졸이는 성품인 것 같고, 인생의 깊이를 천착하기 위해 헌신의 자세로 통찰하는 안목을 소유한 것 같다. 그의 시에 관류하는 정서는 그리움의 색깔을 찾아 눈을 두리번거리는 모색의 육성을 옮기면서 확인의 절차로 들어간다.

동지 가까워 오니
햇살도 멈춰 버린

산 번지 마을 셋집
그늘 더욱 차다
이른 아침 골목에 나서면
비애(悲哀) 젖은 배추 장수 목소리
가난의 아픔 되어
가슴 깊이 저려 오고
세상 모르는 아이들
손등에 내린 찬 서리 훔치고
비탈길 썰매 타고
유년을 건넌다
흙바람 부는 마을에도
저렇게 아이들 꿈은
산비알 내려오는
산새 소리와
어울리고 있는데
내 저들에게 무엇을 줄 수 있을까

——〈산 마을에서〉

  동지 무렵에 마을의 썰렁한 기운과 가난의 절규로 비애를 삼키는 배추 장수의 목소리가 을씨년스러운데, 세상을 알지 못하고 비탈길을 내려가는 아이들의 목청에 유년의 꿈이 깊이 스며 있고, 이런 정경을 바라보는 슬픈 풍경화에서 오히려 희망과 우렁찬 미래를 예감하는 시선을 고정시킨다. '저렇게 아이들 꿈은'의 뉴앙스가 결코 비극이거나 참담한 아픔에 조절된 인간상이 아니라 내일의 희망을 건져 올리는 용약의 가능을 전달한다. 이는 김수일의 가슴에 고여 있는 인간에 대한 사랑의 단편을 바라보는데서 유추가 성립된다.

  휴머니즘은 문학이 지향하는 영원한 명제이면서 문학의 마지막을 장식해야 하는 명제이다. 인간을 사랑하고 인간을 위해 바른 길을 인도하는 과제는 곧 시의 의미를 높이로 끌어올리는 시인의 사명이어야 한다면 김수일은 그 주변에 사람들과의 끈끈한 정을 간직하는데서 그의 성품을 표출한다. 아버지 혹은 어머니를 위시해서 아내 또는 세상을 떠난 아우를 생각하는 간절함을 표백할 때 김수일의 마음은 따스함의 정겨움을 전면에서 만나는 여백이 있다.

> 비젖으면
> 더욱 고운 빛깔로 깨어나는
> 가슴 서늘한 꽃이여
> ………략…….
> 출렁이는 강물에
> 달빛처럼 떠오르는
> 그리운 얼굴이어라.
> ──〈원추리 꽃.1〉에서

비교적 간명한 시의 구조를 취하면서 시인의 의도는 그리움을 표현하는데 중점을 두고 있다. 이는 우회적으로 원추리 꽃의 자태가 스스로의 자화상을 의미하면서 화려한 꽃의 형상화를 통해서 아름다움을 분장하는 형태를 갖추고 있다. '그리움'은 김수일이 마음속에 담겨진 순수한 마음의 표백을 담고 있으면서-아름다움으로 채색된다. 이는 '고운 빛깔' 꽃의 이미지를 도입하여 그리움을 내면으로 간직하고 하늘을 쓸어 담고 있는 자태로 원추리 꽃의 모습이 크로즈업된다. '너'라는 의인화의 기법을 통해 나타나는 원추리 꽃의 소곳함은 곧 시인 자신으로써 어딘가로 흐름을 간직하기 위해 '그리운 얼굴'로 손짓을 보내는 마음에 시인의 의도는 명료함을 나타낸다. 시인이 선택한 시의 대상은 곧 그 자체가 하나의 완전한 공간을 이루면서 유기체로 작용하게 된다. 김수일의 원추리꽃 연작시는 곧 자신을 대상화하기 위한 목적으로 남는다. <원추리꽃.2>에서는 그리움이 어딘가로 옮겨가는 것을 나타내고 <원추리꽃.3>엔 그리움이 꽃으로 승화된다. <봄, 꿈꾸는 바람>엔 그리움이 봄의 이미지와 손을 잡고 있다. 꽃이 봄의 이미지라면 김수일의 꽃은 새롭게 생성하는 생명에의 고귀함을 염원하는 우회적인 기교로 변환될 때 확실한 미감으로 다가온다.

>터진 상처 짠물에 적시고
>거친 호흡 몰아 쉬며
>서슬 퍼런 바닷이빨 비집어
>낚시 드리우는 낡은 목선
>짙은 구름 내려앉은 공간대로 흐른다
>
>물구나무서면
>훤히 보일 듯한 세상이지만
>남겨진 땅이 없어
>현기증에 밀리며
>넓은 바다 떠도는 사람
>
>——〈어부사.2〉에서

'낡은 목선'은 곧 시인 자신으로 환치되면, 고독하고 쓸쓸한 인생의 아픔을 연상하게 된다. 이는 '터진 상처'라는 삶에의 고단함과 아픔을 연상하는 이미지들을 동원하여 구름이 내려앉는 조용한 하늘을 배경으로 '낡은 목선'이 조용하게 흔들리면서 먼 미지의 공간을 향해 눈짓을 보낸다. '사는 건 울음으로\괴로움이고 슬픔이지만\스스로 버리지 못하는 목숨\굴레를 쓰고\오늘도 왼종일\인종의 원을 그린다'<손>와 같이 소는 곧 시인 자신으로 바뀌어지면서 삶의 아픔을 인종으로 소화하고 있다. '목선'이나 '소'는 김수일 자신의 모습을 영상으로 남기면서 고독과 슬픔을 곱게 삭이는 내면의 미학을 그려내는 김수일의 감수성이다.

3. 고향과 육친의 정

　고향은 인간의 정신에 뿌리이면서 삶의 출발의 의지를 잇대이는 가장 원초적인 공간이다. 생명을 연장했다는 것뿐만 아니라 생명의 의식을 깨우치는 가장 친숙한 정신의 줄기를 찾아가노라면 고향과 어머니의 심상에 닿게 되는 곳이다. 누구에게나 고향의 정서는 친숙하고 아름다움으로 채색되는데서 시적 영감을 재촉하게 된다.
　김수일의 시에 육친에 대한 시편들이 많은 것도 결국은 인간으로 살아가는 길에서 느끼는 일정한 정서의 흐름을 뜻한다. 아버지로부터 아우에 이르기까지 절절한 마음의 표백은 따스하고 깊은 정으로 풀어진다. 이런 징후는 인간을 사랑하는 마음이 넉넉하기 때문에 가능한 일이리라.

　　　　부푼 희망 안고
　　　　가고 오는 길
　　　　잊고 지낸 세월 용서를 빌며
　　　　어릴 적 꿈이 짙게 박힌 발자국 따라
　　　　시오리 길 걸어 고향에 간다.

　　　　유년의 그림자들이
　　　　오리나무 숲 건너와
　　　　가슴을 흔들면
　　　　아지랑이 속으로 걸어간
　　　　그리운 얼굴들
　　　　푸른 들판 보리밭둑에서
　　　　하나 둘 일어선다

　　　　　　　　　　　　——〈고향〉에서

고향을 떠난 시인에게 이미 생각 속에서 낯선 모습으로 다가올지라도 그리움과 애정을 바쳐야 할 곳이라는데 변함이 없다. 이미 어릴 적 친구들은 어딘가로 떠나갔고, 낯익은 공간에는 낯선 사람들이 고향의 화면에 가득한데 '이제는 서로 마주쳐도\무심하게 지나쳐 버리는\낯선 얼굴들이 사는 마을이지만'을 느끼는 이방성의 체온에 고향은 여전히 끈적한 마음을 버리지 못하고 있기에 '산다는 것 고달프면'의 상황에서 언제나 가고 싶은 곳이라는 절실성으로 다가온다. 시인의 뇌리에 가득한 영원성을 심어 놓았기에 먼 곳에서도 돌아가야 할 공간으로 영원히 작정 지워 있는 셈이다.

자식을 사랑하는 마음은 어버이가 되었을 때 더욱 간절함으로 회상을 살찌운다. 김수일의 시에는 부모와 형제를 시의 전면으로 채색한 이름들이 유난히 많은 것도 그의 정서에 많은 자극으로 남아 있다는 뜻이 될 것이다. 아울러 인간관계의 출발이 至近의 거리에 충실함으로써 성실성을 확인 할 수 있다는 의미와 같을 것이다.

   별보다 더 반짝이는
   바람보다 끝이 없는
   그리움과 외로움을
   하늘 언저리 퍼렇게 뿌리며
   떠난 자식들 기다리시던 그 마음
   당신 떠난 지금에야 겨우 알 것 같아요

   그립다 내 사랑 내 어머니
   무명옷 힐벗던 시절
   따뜻한 모정의 체온 화롯불보다 뜨겁게
   더 뜨겁게 그립습니다
        ——〈불면의 밤-어머니께〉에서

不在한 어머니를 그리워하는 정감을 표현하고 있는 김수일의 마음에는 '그리움과 외로움'이 교차하는 정서를 어머니의 사랑에 결합시킴으로써 따스함을 연상하는 여백을 전달한다. 사랑은 스미는데서 영원성을 자극한다면 김수일의 모정에 대한 그리움은 단선적인 느낌으로 돌아가는 일회성이 아니라 다감함을 복합적으로 채우는데서 애달픔으로 남기 때문에 그윽하고 은은한 파스텔톤의 아련함을 남긴다. 아버지를 생각하는 마음은 '가난에 주눅든 노인네들'을 오버 랩함으로써 일흔 셋에 돌아가신 부친의 회상에 슬픔을 연상하는가 하면 인고의 세월을 견디는 아내의 대견함이 비유로 살아난다.

> 눈 내리고 바람 몹시 부는 날
> 하도 추워서
> 군에간 아들 녀석의 옷을 꺼내
> 껴입어 본다
> 아직
> 어린 온기가 묻어 있어
> 난 참 따뜻하다
> ──〈아직 너의 온기가─아들에게.1〉에서

아들을 몹시 사랑하는 김수일의 마음이 뜨겁다. 군에 간 아들을 생각하는 마음이 추위를 빙자해서 아들의 옷을 입어 보는 온기의 감격에 자상하고 온화한 아버지의 마음이 보인다. 이런 다감성은 시의 전반을 채색하는 무드로 작용하면서 백령도 초병으로 근무하는 아들에 대한 간절한 마음이 추스릴 수 없는 느낌을 준다. 어버이를 생각하는 마음과 자식을 걱정하는 마음을 결국 둘이 아니라 하나라는 점에서 김수일의 정서는 부드러움과 따스함이 구분되는 바가 아닌 하나의 의미로 좁아 든다. 이는 인간미의 궁극으로 볼 때, 시의 정감을 더욱 추스르는 효과에 이르는 원인을 제공한다.

4. 존재의 발성

 산다는 것은 고통을 수반하는 일이고, 고통은 살고 있다는 존재의 귀결을 나타내는 구체적인 조짐으로 인식된다. 김수일의 시에 존재는 비교적 명확한 이름으로 구분된다. 적어도 태어난 자는 항상 따라오는 불합리의 비극성에 신음하는 절차를 외면할 수가 없기 때문이다.
 인간은 자의적으로 이 세상을 방문한 것이 아니라 운명적인 멍에에 이끌려 왔지만 뜻대로 벗어나는 운명은 없다. 마치 숙명의 멍에에 이끌려 신음하는 몰골로 일생을 마쳐야 한다. 이런 숙명적인 인간사를 김수일은 다음 시로 논리의 문을 연다.

> 아무데나 내려앉아
> 씨눈 티눈 목숨입니다
>
> 더러는 밟히우고
> 더러는 꺾여지는 날도 있지만
> 언제나 말없이 맨살 언덕에
> 여린 몸짓 억세게 살아 있습니다.
> ──〈풀잎의 꿈〉에서

 인간의 운명은 선택적인 것이 아니라는 데서 알 수 없는 미지의 공간을 향해 구원을 손짓하지만 끝내 대답을 듣지 못하고 숙명에 이끌려 가는 존재가 된다. '아무데나'의 정처 없음 때문에 길을 찾아 헤매는 일이 생애의 문제로 돌아눕고 신을 향해 갈망의 호소를 보내지만 그 대답은 항상 먼 메아리로 가슴을 졸이게 한다. 김수일의 존재는 참담하거나 비극적인 인식이 아니라 담담하게 젖어 드는 운명에 순응하려는 태도로 일관된다. 이런 현상은 '밟히우고'와 '꺾여지는'의 처참함에서도 스스로를 지켜 가려는 의지 때문에 '억세게 살아 있습니다'의 현실을 맞아들일 수 있게 된다. 이런 의지는 '모두들 봄꿈에\ 눈이 멀어도\찬이슬에 씻긴 지혜\아침 햇살 반짝이며\ 일어납니다'의 결말에 이르러 존재의 고귀한 이름을 얻게 된다. 다시 말해서 좌절하고 침몰하는 존재의 인식이 아니라 쓰러지면 다시 일어나는 끈질긴 집념의 생애를 펼쳐 가려는 신념 때문에 존재의 참담함에 이른 것이 아니라 생의 의미를 확실하게 확보하는 결말에 이르게 될 때, 나약한 풀잎의 꿈이 곧 인간의 승리로 귀착되는 암시를 갖게 된다.

　미꾸라지와 금붕어가 공생하는 어항을 바라보며 세상의 축소판을 떠올리는 데서 인간이 살아가는 삶의 미지수가 풀어낼 길 없는 대답으로 다가올 때 '나와 아이들은 말을 잊는다'라는 발성으로 세상의 어지러움이 난삽한 얼굴이 돌아눕고, <돌아가는 세상>에서는 처음으로 출입한 나이트클럽의 요지경에 낯선 이방의 존재를 떠올리는가 하면, 시 대표로 선발되어 독도를 방문하고 기념으로 주목 몇 그루와 돌을 갖고 온 고관의 치졸한 행위에 역겨움을 떠올리면서 사회 의식을 투영하는 김수일의 내면은 사회 정의를 지표로 세우려 시의 힘을 빌린다. 이런 의식들은 사회 속에서 자기 찾기를 시도하는 일이 되겠지만 함량은 나약함으로 자리잡는 것 같다.

5. 전쟁과 휴머니즘

　전쟁을 소재로 다룬 작품은 으레 평화를 불러오는 말로 끝나게 된다. 이는 휴머니즘이 문학의 영원한 땅이기에 전쟁은 증오의 대상으로 설정하고 이에 대한 해법을 사랑에서 추구하려 한다.

　김수일이 월남전에 참전 한 후 인간에 대한 사랑과 전우에 대한 깊은 상처를 가슴 깊게 간직한 흔적이 작품 도처에 슬픔의 그림으로 채색하고 있다. 더구나 이역의 땅에서 명분 없이 총구를 겨뤄야 한다는 의문이 시간의 늪을 지난 후에도 갈등으로 남게 되면서 죽음과 삶의 경계를 목도한 경험의 소리가 울린다. 이는 경험에서 나온 진솔한 감정의 일단이라는 점에서 절실성의 호소가 있다.

　　　들것에 실려 나간
　　　전우의 병상에서
　　　두 개의 목발이
　　　눈물 같은 이별로 일어서던 날
　　　　　　　──〈병동 일기─전장 스케치.5〉에서

　전쟁은 인간을 절망으로 몰아 넣는다는 것은 그것이 승리라는 이름을 얻기 위해 인간의 모든 것을 버려야 한다. 가장 잔혹한 방법에서 얻어진 것이 결국은 후회와 허무라는 것을 모르는 인간의 탐욕에서 전쟁은 모든 것을 앗아간다. 사랑했던 사람이나 부모를 위시해서 무차별로 인간을 말살하는데서 전쟁의 아픔은 참혹한 비극이다. '두 개의 목발'이 주는 뉴앙스에서 삶에의 처절한 인상이 지워지지 않는 상처로 김시인의 가슴을 적신다. '한 조각 기념비도 없이\유형의 산야에 원혼되어\멍울진 역사 저편 흔들리는 그림자로\누워 버린 전우야\그 경건한 밀림 속을 우리는\어째서 기었더냐\어째서 더럽혔더냐\이제 아무도 기억해 줄 이 없구나'〈병사 초혼〉 누구도 자랑스레 전쟁을 기억할 사람은 없을 것이다.

　죽음이라는 대가를 지불하고 얻을 수 있는 것은 아무 것도 없기 때문이다. '어째서'를 반복하는 김시인의 뇌리에는 모든 것을 앗아간 전쟁의 아픔이 괴로운 잔상을 남길 뿐이다.

> 아비의 마을
> 피울음으로 타오르던
> 참꽃더미 그립다던
> 양하사.
>
> ——〈전우.2〉에서

　함께 생사 고락을 같이 했던 양하사의 기억이 슬픈 자락으로 밀려오는 시이다. '눈물이 되어도\ 돌아오지 않는구나'에서 영원의 길을 달리한 전우의 참담함을 떠올리는 김수일의 마음은 비정의 늪에서 헤어나올 길 없는 느낌을 준다. 물론 김시인의 전쟁 연작시에는 심각한 저주나 증오가 들어 있지 않고 현상을 회상하는 장면이 주조를 이루고 있다. 이는 정을 나누었던 사람들의 사연이 비극의 원인보다 전면으로 나온 이유로 생각되는 부분이지만 결국 다감한 인간미를 연상하는 순수성으로 치부할 수 있을 것 같다.

6. 마무리에서

　김수일의 시적 감수성은 적절한 비유를 통해 이미지를 구축하는 솜씨가 시의 생동감을 살아나게 한다. 이런 기교는 궁극적으로 **自己城**을 축조할 수 있는 시인의 이름에 개성을 부여하는 말과 같다.
　김수일의 시에는 그리움이 상당한 농도로 스며 있고 이런 인상은 섬세하고 다감한 성품으로 인식되는 시어들로 시의 표정을 관리한다. 더불어 고향과 육친을 회상하는 이미지들이 한결같이 페이셔스하고 나이브한 얼굴로 다가오는 것도 김수일의 인간미를 보여주는 구체적인 증거들이다.

　인간의 존재는 영원한 미지수이면서 난해한 문제의 모두라면, 깊어지는 나이에서 삶에의 굴곡을 여과 없이 표출해서 신선함을 전달한다. 전쟁의 비극을 파노라마와 같이 전개한 기억들은 그가 인간의 처참한 경지를 다녀온 귀중한 경험의 축적이라는 데서 존재의 귀중함을 우회적으로 강조하는 휴머니즘인 셈이다.

　시인은 일상에 널려 있는 경험의 조각들을 아름다움으로 연결하는 임무에 충실한 사람이다. 그에게 어떤 훈장도 돌아갈 수 없을지라도 신명이라는 엑스타시의 경지를 찾아 방랑의 길을 마다하지 않을 때 남루한 형상의 나그네는 감동의 노래를 부를 수있게 된다. 김수일의 시는 따스하고 소박한 정감을 진솔하게 표현함으로써 훈훈한 인간의 정을 만나게 된다.

　노드럽 프라이의 비유를 빌리자면 봄을 그리워하는 정감의 시인이다.*

10. 시의 어우러짐에 관한 단상
―문혜관시집『번뇌, 그리고 꽃』―
―박수완시집『이내의 끝자리』―
―로담시집『나 너답지 못하다고』―

1. 세 개의 질문과 인간의 운명

　시는 무엇인가라는 질문은 언제나 해답을 찾을 수 없는 미궁으로 가는 길만을 넓히게 된다. 아울러 인간이 무엇인가라는 질문에서도 똑같은 길을 반복하게 될 것이다. 그렇다면 종교란 무엇인가라는 질문도 앞에서 말한 두 개의 질문과 똑같은 운명을 벗어나는 해답이 아닐 것이다. 결국 세 개의 질문은 해답을 마련할 수 없는 한계를 절감하는 걸로 만족해야 한다. 여기서 한 가지 명백한 사실은 인간이 종교라는 것과 시라는 것과 어떤 상관을 갖고 있으며 또 셋은 어떤 이유로 벗어나지 못하는 운명의 동류항에 머물러야 하는가의 일이다. 우선 정리의 첫째 항목은 인간을 떠나서는 종교라는 것과 시라는 것들이 존재할 수 있을 것인가의 의문일 것이다. 이는 인간을 우주의 중심체로 파악할 때 시와 종교의 자리가 설정된다는 假定으로 본 논지는 출발하게 된다. 물론 인간을 우주의 중심으로 놓을 때도 역설적인 의문이 없는 건 아닐지라도 종교와 시는 명백하게 인간만이 누릴 수 있는 추상의 숲이기 때문이다. 여기엔 인간의 이성과 지혜라는 것 때문에 여타 동물과 확연하게 구분되는 문화 현상이라는 점을 대입하면 인간의 정신을 우월하게 만들 수 있는 문제로 귀환될 것이다.

결국 종교라는 것은 인간의 운명에 대한 미지의 숲을 어떻게 헤쳐나갈 수 있는 가의 신념의 언어를 가르치는 임무가 있다면 시 또한 인간의 정신을 高揚하면서 길을 헤쳐나가는 방향제시에서 시와 종교의 문제는 추상에서 구체적인 길로 인간에게 손짓을 건네게 된다.

영국의 평론가 매쉬 아놀드 시와 종교는 같다라는 말을 한 적이 있다. 이는 시와 종교가 인간의 정신이 지향하는 고도한 공간을 목표로 설정되었기 때문이라면 시와 종교는 인간의 정서를 순화하고 정화하는 점에서 종교는 순수를 지향하고 시는 정신의 아름다움의 추구에 일치점을 생성한다.

세 승려시인의 시에서는 저마다의 음성이 다르게 다가온다. 이제 그 구체적인 소리에서 다가오는 육성에 젖기 위해 논지의 문을 열게 된다. 물론 지면의 한계상 스쳐 지나가는 걸로 만족하는 아쉬움을 전달하게 된다. 한 가지 공통점은 시라는 대상을 통해 그들의 의식을 종교적인 신념과 일치시키려는 발심을 가지고 있다는 점이다. 이는 시가 갖는 특성과 불교의 특성과는 상징의 숲을 헤쳐야만 진실의 공간에 이를 수 있는 감동의 경우에서 더욱 명료하다.

1. 문혜관의 세상 지나가기

1) 나그네에서 구원의 길로

인간에게는 고통이라는 요소가 따라다니기 때문에 인간의 생활을 독특하게 구성하는 문화가 있다. 다시 말해서 인간이 이 세상에 태어났다는 본질에서 파생되는—여기서 빚어지는 고통의 지수는 곧 역설적인 인간의 문화를 생산하게 된다는 점이다. 이는 고통을 감내하면서 새로운 변화를 모색하는데서 오는 인간만의 숙명적인 현상일지 모른다.

문혜관의 시에는 삶의 진솔성을 바탕으로 본질에 이르기 위한 **肉聲**의 몸부림이 있고—이런 **道程**을 극복하면서 꽃으로 환치하는 놀람의 세계를 위해 노래를 부르게 된다. 이는 정진으로 나타나는 기다림이면서 찾아가는 나그네의 심사로 형상화된다.

>   눈 감으면
>   먼 지평선 위에서
>   달려오는 임 그림자
>   나그네 지친 숨결에
>   하나의
>   위안으로 감싸준다
>   ——〈나그네〉에서

인간은 길을 가는 나그네에 다름이 아니라면 그 나그네는 목적지를 가져야 한다. 목적이라는 말은 곧 삶의 지표를 형성하는 개성으로의 가치를 가질 때 부여되는 이름일 것이지만 모든 사람에게 공통적인 요소를 가질 필요는 없을 것이다. 종교는 인간을 구원하는 목표를 설정

하고 손짓을 보내고 장사치는 물건을 팔아 이윤을 목표로 하지만 그 본질에서는 다름이 있다. 종교는 나를 버리고 우리라는 커다란 공간을 모두에게 돌려주려는 발상에서 헌신하는 목표를 갖기 때문이다. 문혜관은 나그네라는 존재를 인간의 일상적인 현상으로 환치하여 '임 그림자'라는 구원의 대상이 '달려오는' 신념의 언어를 생산하는 점에서 다름이 있다. 물론 그 나그네는 유유자적하거나 한유함으로 소요하는 대상이 아니라 집중되는 신념을 강화하면서 '지친 숨결'로 일반인들의 삶을 대신해주는 느낌을 상징화하고 있다. 이런 징후는 최초로 소리의 들림으로부터 길을 재촉하는 형상을 취한다.

> 바람이 지나가는 뒤안길에
> 아우성치며 꺾이는 나무들
> 소리와 소리의
> 아픈 울림이 있었다
> 나뭇잎 지는 오솔길
> 아직은 먼 여로의 나그네
> 여기 외로운 눈망울
> 뭘 바라 서성이는가
>
> ──〈소리〉에서

　소리와 소리의 연결이 주는 뉘앙스에서 문혜관의 의식은 필요의 문을 열기위한 조짐을 형성하면서 시의 행로를 결정하고 있다. 이는 그의 삶에 대한 명상을 집약한 의식의 결정체일 뿐만 아니라 목적지를 향하기 위한 「소리」에 이끌리는 의미를 뜻한다.
　삶의 현장은 언제나 아우성과 악머구리에서 '아픈 울림이 내재했고, 또 이런 도정을 지나는 통과의례에 다름이 아니기 때문이다. 그러나 문혜관은 부사 '아직은'이라는 단서를 붙여 겸손의 자세를 유지하면서 나그네의 모습을 '외로운'이라는 홀로 의식을 앞세우게 된다. 이런 전제는 '서성이는가'의 가야할 곳과 일치하지 않는 것 때문에 인생의 길을 방황하는 보편적인 현상과 맥을 함께하고 있다는 것을 뜻한다. 문혜관의 시에서 나그네 의식은 소리를 따라가는 절차를 마련하면서 변형의 기교를 동원하여 시의 장치를 마련하고 있다.

2) 세상 사는 법

세상을 살아가는데 일정한 룰이 있을 것인가? 이 물음에 정답을 마련한다는 것은 어리석은 일이리라. 왜냐하면 산다는 것에 정답이란 인간이 설정한 가설에 불과하고 또 가설조차도 아무런 의미를 가질 수 없기 때문이다. 그러나 보편율을 동원하여 삶의 의미를 말하는 것은 앞서간 사람들의 발자국 따라가기에 다름이 아니라는 점이다. 합리라거나 도덕이라는 것조차 궁극적으로는 임의로 설정한 범주안에 들어가기와 같을 것이다. 일정한 범주에 들어간다는 것은 곧 앞사람의 전철을 밟아야만 바른 해답으로 치부하는 것이 인간의 진리라면 이는 언제나 일방적인 선포에 다름이 아닐 것이다. 그러나 세상을 살아가는 데는 일정한 한계를 넘지 말아야 하는 「법」이 있다. 문혜관의 발성으로는 마련 해야 하는 해답을 먼저 들어 본다.

> 그대
> 세상은 혼자 사는 것 아니라네
> 텅 빈 운동장에 혼자 달려
> 일등하면 무슨 의미 있으리.
>
> 산 넘으면 들판
> 들판 길 걸으면 산이 있고
> 그 길로 가노라면 봄볕에
> 민들레 작은 미소를 만날 수 있고

거기 더불어 살아 흘러가는
시냇물
낮은데로 흐르는 이유가 있지.

———〈세상 사는 법〉에서

　세상이란 의미는 인간이 살 수 있는 추상적인 공간 개념을 뜻한다. 존재하고 있는 인간에서 세상이란 의미는 항상 미지수를 남기는 숙제의 場이라는데 이의가 없을 것이다. 문시인은 〈세상 사는 법〉에서 더불어 살아야하는 체온 녹이기의 방도를 강조한다. 비록 단독자의 운명으로 이 세상을 찾아 왔지만 공존공생의 룰이 곧 살아가는 방도의 첫째 덕목이라는 화두는 평범하지만 결코 평범하지 않는 삶의 진리를 강조하는 뜻을 함축하고 있다. 물론 평범할지라도 이를 실천하는 일에서는 至難한 것이 함께 살아가는 일의 방편이기 때문이다. 두 번째 연에서는 고행의 행로를 감내하면서 길을 가노라면 작은 기쁨과 행복을 만날 수 있다는 강조이다. 물이 낮은 데로 흐르는 이유와 삶의 겸손－老子가 上善若水라는 말로 생의 지표를 강조한 것도 결국 겸손으로 받아들이는 생의 진솔한 의미찾기와 같다는 점이다.

3) 인연의 줄에 대한 명상

　인연이라는 미망의 줄을 어떻게 단절할 수 있는가? 적어도 종교적인 발심을 갖지 않았다면 이는 어려운 과제일 것이다. 왜냐하면 산다는 일은 결국 인연의 줄기로 연결되는 일에 다름이 아니기 때문이다. 적어도 단절이라는 뜻은 이성의 힘에 의해 극복될 수 있는 요건들이지만 그리 쉬운 의미는 아닐 것이다. 문혜관의 시에는 고향의 추억을 말하는 시들이 상당한 빈도로 나타난다. 이는 마음속에 각인된 인연의 줄을 아름다움으로 채색하는 정서의 단편으로 보인다. 이는 인간적인 면모를 보여주는 심리적인 흔적인 셈이다.

> 난아!
> 곡창산 철길 아래 목포행 기적소리 같이
> 우렁차게 우렁차게
> 내 고향 살기 좋다 말하자.
> ──〈고향, 동심을 노래한다〉에서

   고향이란 의미는 어머니의 의미로 이어지고 또 삶의 원형을 말하는 지향의 공간이 된다. 이는 누구든 벗어날 수 없는 태생으로의 공간이기 때문에 생의 원형을 맡겨놓고 가끔 다가가는 그리움의 공간이 고향이자 어머니일 것이다. 문혜관도 이런 정서를 기저로하여 고향의 그리운 추억을 의식의 캔버스에 아름다움으로 채색한다. 이런 단서는 <고향 회상 2>나 <고향, 지금도 그 곳에> <고향, 그 이름만 들어도>, <고향 회상> 등의 시로 문시인의 의식을 표백하고 있다. 모깃불의 추억이나 된장에 고추, 그리고 당산나무 아래 추억이나, 기찻 길의 아련함, 수박 참외의 단맛들에 대한 기억은 고향의 아름다움에 指向의 공간을 생각하는 마음이 담겨있다. 아울러 '산아래 청솔가지 태우는\저녁 녘\학다리 들판의 자욱한 연기'에 대한 기억들은 장막을 걷고 싶은 고향의 절절한 회상이 얼마나 간곡하고 절절한 대상인 가를 엿보는 단편들이다. 다가갈 수 없는 고향의 애달픔은 '이불자리 펴 놓고\잠이 오지 않는 날이면\십여년 거슬러\고향 땅을 가본다' <고향 회상2>와 같은 깊은 애정으로 펼쳐지는 그리움이다.

   인간은 어떤 형태의 그리움을 실현하기 위해 꿈을 꾼다면 문혜관의 정서는 나이브하고 섬세하면서도 아련한 동양화적인 풍경화를 그리는 시인으로 보인다.

   문혜관의 시는 에피그람적인 요소를 동원하여 간명하고 단편적인 시어를 함축하는데서 전달의 수순을 밟고 있다. 이는 번뇌를 꽃으로 비유한 <번뇌, 그리고 꽃>은 시인 자신의 깨달음의 좌표로써 상징적인 시이다. 깨달음과 미망이란 차이를 극복하는 것은 문혜관이 지향하는 삶의 모두이면서 그가 이 세상에서 마쳐야 할 임무라는 데서 꽃의 피어남은 곧 번뇌와 고통 그리고 아픔의 댓가를 지불하고 얻게 되는 의미이자 목표라는 뜻으로 자아성찰의 깊이를 시와 연결하는 정적인 시인으로 보인다.

2. 박수완의 의식찾기

1) 어둠에서 세상보기

동양의 문화는 어둠에서 빛으로의 문화라면 서양은 그 반대의 경우라 말한다. 서구의 문화는 논리와 과학이라는 방편이었다면 동양은 철학이 중심이 되었고-불교적인 특성이 결합된 정적인 문화가 동양문화의 특성이다. 가령 세상이 어둠에 쌓였다하면 서구적인 논리와 과학적인 사고로는 확인 불가능하고 보이지 않기 때문에「없다」의 결론이 정답이 된다. 그러나 동양적인 사고로는 없는 게 아니라 없기 이전의 상태-빛 한줄기에 모든 물상이 살아나는 것과 같다. 이를 어둠 이전의 어둠이라 말하고 동양적인 문화의 특성을 뜻한다.

박수완의 <미궁> 연작시는 이런 발상에서 출발한다.

낮을
밤처럼 헤매는 날들
그래서 밤은
더욱 캄캄한 날이 된다
항상 나의 시작은
고단한 불안과 초조의

> 탈출에서 시작되고
> 그 모든 시작은
> 풀숲위를 기어가는 거미처럼
> 내가 쳐놓은
> 낯익은 생의 끄나풀마져도
> 낯선 미로의 역이 되곤 한다
> ——〈미궁1.〉

 흔히 밤과 낮을 상징으로 처리할 때는 빛에서 진리를 말하고 밤에서는 어둠이라는 미망의 뜻을 부여한다. 그러나 낮에 삶의 의미를 덧붙이면 살아가는 어려움이 떠오르고, 밤에서는 안락한 꿈의 이미지를 부가한다. 이를 역으로 생각할 때, 미망의 비유가 떠오르고 삶의 고단한 방법론이 고개를 들게 된다. 환한 낮을 걸어가기보다 밤길이 훨씬 어렵겠지만, 삶의 正道를 살아가는 길이 얼마나 어려운가를 대입하면 미궁의 의미는 곧 살아가는 길의 어려움과 상통하게 된다.
 '낮을\밤처럼 헤매는 날들'의 복수적인 개념은 일상의 살아가는 일이 어렵다는 것과 밤이 더욱 어렵다는 대조의 기법에서 사는 일의 궁극이 얼마나 처참한 노릇인가를 깨닫게 한다. 이런 발상을 앞세워 '항상 나의 시작은'의 단서를 이해하게 되는 고단한 불안과 초조로부터 벗어나기 위한 「탈출」의 의미가 나타난다. 이리하여 스스로를 거미처럼이라는 비유의 시어에서 낯익은 일상의 길조차 迷路로 둔갑하는 어려움을 터득하게 된다.
 박수완의 미로찾기는 길없는 길을 걸어가야 하는 데서 진리를 위한 몫이 얼마나 어려운 노릇인가를 전달하면서 시의 옷을 입히고 있다.
 박수완의 미궁은 주로 가을-10월에 시작된다. <미궁.2>, <미궁.3>, <미궁.4>, <미궁6>, <미궁.8>, <미궁10>, <혼자 있을 때> 등에 나타난 10월의 사고는 凋落으로 타 들어가는 가을의 깊이에서 삶의 깊이를 천착하는 여린 감수성의 일단이 표출되는 느낌을 준다. 이는 시인의 마음이 가을로 젖어있음을 나타내는 정서이기 때문에 스산하고 표표한 이미지를 생산하면서 다소 쓸쓸한 표정을 감지하게 된다. 이는 <낙엽, 그리고 바람>이나 <떠남>에서 느끼는 시어의 뉘앙스에 배어있는 생에 대한 성찰과 관조의 결과인 것 같다.

2) 거울의식

거울은 인간이 스스로를 얼마나 자각할 수 있는가를 가늠하는 기준자로 상징된다. 아울러 나르시스의 비극처럼 자아를 안다는 것은 곧 자기에 대한 왜소함 혹은 비극으로의 출발을 깨닫게 된다. 그러나 인간이 여타 동물과 다른 점은 스스로를 알고 또 대처한다는 자각증상 때문에 문화의 발전을 꾀할 수 있게 된다면 거울은 곧 인간의 문화를 앞장세우는 진로의 역할을 다하는 셈이다.

나는
너의 초롱한
눈에 비친
별이 되리니
너는
내 눈 속의

뜨거운
가슴이 되어 다오

나는
네 안에서
나를 비추는
거울이 되리니

> 너는
> 내 안의
> 너를 듣는
> 귀가 되어 다오
>
> ──〈우리가 하나일 때〉

　거울은 하나를 향하여 문을 열어 놓는다. 다시 말해서 사물과 사물이 하나로 결합될 때, 거울의 소임은 다하게 될 뿐만 아니라 거울이 거울로의 역할을 수행할 수 있게 된다. 너와 나라는 대상이 하나로 결합하는 일-곧 합일의 경지에 이를 때 삶의 원숙함은 달성될 수 있고 깨달음의 경지는 문을 열게 된다. 1연에서 너를 통해서 '나'는 '별이 되리니'의 여백을 설정하여 대상과 대상이 하나로의 조건을 형성하게 된다. 이런 전제 위에서 「뜨거운 가슴」의 희열의 경지는 이룩될 수 있고 이런 전제가 합일될 때 비로소 「네」로부터 나를 비추는 거울의 임무가 이룩될 것이라는 가설은 종점을 맞게 된다. 박수완의 「하나」는 눈으로부터 2연에 귀-시각과 청각을 하나로 결합할 때 비로소 합일의 경지를 만나는 공동의 광장을 마련한다. 이는 닦음이라는 전제가 일체감으로 변환하는데서 만나는 빛 찾기의 일환과 같은 거울의식이다.

3) 현실 접근의 눈

　인간에게 현실은 언제나 검은 빛을 띄고 절망과 불안을 가중시키는 특성을 갖고 있다. 그러나 절망에서 희망을 제공하려는 발상에서 시와 종교는 출발의 근거를 갖고 있다. 현실이란 문제는 살아있는 인간에게 영원의 개념으로 다가오는 숙명적인 숙제이고 결코 벗어날 수 없는 일이다. 어떤 사람이든 현실을 벗어나서 존재할 수 없는 방도란 없기 때문에 현실에 관심을 갖는 것은 당연한 일이다. 설사 종교의 영역조차 현실에서 일탈하는 문제는 있을 수 없을 것이다. 박수완은 이런 현실에 뿌리를 두고 4차원의 세계로 눈을 돌리는 것 같다.

<불임의 시간> 연작시는 이런 현실관을 다소 농도는 약하지만 관심의 대상으로 나타난다. <불임의 시간.1>에서는 수입개방에 대한 느낌을 무작정 달려오는 기차의 파워에 비유하여 관심을 나타내고, <불임의 시간.2>엔 춤추는 국가총생산의 문제를 꼬집고, <불임의 시간.3>엔 일본 위안부 문제에 관해 시간을 소급하여 역사적인 문제로 눈을 돌리고 있다. 아울러 <불임의 시간.4>엔 환경의 파괴가 주는 살벌한 인간사를 희화적으로 詩化하고 있다. 이런 관심은 결국 인간사를 정화하기 위한 또 다른 종교적인 관심과 다를 바 없다.

인간이 호흡하고 있는 3차원의 세상에서 4차원으로의 인도에 관심을 두는 것보다 오히려 고통속에 살고있는 현실을 정화하는 희생정신이야 말로 뜻깊은 깨달음이라면 박수완의 정신은 보살정신에서 느껍다.

> 두엄 속 홍어살같이 질식해 가는 강은
> 죽음의 레저타운이 되어
> 온갖 잡 것들이 유희의 광란을 즐겼다
> 그 물 퍼먹고 사는 바보네 새끼들
> 무정란 아니면 천치만 까고
> 부스럼난 고기, 뇌성마비 고기, 정박아 조개가
> 부지기수었다
> ——〈불임의 시간 4〉에서

불임이라는 병적인 현상은 오늘의 세태를 나타내는 단언적인 말이다. 환경의 파괴가 가져오는 심각한 현상은 인간을 파멸의 경지로 끌어들이는 절망의 상황이다. 공기의 혼탁과 쓰레기라는 문제 또는 인간에게 편리를 제공하기 위해 과학을 앞세운 현상은 결국 인간에게 부메랑의 비극을 가져오는 넓은 길을 만들고 있기 때문이다. 결국 과학만능이 가져오는 편리는 오히려 인간의 비극이자 파멸의 일단을 제공하는 셈이다. 여기서 환경파괴가 주는 본질의 문제는 곧 오늘의 인간이 풀어야 할 숙명적인 문제로 부각된다. 순리가 역리로 돌아가는 불행을 막기위해 불임이 아니라 회임의 상황을 만들어야 할 사명이 오늘을 살아가는 인간의 몫이라는 주장이 박수완의 주장인 것이다.

3. 로담의 세상깨우기

1) 여행으로의 나그네

  살아가는 일은 언제나 고달프다는 수식사로 정리한다. 그러나 세상에 대한 느낌은 인간에 따라 달리 체감을 나타내게 된다. 이는 인간이 감정을 갖고 살아가는데서 반응은 항상 일정한 발성이 아니기 때문이다. 여기서 시적인 개성이 표출되고 시의 의미는 각기 다르게 나타난다. 로담의 시는 언제나 자기로부터 세상을 바라보는 시선을 특성화한다.

      모두 잠든 밤을 깨어있는
      별들과 밤을 좋아하는 나는
      나 아닌 존재하는 것들의
      존재하는 몸짓을 들으려 한다
      그리고 아침이 오는 소리를 들으려 한다
                         ——〈詩作의 辯〉에서

  모두가 잠들어 있는 시간에 파수꾼의 역할이 보인다. 그러나 '깨어있는' 시간을 갖기엔 자기억제라는 이성의 견제를 받고있다는 것 때문에 깨달음의 시간을 향유하게 된다. 더구나 빛의 상징을 앞세운 '별'을 좋아하는' 추구에서 로담은 여느 사람이 깨닫지 못하는 나 아닌 존재들을 발견하는 아름다움에 접근된다. 아울러 아침이 오는 소리를 듣게 된다. 이런 자각의 시간은 잠들지 않는 고통과 어둠을 상환하고서야 맞게되는 결말인 셈이다. 그러나 산다는 것은 언제나 미망의 숲을 벗어나지 못하는 것으로 현실을 채색하게 된다.

　인간은 무엇을 아는가? 그리고 무엇을 안다고 자신할 수 있을까? 이 물음들에 의문을 갖는 것은 어떤 것도 모호의 늪에 들어있다는 뜻이다. 아는 것이 없다는 겸손은 오히려 진리의 길로 가는 길을 만들 수 있지만 오히려 이와는 반대로 키를 높이는 오만의 함정에서 헤어나오지 못하는 사람들이 많다. 먼저 스스로에 묻는 무지의 발상에서 모르는 일은 아는 일로 진전될 것이다.

> 하늘 아래 땅이 있는 것인지
> 하늘의 공간에 땅이 있는 것인지
> 물이 땅 아래 있는 것인지
> 땅이 물 속에 있는 것인지
> 모를 일이다
>
> 　　　　　　　――〈모르는 일〉에서

　인간의 잣대로 보면 세상은 도두 뒤집힌 모습일 것이다. 그러나 우주라는 질서의 개념으로 보면 세상은 모두가 필요에 따르고 있고 또 모든 것이 정상일 지 모른다. 다시 말해서 눈의 초점을 어디에 맞출 수있는가의 사고에 따라 세상은 다르게 보인다. 땅과 하늘이라는 것이 꼭 위와 아래있다는 생각은 관념의 포로가 되었다는 것이고 물과 땅이 땅 아래와 물 속이라는 고정관념도 어리석은 일이다. '모를 일이다'라는 생각을 덧붙이면 로담이 세상을 바라보는 상상력의 기저가 발상의 전환을 가져올 수 있다는 근거를 마련하게 한다. 이는 '동 서 남 북이 자신의 위치에 따라 다르다는 것도 그중 하나다'라는 생각은 우주의 질서가 관념의 포로가 되어서는 안 된다는 발상의 차이를 말하고 있다. 진리라는 것도 이처럼 발상을 뒤집어보면 그 차이는 엄청난 변화로 이어진다.

> 누구의 이야기인가?
> 세상사의 선율은
> 자신의 마음이 작사자가 되고
> 행동이 곡이 되었다
> 그처럼 지난 세월
> 누구의 이야기 되어
> 화려한 불은 켜지고
> 소외된 사람들이
> 제 멋에 지친 나그네 된다.
> ——〈꿈에 지친 나그네〉

세상의 중심은 「나」를 벗어나는 것이 아니리라. 나는 곧 우주의 중심이고 나를 떠나서는 세상이라는 대상은 소멸된다. 이런 발상으로 생각하면 자신이 지배자로 군림하는 중심이 된다. '작사자' 또는 행동의 곡이 될 수 있다는 것은 누가 이야기의 주제자로 의식되는 가의 여부에 따르게 된다. 결국 소외된 나그네가 될 수 있는가 아니면 세상의 중심에서 살고있는 주인인 가는 전적으로 자기라는 의식을 다스리는데서 나오는 발상일 것이다.

2) 존재의 물음과 길

인간은 어디로와 어떻게를 구분할 수 있을 때, 비로소 성숙의 길로 들어설 수 있게 된다. 그러나 인간의 영원한 물음은 내가 무엇인가와 어디로 가고 있는 가의 물음을 병치시키는 일이다. 결국 그 대답은 영원한 미궁이지만 이 물음을 던질 수 있다는 것은 자아발견의 길을 알고 살아간다는 사람이고 그렇지 못한 사람은 미망의 어둠을 헤매는 사람의 차이로 남게 될 것이다. 이런 차이는 곧 삶의 본질에 어떻게 이를 수 있는가와 그렇지 않는 가의 차이로 남게 된다.

  아~
  어디로 가는 건가
  어디로 가고 있는 건가
  어디로 가야 하는 건가
        ——〈무제〉에서

「어디」라는 의미는 공간으로의 가야할 필연적인 의미로 남는다. 진행형과 미래를 결부하여 인간의 존재를 캐묻는 일에 로담시인이 놓여 있는 존재의 형편이 제시된다. 그러나 그 대답의 의문은 누구도 해답으로 전달하는 사람이 없다고 느낄 때 허무라는 긴 그림자가 드리워진다. 인간에게 허무라는 함정은 깨달음을 주는 첩경의 역할을 다할 수 있을 것이기에 고독이라거나 허울에 빠져들게 된다. 이런 형편을 自覺하는 사람은 쉬이 빠져나올 수 있지만 그렇지 못한 사람은 허방의 깊이에 추락하는 평범을 살게된다.

  어느 쯤인지
  어디서부터인지
  모를 일이다
  무심코 가던 길을
  여우 의심병처럼 돌아보니
  백척간두이다

어느 옷자락을 녹였는지?

———〈모를 일〉

  가는 자는 길을 묻게 된다. 그것은 인생의 최종 목적지에 대한 의문을 해소하기 위한 전제로 출발하지만 추억으로의 '어느'라는 방향의 암시로부터 진행이 계속되는—어디까지에 이르면 가던 길의 거리감 (distance)을 확인하고 싶어하는 인간의 심사가 발동된다. 이런 현상은 여우병이라는 말로 주저하는 마음의 일단이 의문으로 '녹였는지?'를 확인하고 싶어한다. 인간 자신으로 돌아가는 나약함에서 곧추 세우려는 의지의 발상이 지속될 때, 인간의 방황은 성숙으로의 문을 열게 된다. 로담은 알고 가는 길이 아니라 알지 못하는 어둠에서 조심스럽게 발길을 옮김으로써 인간의 영지를 깨달음으로 채우려는 가득한 인상을 준다.

3) 물로 바라본 심성

  물은 거울이고 거울은 자아를 발견하는 대상으로의 역할을 이행하게 된다. 아울러 물은 자유자재의 변화를 주기 때문에 교훈으로의 의무를 수행한다. 더불어 물은 그 모습을 스스로 고정시키지 않기 때문에 변화에서 충돌을 일으키지 않는 속성이 인간에게 교훈을 준다

    물은
    그 성품이 맑아
    제 색깔이 없으되
    깊으면 깊을수록
    하늘을 닮아 짙푸르다.
    우리도 그렇게
    살아가는 것이 아닐거냐.

———〈물〉

물은 변화를 자유롭게 만들 수 있는 성품이기 때문에 낮음으로 키를 낮추는 영혼을 소유하게 된다. 깊으면 깊게 푸름을 간직하고, 얕으면 얕음으로 소리를 낸다. 이런 현상은 있음에 대한 명백한 현상을 뜻하고 또 성품이 맑은 것도 솔직하고 질박하기 때문에 존재의 투명성을 나타낸다. 물은 하늘이 오면 하늘로 변하고 인간이 얼굴을 비추면 인간의 얼굴로 나타난다. 만약 인간의 얼굴이 호랑이의 얼굴로 나타난다면, 물은 이미 왜곡의 형상으로 거짓을 뜻하게 된다. '우리도 그렇게\살아가는 것이 아닐거냐'라는 발문에서 로담의 생각은 진솔한 생의 의미가 물과 같은 투명성으로 비춰질 때, 진리의 문이 넓게 열릴 수 있다는 상징을 만나게 된다. 변화가 변화로 나타나고 정지가 정지로 이루어질 때 진리는 확실하게 이룩된다. 왜곡이 아니라 순리의 길을 펼치는 것이 아름다움의 길이라면 로담의 시는 이런 작은 이치를 터득한다는 것에서 깨달음의 순간을 포착할 수 있다는 것과 같은 맥락일 것이다.

4. 마무리에서

가령 염화시중이라는 의미는 부처님의 설법을 가장 시적인 상징의 기교로 설명된다. 그러나 예수라면 제자들을 모여놓고 논리적으로 설명할 것이다. 다시 말해서 연꽃은 더러운 흑탕물에서 아름다운 꽃을 피우는 비유의 예 – 열성으로 수행(또는 기도)하면 깨달음(구원)을 얻을 수 있을 것이다라는 말을 굳이 설명하는 것은 서구적인 과학의 발상이라면 불교는 이런 구차한 말을 생략하고 이심전심의 상징으로 처리한다. 여기서 시적인 것은 설명이 아니라는 점에서 불교는 가장 시적인 상징과 비유로 이루어진 종교일 것이다. 여기서 스님이 시를 쓰는 일은 곧 수행의 또 다른 방편일 뿐이라는 논리에 옷을 입게 된다.

　세 분의 스님시인의 시는 한결같이 靜的이고 암시적인 비유로 시를 빚고 있다. 아울러 시와 종교는 수행의 길을 요한다는 점에서 일치점을 마련한다면 세 사람의 시인은 시를 불가 수행의 방편으로 처리했다는 특성에서 한국 시단의 일익을 감당할 수 있는 가능을 접하게 된다.

蔡 洙 永(Chae, soo young)

시인, 문학평론가
동국대 국문과와 대학원
행정대학원(문학석사, 행정학석사)
경기대 대학원 (문학박사)
미래시 창립회장, 신광여고 교감,
청주신흥학원이사 역임
동국대, 경기대, 홍익대, 대전대,
인천대, 서울여대 강사역임
한국문인협회감사·이사, 국제 PEN클럽이사 역임.
한국문학평론가협회이사, 한국비평문학회이사,
현대시인협회이사.
조국문학상 본상, 한국비평문학상 본상,
예술문화특별공로상 수상(예총)
현재: 신흥대학 문학창작과교수

시집:목마른 盞(현대문학사), 바람의 얼굴(월간문학사)
　　世上圖(혜진서관), 율도국(시인의 집), 내가 그리움을 띄운다면(청학)시선집, 그림자로 가는 여행(인문당), 푸른 절망을 위하여(혜화당), 아득하면 그리워지리라(문단), 새들은 세상 어디를 보았는가(새미), 들꽃의 집(새미)

저서: 韓國文學의 距離論(시인의 집), 韓國現代詩의 色彩意識硏究(집문당)
　　申瞳集 詩 硏究(대일), 表情文學論(인문당)
　　詩精神의 變形硏究(동천), 解禁詩人의 精神地理(느티나무)
　　韓國現代詩人硏究(대한), 創造文學論(대한)
　　문학생태학(새미), 한국문학의 자화상(고려원)
　　시적 감수성과 정신변형(국학자료원), 현실 인식과 시적 상상력(국학자료원), 인간학과 시적 페러다임(국학자료원)

수필집:기억들의 언덕(대한)

시적 감수성과 정신변형

인쇄일 초판 1쇄 2003년 07월 18일
       2쇄 2008년 03월 20일
발행일 초판 1쇄 2003년 07월 25일
       2쇄 2008년 04월 10일

지은이 채 수 영
발행인 정 찬 용
발행처 국학자료원
등록일 1987.12.21, 제17-270호

서울시 강동구 성내동 447-11 현영빌딩 2층
Tel : 442-4623~4 Fax : 442-4625
www.kookhak.co.kr
E- mail : kookhak2001@hanmail.net
ISBN 978-89-8206-360-2 *03810
가 격 17,000원

*저자와의 협의 하에 인지는 생략합니다.